高职高专护理专业"十四五"互联网+新形态精品规划教材

护理伦理与法律法规

主　编　王　璀　刘永记

副主编　黄小梅　夏　季　庄新芝　李　倩

　　　　王键胜　姚展妮　王名铭

编　者（以姓氏笔画为序）

　　　王　璀　山东中医药高等专科学校

　　　王名铭　亳州职业技术学院

　　　王键胜　山东中医药高等专科学校

　　　庄新芝　枣庄科技职业学院

　　　刘永记　商洛职业技术学院

　　　李　倩　永州职业技术学院

　　　夏　季　荆门职业学院

　　　姚展妮　铜川职业技术学院

　　　唐茹萱　安康职业技术学院

　　　黄小梅　仙桃职业学院

　　　韩　晶　山东中医药高等专科学校

　　　魏　纳　商洛市中医医院

西安交通大学出版社
XI'AN JIAOTONG UNIVERSITY PRESS

内容提要

为适应高等职业教育的迅速发展,围绕高等职业教育人才培养目标,根据中国共产党第二十次全国代表大会关于"落实立德树人根本任务""加快建设高质量教育体系,发展素质教育""加强基础学科、新兴学科、交叉学科建设""加强教材建设和管理""推进教育数字化"等重大决策部署,我们启动了《护理伦理与法律法规》教材的编写工作。根据临床需求和护士执业资格考试要求调整了教材结构,充实了部分教学内容,突出了"互联网+"特色,进一步推进信息技术与教育教学深度融合。

本教材可供高职高专护理类专业学生使用,亦可作为参加护士执业资格考试人员的参考书。

图书在版编目(CIP)数据

护理伦理与法律法规／王璀,刘永记主编. —— 西安：
西安交通大学出版社,2024.6. —— ISBN 978-7-5693
-3821-8

Ⅰ. R47；D922.16

中国国家版本馆 CIP 数据核字第 2024EW1808 号

书　　名	护理伦理与法律法规	
主　　编	王　璀　刘永记	
责任编辑	李　晶	
责任校对	郭泉泉	

出版发行	西安交通大学出版社
	（西安市兴庆南路 1 号　邮政编码 710048）
网　　址	http://www.xjtupress.com
电　　话	（029）82668357　82667874（市场营销中心）
	（029）82668315（总编办）
传　　真	（029）82668280
印　　刷	陕西思维印务有限公司

开　　本	889mm×1194mm　1/16	印张　12.5	字数　358 千字	
版次印次	2024 年 6 月第 1 版	2024 年 6 月第 1 次印刷		
书　　号	ISBN 978-7-5693-3821-8			
定　　价	51.00 元			

如发现印装质量问题,请与本社市场营销中心联系。
订购热线:(029)82665248　(029)82667874
投稿热线:(029)82668226

护理伦理与法律法规是一门以调整护理行为中的伦理关系与法律关系为内容,以维护护理人员、患者和社会利益为目的,以培养护理人员的伦理与法治观念为宗旨的交叉学科课程。

医药卫生事业的健康发展,离不开医药卫生法制建设的保驾护航和规范制约,随着医药卫生的深化改革和法制建设的不断推进,卫生法越来越受到社会的关注,卫生法规也在飞速发展,我国已经制定了一系列规范性的卫生法律文件,初步形成了以卫生法律法规为核心、以卫生行政法规和部门规章为主要内容的卫生法律体系。

本教材从护理伦理与法律法规的角度出发,以法学基本理论和最新的立法成果为基础,既介绍相关卫生法律制度,又注重探讨热点、难点理论问题,力求实现理论性与知识性、医学性与人文性、普遍性与特殊性的有机结合。本教材可供高职高专护理类专业学生使用,亦可作为参加护士执业资格考试人员的参考书。

本教材在编写过程中主要遵循以下原则:

1. 坚持党的教育方针,落实立德树人的根本任务,把握正确方向和价值导向,提升教材的思想性、科学性、时代性。

2. 注重加强医德医风教育,着力培养学生"敬佑生命、救死扶伤、甘于奉献、大爱无疆"的医者精神。

3. 体现高职高专护理专业特色,注重人文素质的培养,区别于本科和中职护理专业教材特色,切实体现高等职业教育护理专业教学改革和专业建设的最新成果。

4. 遵循继承性与创新性相结合的原则,教材应包含"必需""够用"的理论知识,并密切联系临床护理实践,使教材内容与最新护理理念对接、与护理职业岗位需求对接、与国家护士执业资格考试对接。

5. 教材体例活泼新颖,为了突出教材的可读性和趣味性,更好地培养学生分析问题、解决问题的能力,加强师生互动,本教材在章前设置了"学习目标"和"案例导学",引导学生了解本章学习要点;章中设"知识链接"或"知识拓展",优化考点提示特色,让学生学有重点;章末设置"本章小结"和"目标检测",激发学生课余时间总结、回顾,区别于以往的教师说教式教学模式,让教材真正成为教师引导、学生自主学习的工具。

本教材除绪论外,分为十五章,第一章至第六章为护理伦理方面内容,第七章至第十五章为护理相关法律法规内容。

　　本教材在编写过程中得到各参编者所在学校领导的全力支持,此外,本教材还少量引用了一些教材的内容,在此一并表示由衷的感谢。

　　由于编者水平所限,加之编写时间仓促,书中存在的不妥或错误之处,殷切希望读者提出宝贵意见。

编　者

2024 年 4 月

CONTENTS

◄◄◄◄◄ 目 录

绪　论

学习目标

素质目标:提高自身道德修养与法律意识,学会正确履行岗位责任。

知识目标:掌握伦理与法律法规的含义;熟悉护理伦理与法律法规的学习内容和方法;了解护理伦理与法律法规的学习目的、意义。

能力目标:能在护理实践中自觉运用护理伦理与法律法规调整、约束自己的行为。

案例导学

某医院内科病房,护士在治疗中误将甲床病人的青霉素注射给乙床病人,而将乙床病人的庆大霉素注射给甲床病人。当她发现后,心里十分矛盾和紧张,对乙床病人进行严密观察并没有发现青霉素过敏反应。该护士原想把此事隐瞒下去,但反复思虑后还是报告给护士长,同时作了自我检查。

请思考:

1. 护士的做法是否存在伦理方面的问题? 为什么?

2. 护士的做法是否要承担法律责任?

案例导学解析

第一节　护理伦理与法律法规的学习目的和意义

伦理,是指人际关系之间符合某种道德标准的行为准则,是一系列指导行为的观念,是从概念角度上对道德现象的哲学思考。

法律法规,从法的渊源角度讲,是法律、法规、规章、条例等法定文件的总称。如我国国务院制定和颁布的行政法规,省、自治区、直辖市人大及其常委会制定和公布的地方性法规等。

护理伦理与法律法规是一门以调整护理行为中的伦理关系与法律关系为内容,以维护护理人员、患者和社会利益为目的,以培养护理人员的伦理与法治观念为宗旨的交叉学科课程。它运用一般的社会伦理和法学理论阐述护理方面的伦理观念和法律法规,研究与护理伦理与法律法规相关的社会现象及其发展规律,是生物学、医学、卫生学、药物学等自然学科与社会学、伦理学、法学等社会科学相互结合、渗透而形成的一门新兴的边缘交叉学科。

一、学习目的

学习本课程的目的,是为了使学生懂得如何在伦理与法律法规的条件下从事护理职业,维护自己的合法权益,正确履行岗位职责,从而促进护理事业发展,保障医疗安全和人体健康。

首先,规范护理行为,维护合法权益。学生通过掌握护理伦理与法律法规的基本理论,懂得如何在遵循伦理与法律法规的前提下从事护理工作,从而树立正确的道德伦理观念,并学习在护理工作中规范自己的护理行为,维护自己的合法权益。

其次,提高行为决策能力,正确履行岗位职责。通过学习,使学生注重伦理知识和法治观念在医疗卫生事业与护理临床活动中的实际运用,从而培养学生具有正确分析和解决实际问题的能力,理论联系实际,为今后的医学实践打下坚实的基础。这既是育人育德的需要,也是社会主义法治建设的需要。

再次,培养合格护理人才,促进护理事业发展。通过护理伦理与法律法规的学习,使学生了解与自己所从事工作密切相关的伦理和法律法规,明确自己在工作中的道德要求和法律规定的权利义务,调整自己的知识结构,为促进护理事业发展做出自己的贡献。

最后,保障医疗安全,维护人体健康。通过学习护理伦理与法律法规,自觉规范自己的行为,对法律赋予的健康权有一个全面、科学、系统的认识,从而提高遵守护理伦理与法律法规的自觉性。

二、学习意义

随着医疗、护理学科的快速发展及新兴技术的不断应用,护理服务领域不断拓展,新涉及的伦理、法律问题越来越广泛和复杂,护理人员在工作中难免遇到各类事件。因而,学习护理伦理与法律法规有着十分重要的意义。

首先,在大力培育和弘扬社会主义核心价值体系与核心价值观的今天,弘扬中华传统美德,培育社会公德、职业道德、家庭美德、个人品德成为每个人的道德追求。通过学习,护理人员树立良好的道德理念,塑造良好的工作氛围和社会风尚。

其次,随着我国依法治国战略的实施,人们法治观念日益增强,法律法规越来越受到社会的关注。通过学习,护理人员可在工作中树立法治意识,提升法治观念,学会运用法治思维和法治观念来开展工作,做到遵纪守法,在思想上、行动上增强守法的自觉性和主动性并自觉保持,形成常态化。

再次,依法治国战略要求坚持依法治国和以德治国相结合。国家和社会治理需要法律和道德共同发挥作用,护理事业发展要有更加广阔的发展前景,也必须一手抓法治一手抓德治,通过学习护理伦理和法律法规,护理人员在工作中既重视发挥法律的规范作用,又重视发挥道德的教化作用,实现法律和道德相辅相成、法治和德治相得益彰,从而促进护理事业的健康发展。

第二节　护理伦理与法律法规的学习内容和方法

一、学习内容

随着护理专业课程体系的完善,护理伦理与法律法规已成为护理专业学生的必修课程,是护士执业资格考试的必考科目之一。

本教材分为两部分。第一部分介绍护理伦理,内容包括护理伦理概述、护理人际关系伦理、临床护理伦理、公共卫生服务护理伦理、生殖护理伦理,以及护理伦理评价、教育和修养;第二部分介绍护理法律法规,结合护士执业岗位要求,重点介绍基本医疗卫生与健康促进、医疗机构管理、卫生技术人员管理、医疗纠纷与医疗事故、传染病防治、突发公共卫生事件应急处理、献血和血液管理、母婴保健等相关法律制度。

二、学习方法

(一)理论联系实际的方法

理论与实践相结合是马克思主义理论研究的出发点和归宿。护理伦理与法律法规是一门应用理论学科,具有很强的实践性。首先,必须认真学习护理伦理与法律法规的基本知识、理论和相关学科的知识,同时要注意和了解我国护理伦理与法律法规的发展动态,这样才具备理论联系实际的前提条件。其次,学习护理伦理与法律法规不要满足于一般抽象概念的探讨,或者把理论变成教条而出现知行不一的倾向,要密切结合我国卫生体制改革和卫生法制建设的实践,使护理伦理与法律法规的理论在实践中不断得到检验、发展。最后,要注意同个人的思想实际和专业工作实践结合起来,增强卫生法律意识,规范自己的行为,为提高人民健康水平服务。

(二)历史考察的方法

马克思主义的道德起源说认为,道德的产生有其主观条件和客观条件,是人们的社会存在即社会关系的产物,是人类在长期的物质生活和社会实践中产生和逐步形成的。马克思主义关于法律起源问题的分析和阐述也有一个逐渐深化和发展的过程。在恩格斯看来,与国家起源相一致,法律起源问题是唯物主义和唯心主义两种历史观根本对立的、最具有代表性的理论。他指出:"唯物史观是以一定的历史时期物质经济生活条件来说明一切历史事实和观念。""人们往往忘记他们的法权起源于经济生活条件,正如他们忘记了他们自己起源于动物一样。"可见,伦理和法律法规是人类社会发展到一定历史阶段的产物。它同当时的社会经济有着密切联系,受当时社会政治、文化、宗教等社会意识形态的影响。因此,学习护理法律法规一定要坚持历史考察的方法,对法律现象及法律关系的研究同一定的社会经济关系、意识形态以及医药卫生的发展等联系起来,深入研究护理法律法规产生和发展的根源和条件,只有这样才能对护理法律法规作出科学的说明,揭示其本质、产生和发展的规律。

(三)比较分析的方法

比较分析的方法是探求和认证某一事物与其他事物的共同点和不同点的学习方法。纵向比较,我们要了解古今护理伦理与法律法规的演变,以批判分析的态度借鉴历史。横向比较,我们要了解世界各国的护理伦理与法律法规的建设情况,既要借鉴国外有益的经验,又要去除不合理成分,既要避免盲目照搬,又要克服全盘否定。要从我国国情出发加以取舍和改造,有分析、有选择地学习和吸收,从而形成和发展能服务于我国护理工作的伦理与法律法规理论,服务于护理工作,服务于人民健康。

第三节 护理伦理与法律法规的关系

护理工作涉及诸多的伦理与法律法规问题。伦理与法律法规属于上层建筑的不同范畴,却同是社会规范最主要的两种存在形式,二者是既有区别又有联系的两个范畴。

一、区别

伦理是在处理人与人、人与社会相互关系时应遵循的道理和准则。伦理与道德均是调节人与人之间、人与社会之间关系的规范。道德是伦理的基础,伦理是道德的概括。法律法规泛指国家机关制定的规范性文件。

(一)产生条件

道德是维系一个社会的最基本的规范体系,没有道德规范,整个社会就会分崩离析。道德的产生与人类社会的形成同步,原始社会没有现代意义上的法律,只有道德规范或宗教禁忌,或者说氏族习惯。法律是在原始社会末期,随着氏族制度的解体以及私有制、阶级的出现,与国家同时产生的。

(二)表现形式

道德规范的内容存在于人们的意识之中,一般不诉诸文字,内容比较原则、抽象、模糊。法律是国家制定或认可的一种行为规范,它具有明确的内容。

笔记

（三）调整范围

从深度上看，道德不仅调整人们的外部行为，还调整人们的动机和内心活动，它要求人们根据高尚的意图而行为，要求人们为了善而去追求善。法律尽管也考虑人们的主观过错，但如果没有违法行为存在，法律并不惩罚主观过错本身，即不存在"思想犯"。

（四）保障力量

道德主要靠社会舆论、传统力量以及人们的自律来维持。法律是靠国家强制力保障实施。

（五）内容

道德一般只规定义务，并不要求对等的权利。法律是以权利、义务为内容的，一般要求权利、义务对等，没有无权利的义务，也没有无义务的权利。

二、联系

道德与法律是相互联系的。它们都属于上层建筑，都是为一定的经济基础服务的。它们是两种重要的社会调控手段，自人类进入文明社会以来，任何社会在建立与维持秩序时，都同时借助于这两种手段。两者是相辅相成、相互促进、相互推动的。

（一）法律是传播道德的有效手段

法律的实施，本身就是一个惩恶扬善的过程，法律所包含的评价标准与大多数公民最基本的道德信念是一致或接近的，故法律的实施对社会道德的形成和普及起着重大的作用。

（二）道德是法律的评价标准和推动力量，是法律的有益补充

第一，法律应包含最低限度的道德。没有道德基础的法律，是一种"恶法"，是无法获得人们的尊重和自觉遵守的。第二，道德对法律的实施有保障作用。执法者的职业道德的提高，守法者的法律意识、道德观念的加强，都对法律的实施起着积极的作用。第三，道德对法律有补充作用。有些不宜由法律调整的，或本应由法律调整但因立法的滞后而尚"无法可依"的，道德调整就起了补充作用。

（三）道德和法律在某些情况下会相互转化

随着社会的发展，一些道德要求逐渐凸显出来，被认为对社会是非常重要的并有被经常违反的危险，立法者就有可能将之纳入法律的范畴。反之，某些过去曾被视为不道德的、需用法律加以禁止的行为，则有可能退出法律领域而转为道德调整。

总之，法律与道德是相互区别又相互联系的，都是社会调控的重要手段。道德与法律在功能上是互补的。党的二十大报告明确提出，坚持依法治国和以德治国相结合，把社会主义核心价值观融入法治建设、融入社会发展、融入日常生活。

本章小结

　　伦理，是指人际关系之间符合某种道德标准的行为准则；法律法规，从法的渊源角度讲，是法律、法规、规章、条例等法定文件的总称。学习本课程的目的，是为了使学生懂得如何在伦理与法律法规的条件下从事护理职业，维护自己的合法权益，正确履行岗位职责，从而促进护理事业发展，保障医疗安全和人体健康。学习护理伦理与法律法规，有着十分重要的意义。本教材分为两部分。第一部分介绍护理伦理，第二部分介绍护理法律法规。在学习中，要综合运用理论联系实际、历史考察和比较分析等多种方法。伦理与法律法规属于上层建筑的不同范畴，却同是社会规范最主要的两种存在形式，二者是既有区别又有联系的两个范畴。

（韩　晶）

目标检测

参考答案

一、选择题

1. 下列关于伦理的论述,不正确的是(　　)。

　　A. 有时与法规相互转化　　　　B. 是人行为的准则　　　　C. 属于主观层面

　　D. 具有他律性　　　　　　　　E. 调整内心

2. 下列关于法律法规的论述,不正确的是(　　)。

　　A. 与人类社会的形成同步　　　B. 有明确的内容　　　　　C. 不存在"思想犯"

　　D. 靠国家强制力保障实施　　　E. 没有无权利的义务,也没有无义务的权利

3. 下列关于伦理与法律法规关系的描述,正确的是(　　)。

　　A. 产生条件相同　　　　　　　B. 调整范围相同　　　　　C. 表现形式相同

　　D. 功能相辅相成　　　　　　　E. 保障力量相同

4. 下列关于伦理与法律法规关系的描述,不正确的是(　　)。

　　A. 法律是传播道德的有效手段　B. 道德是法律的评价标准　C. 道德是法律的推动力量

　　D. 道德是法律的有益补充　　　E. 道德和法律可以互相替代

二、简答题

简述护理伦理与法律法规的区别和联系。

第一章　护理伦理概述

学习目标

素质目标: 树立正确的人道主义观念,防病治病,救死扶伤,全心全意为人民群众身心健康服务。

知识目标: 掌握护理伦理原则、规范及范畴;熟悉护理伦理的研究对象、研究内容和理论基础;了解护理伦理的形成和发展过程。

能力目标: 能运用护理伦理的基本原则、规范、范畴指导临床护理实践。

案例导学

护士小王正在下夜班回家的路上,"快打120! 快打120!"公交站附近传来一声声呼救。肯定是有人受伤了! 出于护士职业的敏感性,她急忙加快脚步循声迎去,只见人群中,一位姑娘靠着朋友痛苦呻吟,满地都是鲜血,周围是两辆碰撞后的电动车。小王发现受伤的姑娘脚上血流如注,她凭着专业素养判断可能是伤到了动脉血管,于是立刻阻止其他人员搬动受伤的姑娘并叮嘱她不要乱动,然后蹲在地上毫不犹豫地用双手按压止血。经过进一步检查,她发现伤者脉搏微弱,可能濒临失血性休克。此时救护车还没有到,小王当即将手中的塑料袋撕开,绑在伤者的大腿上进行止血。救护车到达后,小王才发现,为了止血,她用了很大力气按压,等到十多分钟后站起来,她的两只手仍在不住地颤抖。

请思考:

1. 如果你在现场,你会怎么做?

2. 请根据小王的行为,阐述对护理伦理基本原则、基本规范及基本范畴的理解。

第一节　护理伦理与护理职业道德

一、护理伦理

护理伦理是伦理学和护理学相交叉的边缘学科,是伦理学的一个分支,以护理职业道德为研究对象。护理伦理的基本原则、基本规范、基本范畴构成了护理伦理的规范体系,是护理伦理的核心内容。护理伦理的研究必然随着社会经济的发展、科学技术的发展和人们认识能力的提高而变化。

(一)护理伦理研究的对象

护理伦理研究的对象主要是护理领域中的护理职业道德,如护士在职业活动中的道德关系、道德规范和医学与社会之间道德关系的准则与规范,并揭示这一关系中护士个人及相应整体的利益、病人个体及相应群体的利益以及他们与社会整体利益的矛盾。研究对象大致可以概括为护患关系、护医关系、护社关系、护研关系四类。

（二）护理伦理研究的内容

护理伦理研究的内容主要包括三个方面：护理道德关系，即护患关系、护护关系、医护关系、护际关系、护士与社会的关系等；护理道德意识，即护理职业中调节护理道德关系应遵循的原则、规范、护理关系中各方的权利和义务；护理道德活动，即如何进行道德行为选择，如何进行护士的道德教育、修养和评价等。

二、护理职业道德

护理职业道德是社会一般道德在护理实践领域中的特殊体现，是护理人员在护理领域内处理各种道德关系的职业意识和行为规范。护理职业道德是医德的重要组成部分，有以下特点。

（一）人性与人道性

1973年国际护理学会修订的《护士守则》规定："护理的需要是全人类性。护理从本质上说就是尊重人的生命，尊重人的尊严和尊重人的权利。"护理需要是全人类性的，护理工作应该面向全人类，其本身无国界、无阶段性。护理人员应该具备为全人类服务的道德观念。

（二）继承性与时代性

护理职业及其服务对象的需要的相对稳定性决定着护理道德的相对稳定性，从而使护理道德的许多内容可以超越时代得以继承。护理道德随着社会进步和护理学发展不断修正、丰富和完善，以适应时代，满足社会对护理的需求，推动护理学发展。

（三）规范性与可控性

护理职业道德规范是护理伦理的重要内容，护理人员需要通过这种道德行为规范来指导自己的行为。护理的各个具体领域都有相应的明确的道德要求，对促进护理质量的提高、护理管理的改善，推动护理事业的发展以及整个社会道德风尚和社会精神文明建设起着重要作用。

第二节　护理伦理的形成和发展

一、我国护理伦理的形成和发展

（一）我国古代护理伦理的起源与形成

我国古代医、护、药融为一体，没有专门的护理职业，没有护理道德的专论，护理道德思想散见于医学伦理道德之中，我国古代护理伦理思想的发展过程可以分为两个时期。

1. **护理伦理的萌芽和初步形成时期**　在原始社会，人类生存环境恶劣，很多人因此生病，为了诊治护理这些疾病，我国远古时期就萌发了最早的医学和最早的医护道德。《帝王世纪》记载，伏羲氏"画八卦……尝百草而制九针，以拯夭枉"；《淮南子·修务训》中"神农尝百草之滋味，水泉之甘苦，令民知所辟就"。这些都是以自体做试验，体现出自我牺牲精神和"一切为病人着想"的伦理思想，是远古时代护理道德思想的萌芽。西周时期萌发了医护人员医疗技术和医护道德最古老、最典范的评价标准。《周礼·天官医师》写道："岁终，则稽其医事，以制其食，十全为上，十失一次之，十失二次之，十失三次之，十失四为下"，将医生治病失误的多少作为衡量其优劣的标准，其中医德也是一项重要的内容。春秋战国时期，随着医疗护理的不断实践，护理伦理思想体系已初具雏形。《黄帝内经》是中医理论划时代的巨著，书中已有大量的医德思想评论，标志着我国传统医德的初步形成。

2. **护理伦理的发展和完善时期**　我国护理理论在战国初期形成，后来随着生产力的发展，医学人道主义等医护伦理思想进一步得到发展。在汉代，医学的发展也促进了医护道德的发展。东汉著名

笔记

医学家张仲景所著《伤寒杂病论》中有很多关于医德思想的论述,对医德的发展有着积极的影响。唐代国家强盛促进了医学的发展,医护道德理论也得到了进一步发展,名医孙思邈所著的《大医精诚》就是我国医学史上最早的全面、系统地论述医德的专著。宋元明清时期,医药学的发展使我国医护伦理思想得到补充和完善。宋代医学著作《小儿卫生总微论方》中强调医务人员应当"贫富用心皆一,贵贱使药无别"。金元时期出现了"金元四大家",即刘完素、张从正、李杲、朱震亨。刘完素提倡"夫医道者,以济世为良,以愈疾为善",将扶贫济困、治疗疾病上升为善与恶的道德评判标准,促进了医学道德伦理的发展。明代名医陈功实《医家五戒十要》对我国当时医护道德提出了具体的规范,被美国1978年出版的《生命伦理百科全书》列为世界古典医德文献之一,与希波克拉底誓言和迈蒙尼提斯祷文并列。清代名医喻昌的《医门法律》一书,切实结合临床四诊和医疗护理来论述医护道德。这些名医在与疾病的抗争中,不断充实和丰富着我国的医护伦理思想。

知识链接

孙思邈(唐代初期著名医学家)

孙思邈(541—682,存在争议),京兆华原(现陕西省铜川市耀州区)人,唐代医药学家,被后人称为"药王"。

公元541年,孙思邈出生于一个贫穷的农民家庭。他从小就聪明过人,受到老师的器重,长大后开始学习道家学说。由于当时社会动乱,孙思邈隐居陕西境内的秦岭太白山中,并渐渐获得了很高的声名。当时的朝廷下令征孙思邈为国子监博士,被他拒绝了。孙思邈研究道教经典,探索养生术,博览众家医书,研究古人医疗方剂,还十分重视民间的医疗经验,不断积累走访并及时记录下来。他选择了"济世活人"作为他的终生事业,为了解中草药的特性,他走遍了深山老林。

孙思邈一生勤于著述,直至白首之年,未尝释卷。他一生著书八十余种,其中以《千金要方》《千金翼方》影响最大,两部巨著60卷,药方论6500首。《千金要方》和《千金翼方》合称为《千金方》,书中首篇所列的《大医精诚》《大医习业》,是中医学伦理学的基础,是我国医学史上最早的全面、系统地论述医德的专著。《千金方》是对唐代以前医药学成就的系统总结,被誉为我国最早的一部临床医学百科全书,对后世医学的发展影响深远。

孙思邈医德高尚。他认为,医生须以解除病人痛苦为唯一职责,其他则"无欲无求",对病人一视同仁,"皆如至尊""华夷愚智,普同一等"。他身体力行,一心赴救,不慕名利,用毕生精力实现了自己的医德思想,是我国医德思想的创始人,被西方称为"医学论之父",是我国古代当之无愧的著名科学家和思想家。

(二)我国近现代护理伦理的发展

我国近代护理工作是随着西医的传入而开始的。1840年以后,西方医学逐渐传入我国,护理事业随之兴起,1909年,中华护士会正式成立。1922年,国际护士大会在日内瓦召开,正式接纳中华护士会为第十一个会员国。我国护理伦理汲取了中外优良医护道德精髓,逐渐成为一门独立的学科。特别是1949年以后,我国护理事业得到迅速发展,护理伦理也得到前所未有的发展和完善。1993年卫生部公布了《中华人民共和国护士管理办法》,2008年国务院颁布了《护士条例》,同年卫生部还公布和实施了《护士执业注册管理办法》,这些都标志着我国护理事业更加规范和法制化,对护理伦理教育更加重视,对护理伦理的研究也更加深入。随着整个医疗卫生事业的发展,护理队伍日益壮大,也涌现出了一大批优秀的"白衣天使"。

二、国外护理伦理的形成和发展

(一)国外古代护理伦理的形成

西方医护道德在公元前6世纪至公元前4世纪形成,古希腊人希波克拉底被称为"西医之父",是西方医学的奠基人,也是西方医德的创始人。他的代表作《希波克拉底誓言》是西方医德的经典文献,强调了医务人员应该具备的道德品质,为医护道德伦理的形成起到了不可磨灭的作用。古罗马医学全面继承了古希腊医学的护理道德思想。盖伦主张医护人员应该献身医学,要重学术,舍利求义。他还认为最好的医生应力求掌握哲学及相关学科——逻辑学、自然科学、伦理学。古印度医学比较发达,对医护人员的职业道德非常重视。公元前 5 世纪,名医妙闻在他的《妙闻集》中对护士的素质提出如下具体要求:"雇佣的侍者(护士)应具有良好的行为和清洁习惯,忠于职守,要对病人有深厚的感情,能够满足病人的需要,遵从医生的指导。"700—1300 年,阿拉伯医学处于强盛时期,医院、医学院、图书馆等设备比较齐全,护理已经成为医生的辅助性职业。公元 12 世纪的迈蒙尼提斯是古阿拉伯医护的典范,其《迈蒙尼提斯祷文》是医学道德史上的重要文献之一。

📖 知识链接

"医学之父"希波克拉底

希波克拉底(前460—前377),是被西方尊为"医学之父"的古希腊著名医生,西方医学奠基人。

希波克拉底出生于小亚细亚科斯岛的一个医学世家,从小就跟随父亲学医。他把疾病看作是发展着的现象,认为医师所应医治的不仅是病而且是病人,从而改变了当时医学中以巫术和宗教为根据的观念。他主张在治疗上注重病人的个性特征、环境因素和生活方式对患病的影响;重视卫生饮食疗法,但也不忽视药物治疗,尤其注意对症治疗和预后。希波克拉底还在一篇题为《箴言》的论文中记录了许多关于医学和人生的至理名言,古代西方医生在开业时都要宣读这份有关医务道德的誓词,20 世纪中叶,又据此制定了国际医务人员道德规范。

希波克拉底的医学及医德观点对后来西方医学及医学伦理学的发展具有重大影响。

(二)国外近现代护理伦理的发展

国外近现代护理伦理始于中世纪欧洲文艺复兴运动。文艺复兴推动了医学科学的发展,也使人类伦理思想包括护理伦理思想进入了一个重要时期。此时对护理伦理的研究也转向以人为对象,人道主义成为了讨论的核心内容。弗劳伦斯·南丁格尔是使护理成为独立学科的创始人。她撰写的《医院札记》《护理札记》等主要著作成为医院管理、护士教育的基础教材。南丁格尔的护理伦理思想,为现代护理伦理学的形成奠定了基础。1803 年,英国医生托马斯·帕茨瓦尔编著出版了《医学伦理学》,标志着国外医德学进入近现代阶段。

第二次世界大战以后,护理伦理的发展进入了新的阶段。一系列国际医护道德规范和法律文献相继产生。1948 年,国际医学会全体大会在日内瓦召开,大会以《希波克拉底誓词》为基础制定并发表了《日内瓦宣言》,并把它作为医务界人士共同遵循的守则;1953 年国际护士会通过了第一个正规护士规范《护士伦理学国际法》,并于 1965 年、1973 年两次修订;1964 年,在荷兰召开的第 18 届医学大会,通过了关于人体实验的《赫尔辛基宣言》,进一步修订了人体实验的基本原则;1968 年世界医学会第 20 次会议通过了《悉尼宣言》关于死亡道德责任和器官移植道德原则;1975 年《东京宣言》规定了对待罪犯、囚犯的医师行为准则。以上这些世界重要的医学文献,指导着现代社会医护道德朝着更加社会化、规范化、系统化和法律化方向发展。

三、护理伦理的现状与未来

(一)护理伦理的现状

21 世纪是一个经济和科学快速发展的时代,自护理成为一门独立学科以来,护理学有了长足的发展,但随着知识经济时代的到来,护理伦理不仅面临着新的发展机遇,也面临着新的挑战。

1. 护理伦理要求日益规范 第二次世界大战以后,一系列护理伦理原则和规范相继形成。

1953年国际护士协会通过的第一个正规的护士伦理规范《护士伦理学国际法》中明确规定:护士的基本任务是增进健康、预防疾病、恢复健康、减轻痛苦;护理的本质是尊重人的生命、尊重人的尊严和尊重人的权利,并从护士与他人、护士与临床实践、护士与社会、护士与其共事成员、护士与职业这几个方面对护士进行了规定。1976年,美国护士协会制定了《护士章程》;1977年,英国皇家护理学院发表了《护理研究之人权伦理指引》;1983年,加拿大护士学会发表了《护理研究运用于人类的伦理指引》。我国对护理伦理研究也十分重视,1988年,我国卫生部制定了包括护理伦理规范在内的《医务人员道德规范及其实施办法》;1994年开始实施《中华人民共和国护士管理办法》;2008年5月12日,国务院颁布实施《护士条例》,中华护理学会制定推行《护士守则》。护士伦理要求和行为规范在我国已上升到法律层面。

2. 护理伦理教育受到普遍重视 护理伦理教育对于提高护理人员的道德意识,培养优秀的道德品质起着不可替代的作用。护理伦理教育是一种终身教育,应贯穿护理人员的整个职业生涯,这样才能与时俱进,才能适应现代护理服务模式的需要,才能满足社会及护理服务对象的要求。

(二)护理伦理的未来

1. 生命伦理学的兴起将有助于护理伦理难题的解决 生命伦理学着重探讨并着力解决人工生殖技术、器官移植、遗传与优生、干细胞移植等方面的伦理难题。生命科学的发展给人类带来了技术享受,提高了人们的生活质量,延长了人们的寿命,生命科学的迅速发展也对传统伦理提出了新的挑战。这些挑战会随着社会的进一步发展、人类文明程度的提高而逐步得到解决。

2. 高新技术运用下的护患关系成为护理伦理研究新领域 现代科学技术的发展,使高新护理技术进入了医院、社区、家庭病床中。"机器人护士""电脑护士"等护理高新技术,使护患关系融入了较多的"物化"内容,淡化了护患间的沟通与交流,减少了病人的情感依赖与安全感,不利于心理护理、社会护理的实施,对传统护理伦理与法律规范提出了挑战,也给整体护理模式带来困惑。这就要求护理人员在运用现代护理技术的同时不能无视道德伦理,而应结合高科技,自觉加强道德修养,避免出现护理道德危机。

3. 医院伦理委员会的兴起将会提高护理人员的伦理决策能力 为了解决医学高新技术在应用中带来的伦理问题,解决医患、护患等方面的矛盾与纠纷,更好地实现为人类健康服务的目的,近几十年来国内外许多医院都纷纷成立了医院伦理委员会来讨论解决医院所遇到的伦理难题。医院伦理委员会的兴起将促进护理事业和护理伦理学的发展。

第三节 护理伦理的理论基础

护理伦理的理论基础是由生命论、公益论、人道论、义务论和功利论这些基本理论构建而成。

一、生命论

生命论是关于人的生命的本质和意义的理论。在社会发展的历史进程中,人们逐步形成了生命神圣论、生命质量论及生命价值论三种伦理认识。

(一)生命神圣论

1. 含义 生命神圣论是指强调人的生命至高无上、神圣不可侵犯的伦理观念和理论。

2. 形成和发展 医护实践活动的道德要求催生了生命神圣论,在长期的医护实践中,人类对生命神圣的认识开始成为一种成熟的,以珍惜生命、救助生命为核心内容的系统理论。

3. 意义 生命神圣论在人类思想发展史中具有重要价值,它强调生命至高无上、珍爱生命的观点,唤起了人们对生命的珍视,推动了医学和医护道德发展,为医学人道主义理论的形成和发展奠定了思想基础。

（二）生命质量论

1. **含义**　生命质量论是以人的自然素质（体能、智能、社会适应能力等）的高低为依据，衡量生命对自身、他人和社会存在的价值的一种伦理观念。

2. **基本内容**　生命质量是指对个体整个生命包括生理、心理特征及其受限程度的综合估量，其中主要是指人的生命的自然质量，即对某一生命以生物学生命的意义为依据来判断是否具备作为人的基本要素。生命质量论的主要观点是：生命质量不在于生命存在本身，而在于其存在的质量，人们不应该只单纯地追求生命的数量，更应该关注生命的质量。

3. **意义**　生命质量论的产生，标志着人类生命观发生了巨大的转变，是人类自我认识和自我控制的新发展。生命质量论已成为现代生命伦理的重要组成部分，它使人们意识到追求生命质量是人类理性的选择，这标志着生命论更加理性，更加成熟。

（三）生命价值论

1. **含义**　生命价值论是以人具有内在的与外在的价值来衡量生命意义的一种伦理观念。

2. **基本内容**　生命价值论认为，人的生命价值的高低主要取决于两个方面的因素：一是生命的内在价值（本身的质量）；二是生命的外在价值（目的和归宿），即个体对社会创造物质财富的社会价值。两者是辩证统一关系：内在价值是外在价值的前提和根据，外在价值是内在价值的本质和体现。

3. **意义**　生命价值论的问世和运用具有重大的理论和实践意义，它同神圣论和质量论构成生命理论的鼎立三足，使生命论的理论体系更趋完美，从而能够为医疗护理实践提供更加富有科学理性的行为指南。

二、公益论

1. **含义**　公益论是社会公益与个人健康相统一的医学伦理理论，强调社会公众利益。公益论主张人们在进行道德评价时，要以社会、以全人类的现在和未来为出发点，从整体和长远的角度来分析、评价人们的行为及后果，符合人类长远利益和整体利益的行为才是道德的。

2. **基本内容与意义**　公益论的内容包括患群公益、社会公益、人类公益和子孙后代公益。公益论指导护理人员从社会和人类的利益出发，公正合理地解决医疗护理活动中出现的各种利益矛盾，使之有利于患者，有利于社会、人类和后代，有利于人类医学科学的发展。

3. **局限性**　公益论是一种美好的理想框架，只有把义务、生命质量与价值和公益三者有机地结合，才能解决在实践中面临的伦理难题。

4. **对护理伦理实践的影响**　公益论以改善和提高人们的健康质量为目的，强调以可持续发展的方式使用护理资源，有助于护理服务领域的进一步扩大。

三、人道论

1. **含义**　指一切主张维持人的尊严、权利与自由，重视人的价值，使之得到充分自由发展的思想。

2. **医学人道主义**　指在医学领域内，特别是在医患关系中体现出来的医务人员以患者为本、同情和关心患者、重视患者的生命价值和质量、尊重患者的人格和权利、维护患者利益和幸福的伦理观念及其理论。

1948年，国际医学会全体大会通过《日内瓦宣言》，提出以"我庄严地宣誓把我的一生献给为人道主义服务"作为世界医务界人士的共同守则。

四、义务论

1. **含义**　又称为道义论，是指人的行为必须按照某种道德原则或某种正当性去行动的伦理理论，是关于应当、责任的理论。它要求个人严格克制自己的感性欲望并遵守义务规则。

2.基本内容 义务论主张以道德义务和责任为中心，对人的行为动机和意向进行研究。义务论研究的是护理人员的道德义务和责任,确定护理人员的行为准则和规范。护士的道德义务是多方面的,如对患者的义务、对同事的义务、对护理科学的义务、对社会的义务等。

3.意义 在现代医学职业实践中,尤其是目前中国的医学职业生活中,护理职业义务论作为医学职业义务论的一部分,它的坚持和完善具有至关重要的意义。护理人员要随着当代义务论的兴起和发展适时转变伦理观念,所采取的护理行为不仅要有良好的动机,行为本身要符合道德原则,还要考虑行为的后果。

五、功利论

1.含义 又称功利主义,是一种以行为效果作为判断人的行为善恶依据的伦理理论。功利主义是西方伦理学中一种以功效或利益作为道德标准的学说。美国哲学家弗兰克纳指出:"做一件事情所寻求的,就是善(或利)超过恶(或害)的可能最大差额(或者恶超过善的最小差额)。"

2.基本内容 护理实践中护理人员在履行护理义务时,在坚持患者利益第一的前提下,取得集体和社会以及个人的正当利益。功利论中具有代表性的是行为功利主义和准则功利主义。前者的主要观念是人的行为应该是理性的和自主的,只要行为的结果可以产生最大的效益,能够带来好的结果,那么行为本身就是道德的;后者则把功利主义的效用原则和人们行为的道德准则结合起来,在坚持效用原则的同时,强调道德准则对指导人们行为的重要性。准则功利主义把对大多数人能产生最大的利益和幸福作为他们所提倡的一般道德规则的根据。

3.意义 功利论主张护理行为以满足患者和社会中多数人的健康利益为标准,这对在护理实践中如何合理分配有限卫生资源等问题有一定指导作用。功利论应用在护理实践中,有助于护理人员确立正确的功利观,重视个体患者和社会人群的健康利益,合理分配、利用卫生资源;同时,功利论肯定了护理人员的正当利益,有利于调动他们的工作积极性。

第四节 护理伦理的原则、规范和范畴

一、护理伦理的原则

(一)概念

原则是人们观察问题和处理问题的准则。护理伦理的原则是指在护理实践中调节护患之间、护护之间、医护之间、护理人员和社会人员之间、护理人员与护理科学发展之间相互关系的最基本的出发点和指导准则,是护理人员在处理各种护理道德关系时必须遵循的根本准则和最高要求,也是护理人员在长期护理实践中的经验总结。

(二)护理伦理的原则对护理人员的要求

护理伦理的原则反映了护理道德的基本精神,是确立护理伦理范畴和伦理规范的依据,贯穿于护理实践的全过程,是衡量护士道德水平的最高标准。为了达到护理伦理的基本原则,护理人员需要做到以下几点。

1.防病治病,救死扶伤 是医疗卫生工作的根本任务,也是护理工作的核心任务和基本职责,同时还是护理人员践行社会主义护理道德的具体途径和有效手段。

(1)正确理解并认真履行护理职责:国际护士会制订的《护理人员伦理规范》规定,促进健康、预防疾病、恢复健康、减轻痛苦是护理人员的四个基本任务,这充分体现了新时期护理实践的特点和要

求。防病治病从宏观层面揭示了护理工作者的伦理责任,重视群体、社会的预防保健;救死扶伤则从临床护理的角度强调对护理对象个人的责任,重视对护理对象个人的治疗和护理。护理人员在护理实践中要正确认识护理职责,真正做到临床护理与预防保健护理相结合,生理护理与心理护理相结合。当人们身心处于健康状态时,护理人员要采取一切有效措施,杜绝和防范各种可能危害人们健康的生物、心理、社会因素,以维护和保持人们的健康;当人们的身心健康受到侵害时,要利用各种医疗护理手段,促进其康复。

(2)刻苦学习,积极实践,不断提高护理技术水平:护理人员只有掌握扎实的现代护理知识,具备熟练的护理操作技能,努力学习,刻苦钻研,在技术上精益求精,才能切实履行护理职责,完成救死扶伤、防病治病的任务。

2. 实行社会主义的人道主义 既继承了传统医学人道主义的精华,又在新的历史阶段注入了新的内涵,使其得以丰富和发展。实行社会主义的人道主义是社会主义护理伦理基本原则的核心内容,体现了在社会主义制度下,对护理对象的生命的尊重和对提高护理对象生命质量的重视。

(1)尊重人的生命价值:"人命之重,贵于千金。"生命的不可逆性赋予了人的生命至高无上的价值,护理人员只有充分认识并尊重人的生命价值,才能真正做到珍惜生命、尊重生命,才能给予处于疾病、痛苦、灾难中的患者更多的关心、同情、爱护,才能竭尽所能去救治。

(2)尊重人的权利、人格和尊严:随着医学模式的转变,人们更加重视自身的社会生存和发展状态,强调人的权利、人格和尊严。护理实践中,护理人员应对不同国籍、民族、宗教、年龄、职业、性别、社会地位的患者平等对待、一视同仁,实行社会主义人道主义,尊重其权利、人格和尊严,为其减轻痛苦、挽救生命、维护健康。

3. 全心全意为人民身心健康服务 是社会主义道德区别于一切传统护理道德的本质特征,是护理工作者执业的根本宗旨,是护理工作的出发点和归宿,是"全心全意为人民服务"宗旨在护理实践中的具体体现。

(1)树立人本理念和群众观点,热爱人民,关心群众:我国的医疗卫生事业是人民的事业,在护理实践中,护理人员必须树立人本理念和群众观点,以人为本,热爱人民,关心群众,时时处处关注人民群众的健康和痛苦,想患者之所想,急患者之所急,痛患者之所痛,自觉把为人民群众的身心健康负责作为自己的天职,具有为全人类的健康事业英勇献身的宽广胸怀和高尚情操,真正做到"全心全意为人民身心健康服务"。

(2)正确处理好个人与患者、集体、社会之间的关系:在护理实践中,护理人员应将患者、集体、社会的利益放在首位,竭尽全力做好本职工作。在个人利益与患者、集体、社会利益发生冲突时,要以患者的利益为重,以集体的利益为重,以社会的利益为重,护理人员的行为选择必须符合"全心全意为人民身心健康服务"这一崇高目标。在某种情况下,护理人员需要牺牲个人的利益甚至献出自己的生命来维护和保卫人民的身心健康。

(三)护理伦理的基本原则

护理伦理有尊重原则、不伤害原则、有利原则和公正原则四个基本原则。

1. 尊重原则 是指医务人员要尊重患者及其做出的理性决定。尊重原则必须处理好患者自主与医生做主之间的关系,患者自主绝不意味着医生可以放弃自己的责任及医疗自主权。尊重患者包括帮助、劝导甚至限制患者进行选择。尊重原则必须处理好知情同意的问题,医生帮助患者选择诊治方案,必须向患者提供正确、易于理解、适量的、有利于增强患者信心的信息。当充分了解和理解了自己的病情信息后,患者的选择和医生的建议往往是一致的。当患者(或其家属)的自主选择与他人或社会的利益发生冲突时,医生既要履行对他人、社会的责任,又要保证使患者的损失降到最低。对于缺乏或丧失知情同意能力的患者,医生保证患者知情同意这一自主选择权由其家属或监护人代理行使。

尊重原则要求护士在护理实践中做到以下几点。

(1)尊重服务对象的人格、自主权或决定。

(2)得到服务对象的知情同意。

(3)保守服务对象的秘密和隐私。

2.不伤害原则 是指医护人员不给患者带来本来完全可以避免的肉体和精神上的痛苦、损伤、疾病甚至死亡。特别是对无能力保护自己的人,如精神病患者、昏迷患者、婴幼儿、失去自主能力的老人等应加以协助,使他们避免受到伤害。不伤害原则的真正意义在于强调培养对护理对象高度负责,保证其健康和生命的护理伦理理念和作风。为了预防在护理活动中对患者的蓄意伤害,不伤害原则要求护士在护理实践中做到以下几点。

(1)培养为患者利益和健康着想的动机和意向:护士应强化以服务对象为中心的服务意识,加强护理道德修养,增强责任心,关心患者,坚决杜绝有意伤害和责任伤害。

(2)为患者提供最佳的护理服务:护理人员应强化责任意识,钻研护理技术,恪尽职守,努力为患者提供最佳的护理服务,积极了解及评估各项护理活动可能对患者造成的影响。

(3)正确处理胆识与审慎的关系:护士应根据服务对象的情况,对有风险、有损害的医护措施进行仔细评估,并在实施过程中尽最大的努力,追求最好的效果,把不可避免的损害控制在最低限度之内。

3.有利原则 是指护士在履行职责时,护理人员对患者直接或间接履行仁慈、善良或有利的德行。有利原则要求护士在护理实践中做到以下几点。

(1)积极做对患者有益的事:护士应树立全面的利益观,真诚关心患者以生命和健康为核心的客观利益和主观利益。

(2)权衡利害,尽量减轻患者受伤害的程度:护士应为患者提供最优质的服务,选择受益最大、伤害最小的医学决策,慎重地作出伦理决策,避免因决策失误而对患者造成伤害。

4.公正原则 是指基于正义与公道,以公平合理的处事态度来对待患者和有关的患者家属、其他患者以及直接或间接受影响的社会大众,以同样的服务态度、医疗水平对待有同样需要的患者,做到人人享有平等的生命健康权和医疗保健权。公正原则要求护士在护理实践中做到以下几点。

(1)平等对待患者,尊重其人格:护士要树立平等观,对患者不分职业、地位、年龄、宗教信仰及财产状况,都应该一视同仁,平等对待。

(2)公正分配医疗资源:医疗资源是指满足人们健康需要的人力、物力和财力的总和。护理人员在做有关医疗资源公正分配问题的伦理决策时,应确保医疗资源分配的公平性与合理性。要按照社会价值标准、医学标准、家庭角色标准、科研价值标准及预期寿命等进行综合权衡,以确定稀有医疗资源的享用者,尽力实现患者基本医疗和护理的平等。

☞**考点提示:**护理伦理的基本原则。

二、护理伦理的规范

护理伦理规范是指在护理实践中形成的,依据一定的护理道德理论和原则而制定的,用以调整医疗工作中的医疗护理人际关系、评价护理行为善恶的准则,是培养护理人员道德品质的具体标准。护理伦理基本规范的主要内容归纳为如下几点。

(一)爱岗敬业,精益求精

热爱护理专业,忠于护理事业,树立职业的自豪感,是一名护理工作者应有的道德品质和职业素质。护理工作者要做到热爱专业,忠于职守,要树立职业自豪感和荣誉感,尊重护理职业。钻研技术、精益求精,是护理工作者对本职工作的基本态度,是护理人员应具备的基本素质,这不仅是护理工作的需要,也是对患者健康负责的表现。这就需要护理人员不断学习新的护理技能,在工作中勤于思考,敢于创新,积极参加护理科研,提高护理技术与水平,从而适应护理学科的发展与进步。

(二)尊重患者,保守秘密

护士与服务对象在人格上是平等的,要尊重服务对象的人格和权利。这是建立良好的护患关系的前提与基础。对于每一位服务对象,每个人的人格都应受到同等的尊重,都应平等地给予治疗。要注意尊重服务对象的隐私,为患者的病情保守秘密,不向外泄露或随意作为谈话的内容,以免导致对服务对象的伤害。为患者保密,是护理伦理的一个基本规范,也是医学道德的优良传统。

(三)举止端庄,语言文明

护士的语言和行为是实现护理伦理规范的主要途径,从某个层面反映护士的道德意识和心灵状况,服务对象也往往根据护士的言谈举止来体验和判断护士对他们的态度和感情。护理人员在护理实践中端庄文雅的气度、和蔼礼貌的语言、关怀体贴的态度,使服务对象从护理工作者的言行中感受到尊重、安全和信任,以此树立良好的护理工作者形象,这体现护理工作者的一种职业美。

(四)互尊互学,团结协作

互学互尊、团结合作,是正确处理医际关系的基本准则。医疗工作需要多部门以及医护人员之间共同努力和协作才能较好地完成。在医疗工作中,应该树立整体观念,做到顾全大局、彼此尊重、互相学习、互相支持,还要做到注重医护之间、护士之间相互学习、取长补短、团结协作、合理竞争、共同提高,要一切从患者利益出发,正确对待荣誉。只有全体医护人员相互尊重、团结、合作,才能发挥团队作用,保证医疗护理质量不断提高。

☞**考点提示:**护理伦理的基本规范。

三、护理伦理的范畴

护理伦理的范畴是指反映护理伦理现象的特征、方面和关系的基本概念,是对护患之间、护际之间、医护之间最普通、最本质的伦理关系的总结和概括,主要包括权利与义务、良心与荣誉、情感与理智、审慎与保密等内容。

(一)权利与义务

护理伦理范畴的权利主要包括两个方面:一是服务对象在护理关系中所享有的权利;二是护士在护理关系中所享有的权利。护理伦理范畴中的义务是指护士在内心信念和道德责任感的驱使下,对患者、他人、集体、社会应承担的道德责任,也是患者、他人、集体、社会对护士在医护活动中各种行为的基本要求。

1.患者的权利

(1)患者享有必要的和相应的医疗与护理的权利:患者作为社会成员或国家公民具有最基本的健康权利和医疗权利,如《中华人民共和国民法典》(以下简称《民法典》)规定的"生命健康权"以及由此延伸的公民医疗权,即公民一旦有病,他就有权获得医疗的权利,这种基本的权利是绝对的、无条件的、不容受到侵犯的。这是宏观层次上理解的最基本的患者医疗权。在微观层次上,作为一个患者进入医疗关系之后,患者就拥有特定的医疗权利,任何患者都有权享有必要的合理的诊断、治疗和护理,并要求在这种服务中得到医务人员的尊重、公正和一视同仁的待遇。这种权利是无条件的。

(2)患者参与医疗和对疾病认知的权利:患者参与医疗是现代医学模式和医患关系模式所特别强调的,是患者权利最为实质的内容之一。也就是说,只有让患者参与到有关自己的医疗过程中,患者权利才能在真正意义上得以体现并得到保障。对自身疾病的认知是患者参与医疗、患者自主权实施的基本前提。当人一旦患病后,除意识不清或昏迷状态外,在通常情况下都希望能了解自己所患疾病的性质、严重程度、治疗情况及预后的好坏等,这一对自己所患疾病的认知要求也应看作是患者的基本权利。医生应该用患者能够听懂的语言,告诉患者有关诊断、治疗和预后的全部信息。如果这些信息由于医疗原因不能告诉患者本人,则应告诉患者的代理人。

(3)患者享有医疗自主和知情同意的权利:尊重患者有两个方面,一是把患者作为一个人来尊重,尊重患者的人格尊严;二是尊重患者的自主权。患者自主权是指患者在医疗中经过深思熟虑就有关自己疾病和健康问题作出合乎理性的决定并据此采取负责的行动。强调患者自主权首先要承认患者有参与医疗过程的权利,并且承认医疗很多方面的决定应由患者自己来判断。知情同意是患者自主权的一个重要和具体的形式,现已成为医学研究和实验、临床医疗领域最受人关注的伦理问题之一。在临床医疗和研究中,知情同意都是必不可少的,它不只是为了争取患者的合作、增进医患关系、提高医疗效果,而且还体现在有利于患者、尊重患者,有助于患者自主权的合理行使。

(4)患者享有保守个人秘密的权利:包括患者隐私权和患者保密权这两个密切关联的方面。我国法律有对公民隐私权的条文,如私人信件、日记等不被泄露而受法律保护。医生的职业特点和患者出于治病的需要、出于对医生的信任,决定了医生可以了解患者的隐私。这种知晓是医生的权利,但医生没有权利泄露患者的隐私。隐私权问题最终是保密的问题。患者有权利要求医生对其告知的隐私保密,要求医生对其有关的医疗信息保密。在临床工作中,医务人员对患者隐私权、保密权的保护,对建立相互尊重、相互信任的医患关系是十分重要的。唯一能否定患者隐私权、保密权的理由是:如果继续保护患者的隐私权、保密权给患者自己、给他人或社会带来的危害大于放弃这种权利给患者带来的损失。

(5)患者享有拒绝治疗和实验的权利:这实际上是患者自主权的一部分,是知情同意权的延续。在一定条件下,在权衡各方面利益的基础上,患者有权拒绝治疗。不管治疗能给患者带来多大益处,医生不能强迫患者接受其治疗;不管实验与治疗是否有关,患者有权拒绝各种类型的医学实验。倘若患者的拒绝可能对其自身和社会带来严重危害,则另当别论。拒绝医生建议的治疗不等于医务人员就没有医护患者的义务和责任。拒绝治疗的权利包括患者有要求转诊、转院、申辩的权利。

(6)患者有监督自己医疗权利实现的权力:对于各种妨碍医疗权利实现的错误行为,对于自己生命受到疾病的威胁而又被拒绝治疗或草率治疗时,患者可以直接或者通过社会舆论提出批评或谴责,有权对不负责任的、质量低劣的、有危害或有损健康的医疗卫生服务提出赔偿要求,甚至追究法律责任。患者有权要求医生降低或节省医药费用,有权要求医生对医药费用做出合理解释。

上述六个方面是患者权利的基本内容。这些基本权利在医疗实践中的实现会受到诸多条件的限制,如有赖于医生对患者权利的认识,有赖于患者自身的权利意识,有赖于医疗卫生服务的内容、项目和资源的多少等。此外,患者权利之间也会发生冲突,尤其是患者自主权和医疗权的冲突。例如,当患者拒绝接受治疗时,患者在行使他的自主权,但他拒绝接受治疗的决定意味着放弃特定的医疗权,并可能与患者治愈疾病、恢复健康的利益相冲突。患者权利之间冲突的解决办法是坚持患者利益第一的原则,具体情况具体分析、具体对待、具体解决。

2. 患者的义务

(1)保持健康和恢复健康,建立合理的生活方式,摒弃不良生活习惯,积极锻炼身体,增强机体抗病能力,减少疾病发生。

(2)积极配合医生治疗,尊重医务人员的劳动,遵守医院的规章制度。

(3)支持医学科学研究和实验,支持医院的教学活动。

3. 护士的伦理权利

(1)护理自主权:护士对患者的护理权的行使具有独立自主性,是由医疗职业特点所决定的,是为了维护患者的医护权利和正常的医护秩序,不应受到外界的干扰。患者家属可以提出不同意见和建议,但不能影响护士正常工作。

(2)特殊的干涉权:为维护社会公众及患者的身心健康,护士根据医嘱有权对某些处于传染期的传染病患者和发作期的精神病患者实行隔离,以免对他人及社会造成危害。但干涉权不可滥用,只有当患者的自主原则与社会公益原则发生矛盾和冲突时才可使用。

(3)维护个人正当利益的权利:护士有获得与本专业对应的技术职务和职称的权利,有参加专业培训、接受继续教育、参加与专业相关的学术团体和专业协会的权利。

4. 护士的伦理义务

(1)全心全意为人民身心健康服务:救死扶伤,减轻其身心痛苦,竭尽全力为患者治疗、护理,维护其健康,是护士义不容辞的责任。

(2)尊重、爱护患者和保护患者隐私:尊重患者的生命、人格、尊严、宗教信仰及风俗习惯,尊重和保护患者的隐私等。

(3)参与公共卫生及疾病防控工作:在发生自然灾害、公共卫生事件等严重威胁公众生命健康的突发事件时,护士要服从所在医疗卫生机构或县级以上人民政府卫生主管部门的安排,参加医疗救护。

(二)良心与荣誉

1. 良心 护理伦理良心是指护理人员在履行对患者、集体和社会义务过程中,对自己行为负有的道德责任、自觉认识及自我评价能力。护理伦理良心作为一种意识形态,要求护士在任何情况下都不应该做有损于服务对象健康和利益的事,在护理实践中应做到以下几点。

(1)忠实于服务对象:护士在任何情况下都要重视和维护服务对象的利益,特别在无外界监督、存在利益诱惑的情况下,都要自觉把服务对象的利益置于首位,尊重服务对象的人格与生命价值,选择最有利于服务对象的护理方案。

(2)忠实于护理事业:具有为护理事业献身的精神,这就要求护士在护理实践中,不能计较个人名利,刻苦钻研,勇于探索,团结协作,乐于奉献,不断提高护理技能,献身护理事业。

(3)忠实于社会:护理人员不仅对患者负责,也对社会负责。因此,在护理实践中,护士要把忠实于服务对象和忠实于社会统一起来,正确处理服务对象利益与社会利益的关系。

2. 荣誉 护理伦理荣誉是指护士履行了职业义务后,获得他人、集体、社会的赞许、表扬和奖励,以及个人感到的自我满足和欣慰。

(1)荣誉与义务的统一:忠实履行对社会、对他人的义务是获得荣誉的前提。护理义务和职业、事业、荣誉是统一的,护士热爱护理职业,关心体贴患者,努力钻研业务,提高护理水平,为人民的身心健康做出贡献,把获得荣誉和履行义务做到完美统一。

(2)荣誉与求实的统一:护士的荣誉是社会或集体对护士在过去护理实践中的工作价值做出的肯定和鼓励。护士不能把获得荣誉作为猎取权力、利益的手段和资本,应该把荣誉转化为前进的动力,鞭策自己更加扎实的工作。

(3)个人荣誉与集体荣誉的统一:个人荣誉是集体荣誉的体现和组成部分,集体荣誉是个人荣誉的基础和归宿。护理工作以服务对象为中心开展,与医院各部门有着密切的联系,需要全体医护人员参与共同完成,其个人荣誉的获得离不开集体的智慧和力量,集体荣誉离不开每个护士辛勤工作。护士要有集体荣誉感,自觉维护集体荣誉。

(三)情感与理智

1. 情感 护理伦理情感是指护士对医疗领域中的各种道德现象的内心体验和态度表现,是建立在对人的生命价值、人格和权利的尊重的基础上,表现在对患者、对护理事业的真挚热爱,是一种高尚的情感。

(1)同情感:是每个护士应具有的最起码情感。护士的同情感主要表现在对患者的遭遇和不幸在情感上产生共鸣,急患者所急、痛患者所痛,竭尽全力帮助他们解除或减轻痛苦,以高度的同情心给遭受痛苦的患者送去微笑和鼓励,给忧愁的患者送去安慰和帮助,给危重患者送去信心和力量。

(2)责任感:是同情心的升华,是较高层次的情感。责任感表现出对护理工作、对病人、对社会高度负责的精神和在工作中一丝不苟、严谨细致的工作作风,始终把患者的利益当成自己崇高的职责,真正实现全心全意为人民健康服务的道德原则。

(3)事业感:是责任感的升华,即把本职工作与发展护理事业紧密地联系在一起,把护理事业看得高于一切,并作为自己执着的终身追求,这是护士最高层次的道德情感。

2.理智 护理伦理理智包含感知辨识情感优劣,从而控制、平衡自我情绪的较低层次的认知素质和自制能力,以及通过优化情感并整合于护理服务中的多元素质,为服务对象提供最佳服务的较高层次的决策能力和智慧素质。

(1)及时调整自身情感:护士在护理实践中,能较好地控制自己的情绪,不能因为自身的不良情绪而影响对服务对象的护理,也不能把自身的不良情绪感染给服务对象,影响服务对象的身心健康。

(2)理性护理服务对象:正确认识和对待服务对象的情感,在患者痛苦不堪、心态不良,或家属情绪亢奋、不冷静的情况下,坚持科学精神,保持理性、清醒的头脑,认真负责地、实事求是地对待患者。

(3)调控优化护理环境:正确认识和对待周围的情感氛围,恪守科学原则和医学道德准则,抵制和排除种种不良情绪的蔓延。

(四)审慎与保密

1.审慎 护理活动中的审慎是在行为之前的周密思考和行为过程中的小心谨慎。审慎是一种道德作风,是良心的外在表现,是每一个护士必备的基本素质。护理伦理审慎的内容包括以下几方面。

(1)工作审慎:严格遵守各项规章制度和操作规程,在各个环节要做到认真负责、小心谨慎、严谨有序,每项操作要严格查对、认真核实,防止差错,杜绝事故,确保患者的安全和治疗效果。

(2)言语谨慎:亲切悦耳的语言有保护安慰性作用,刺激性语言可加重病情,甚至危及生命。

2.保密 护理伦理保密是指护理人员要保守患者的秘密和隐私,以及对其采取保护性措施。护理伦理保密的内容包括以下两点。

(1)保守患者的秘密:护理人员对患者由于医疗需要而提供的个人秘密和隐私不能随意泄露。护理人员有责任采取有效的措施保证患者的隐私和秘密。

(2)对患者保密:在特殊情况下,因治疗的需要,对患者的某些病情和可能出现的不良后果,应对病人保密。

本章小结

护理伦理是伦理学和护理学相交叉的边缘学科,是伦理学的一个分支,以护理职业道德为研究对象。护理伦理的基本原则、基本规范、基本范畴构成了护理伦理的规范体系,是护理伦理的核心内容。国内外护理伦理都经历了从起源到形成、从萌芽到发展的过程,并将继续发展。护理伦理的理论基础是由生命论、公益论、人道论、义务论和功利论这些基本理论构建而成。护理伦理有尊重原则、不伤害原则、有利原则和公正原则四个基本原则。护理伦理基本规范的内容主要包括爱岗敬业,精益求精;尊重病人,保守秘密;举止端庄,语言文明;互尊互学,团结协作等。护理伦理基本范畴主要包括权利与义务、良心与荣誉、情感与理智、审慎与保密等内容。

(韩 晶)

目标检测

一、选择题

1. 下列关于尊重原则的说法,不正确的是( )。

    A. 尊重患者的知情同意权　　　B. 协助患者行使自主权　　　C. 正确行使护理权

    D. 尊重原则是要取得患者的同意　　　E. 尊重患者自己做决定

2. 关于不伤害原则,下列说法不正确的是( )。

    A. 不伤害是相对的　　　B. 不伤害的对象不包括患者家属　　　C. 不伤害既包括躯体又包括心理

    D. 杜绝任何形式的伤害　　　E. 医疗伤害带有一定的必要性

3. 关于有利原则,下列说法不正确的是( )。

    A. 树立全面的利益观　　　B. 以减轻患者受伤害的程度为唯一目的　　　C. 真诚关心患者的生命和健康

    D. 慎重地作出伦理决策　　　E. 积极做对患者有益的事

4. 关于公正原则,下列说法不正确的是( )。

    A. 平等地对待患者,尊重其人格　　　B. 合理分配医疗资源　　　C. 公正地处理事故和纠纷

    D. 可适当兼顾自身利益　　　E. 公平合理地对待患者家属

二、简答题

1. 简述护理伦理的理论基础中的生命论。

2. 简述护理伦理的基本规范。

3. 简述护理伦理的基本范畴。

参考答案

第二章　护理人际关系伦理

课件　微课

学习目标

素质目标:具有尊重患者、关爱患者的职业素质,建立良好护患关系。

知识目标:掌握护理人际关系的概念;熟悉护患关系、护护关系、护医关系和护社关系的伦理规范;了解护患关系的内容和模式。

能力目标:具备解决护患人际交往中遇到的问题或冲突的能力;具备良好的沟通能力。

案例导学

一名产妇行剖宫产后第6天,医生查房后准予其2天后可以出院,次日,其丈夫与婆婆同产妇商量后想当天出院。医生不在,其丈夫和护士商量能否先出院,等第二天再回来办手续。护士说不可以,得把钱结清,产妇丈夫说这是单位押的支票,不会欠医院钱的,而且已与有关部门通过电话证实。护士不允许产妇走,未请示便把新生儿抱到了另一个房间,产妇想抱回自己的孩子,护士不给,产妇遂同护士争吵起来。

请思考:

1.护士是否应让产妇抱孩子出院?

2.此案例中,如果护士想正确解决问题,应采用的途径有哪些?

案例导学解析

党的二十大报告中强调以人民为中心,加强医疗卫生体系建设。深入贯彻以人民为中心的发展思想,在病有所医、老有所养上持续用力,建成世界上规模最大的医疗卫生体系,使人民群众获得感、幸福感、安全感更加充实、更有保障、更可持续。护士作为病人在院期间接触时间最长、最为频繁密切的人之一,处理好护患关系、护护关系、医护关系,对病人有促进健康的影响。

护理人际关系是指护理人员在护理实践中建立起来的人与人之间的交往关系,包括护理人员与患者(或家属)的关系、护理人员之间的关系、护理人员与医生之间的关系、护理人员与医院之间的关系以及护理人员与社会之间的关系。护理人际关系伦理,是护理伦理学研究的重要课题和核心内容。护理人际关系的好坏会影响到护理服务质量及效率。良好的护理人际关系有利于营造和谐的健康服务氛围,促进患者的康复以及护理人员的身心健康;良好的护理人际关系有利于陶冶护理人员的情操,贯彻以人为本的护理理念;良好的护理人际关系,对于提高护理质量、维护护理人员的形象以及推动护理专业的发展有着重要的作用。学习和研究护理人际关系道德,对建立新型的护理人际关系,促进我国医疗卫生事业的发展,加强社会主义精神文明建设有着重要的意义。护理人员在护理实践中必须遵循护理人际关系的伦理道德,才能建立和发展良好的人际关系,满足不同服务对象的健康需求。

第一节 护理人员与患者关系的伦理

一、护理人员与患者关系的概述

(一)护理人员与患者关系的概念

护理人员在健康服务过程中涉及多方面的人际关系,但其中最重要的是护理人员和服务对象之间的关系,即护理人员与患者关系,简称护患关系。护患关系是护理过程中护理人员与患者之间形成和发展的一种工作性、专业性、帮助性的人际关系。护患关系有狭义和广义之分,狭义的护患关系指护理人员与患者之间的关系,广义的护患关系是指护理人员与患者、患者家属及其他人员之间的关系。护患关系是护理人际关系中最基本、最核心的关系。

(二)护理人员与患者关系的基本内容

与一般的人际关系不同,护患关系交往的过程实质上是护理人员用自己的专业知识和能力帮助患者,满足其健康需求,所以护患关系具有特定的内容。护患关系的基本内容包括两个方面:技术关系与非技术关系。

技术关系指护患双方在实施护理活动中的行为关系,如患者述说病情,反映护理的效果,护理人员发现患者的健康问题,采取相关的护理措施。技术关系中,护理人员起主导作用,是服务的主体;患者是服务对象,是服务的客体。非技术关系指护患双方由于社会、心理、经济以及文化等多因素的影响,在实施护理活动的过程中形成的道德关系、利益关系、法律关系和文化关系。两者相互影响,紧密联系,无法截然分开。技术关系是护患关系产生的根源,是非技术关系的基础,离开了技术关系,非技术关系就不可能发生。

(三)护理人员与患者关系的模式

护患关系模式是用来描述在护理活动过程中护理人员与患者之间所建立的关系类型。在护患关系中,护理人员是服务的主体,处于主动地位,起主导作用;患者则是护士服务的对象,但又并非处于完全的被动地位,被称为客体。1956年,美国学者萨斯、荷伦德提出了医患关系的三种模式,它也适用于护患关系。

1. 主动-被动型模式 是一种纯护理型传统模式,以生物-社会医学模式为指导,以患者疾病为中心。护理人员对患者单向发生作用,处于完全主导地位,患者则处于被动从属地位。二者间不进行双向的互动,使护患双方存在显著心理差异。在实际操作中护理人员通常要求患者绝对服从命令,强调护方的权威性,忽视情感的沟通及言语交流、听取患者意见反馈的环节。该模式的护患关系较适用于难以表达自己主观意志的人,如昏迷患者、精神病患者、婴儿及严重创伤患者等,但对其他患者而言护理效果欠佳,如果发生护理差错,不易及时纠正和补救。

2. 指导-合作型模式 又称指引型,以生物-心理-社会医学模式为指导,以患者护理为中心,护理人员起指导作用,患者主动配合其工作。护理人员从患者的健康利益出发,提出决定性意见,而患者在尊重护理人员的指导意见与要求的同时,可提出自己的意见和反馈,在一定限度内发挥主观能动性。但落实在各项护理措施的操作过程中,仍以患者执行护理人员命令为主,患者配合性地按照其要求行事。该模式中患者也有一定的主动性,被视为有意识的人。此模式在临床工作中有利于护患关系更为融洽,因为护理人员能收集到患者对护理效果的反馈意见,但患者的合作仍存在被动性,总体上护患双方并不是完全平等的。该模式下的护患双方关系属于一种不完全的双向关系。该模式比较适合能清醒表达病情并可与护理人员合作的急性病患者或一般疾病患者。

3. 共同参与型模式 又称自护型,是以生物-心理-社会医学模式为指导,以人的健康为中心。

这种护患关系模式下,患者成为客观主体,护患双方均处于主动地位。在护理活动过程中,以最终恢复患者健康为目的,护患双方平等默契地配合,共同主动参与护理全过程,如日常生活中被单整理、粪便标本取送、个人卫生保持等。患者根据自己的感知和体验,主动帮助护理人员做出判断,并同时调整与自己疾病有关的生活习惯、心理因素和人际关系等。护理人员应充分尊重患者的意见,使患者得到自己满意的护理,最大限度地发挥并调动患者配合治疗的积极主动性,这是较令人满意的护患关系模式。但这种模式要求患者及家属自身掌握一定的护理知识,并对自己的疾病有一定的认知能力。这种模式适用于受过一定教育的慢性病患者,一般心理治疗也适用。从处理好护患关系的角度来说,该模式较为理想,但客观上较难实现。

以上三种护患关系模式的优劣并不是完全绝对的,只有在特定的适用范围内才是最适宜有效的。这要求护理人员必须深入领会护患关系模式的内在含义,依据患者的具体情况灵活选择与患者建立不同的护患关系,以确保患者在护理活动中能获得最大程度的利益。

☞**考点提示:**护患关系的三种模式及适用范围。

知识链接

扁鹊治病

扁鹊云游四海,既为君侯看病,也为百姓除疾。《史记·扁鹊仓公列传》中记录了扁鹊的三则典型医案。一是"扁鹊诊赵简子",晋国赵简子突然病倒,不省人事五天,在许多大夫都深感束手无策的时候,扁鹊详加诊察,预料其不出三日必醒,后来果然两日半就醒了;二是"扁鹊治虢太子尸厥",虢国太子"暴死",正当人们都以为他死了,忙于治丧时,扁鹊与其弟子恰好路过,认为虢国太子并没有真正死去,并自荐为其治病,引来旁人的嘲笑,扁鹊为其进行针灸后,虢国太子苏醒了;三是"齐桓侯讳疾忌医",扁鹊通过望诊认为齐桓侯身体有病,提醒他及早治疗,但齐桓侯不听扁鹊的多次劝告,最终导致病入骨髓无法医治而身亡。

"医乃仁术"这一思想源于中国古代传统道德和医家救死扶伤的实践总结,根植于传统文化的土壤之中。《史记·扁鹊仓公列传》中扁鹊的事迹体现了中国传统医德的文化底蕴及根源,随着时间的流逝更突出了其中的价值。医护工作者在职业活动中,不仅在医疗技术上要精益求精,面对无助的患者还要有高度的责任心和高尚的道德情操,只有这样才能成为德才兼备的医学人才,担负起"救死扶伤,治病救人"的光荣使命,才能成为一个受人民群众尊敬和爱戴的白衣天使。

(四)护患冲突

护患冲突是在护患关系的基础上形成的冲突。随着人们自我保护意识的不断提高,越来越多的人在就医过程中维护自身的权益,从而对医护人员的职业道德、技术水平及服务质量提出较高的要求。个别护理人员职业道德和技术水平低下,服务意识滞后,就会导致护患冲突。引发护患冲突的因素是多方面的,归纳起来有三个方面。

1. 护理人员方面

(1)缺乏语言沟通能力或者不讲究语言的技巧:护理人员没有及时与患者沟通,解答疑惑,或者沟通时不注意技巧方式,造成误解,最终导致纠纷。有调查显示,临床上80%的护理纠纷是由于沟通不良或沟通障碍导致的;30%的护理人员不知道或不完全知道如何根据不同的情绪采用不同的沟通技巧;83.3%的护理人员对沟通方式基本不了解;33.3%的护理人员认为对患者及家属提出的不合理要求应不加理睬。与此相对的是,77.78%的患者希望每天与护理人员交谈1次。从这两组数据中不难看出,目前护理人员的沟通能力与患者的沟通要求还远远不相适应,相当一部分护理人员缺乏沟通的理念、知识和技巧。

(2)专业知识不扎实:有的护理人员的护理技能不娴熟,抢救危重患者和处理应急事件时手忙脚乱,给患者及家属造成恐慌,甚至不会使用抢救仪器、呼吸机连接错管道等,一旦抢救不成功或患者病情恶化,很容易导致护患冲突甚至医疗纠纷。

(3)工作责任心不强:个别护理人员不认真实行查对制度和交接班制度,出现打错针、发错药等差错事故;抢救仪器未及时检修、抢救药品未及时补充,导致抢救不及时,使患者失去最佳的抢救时机;有的护理人员为了减轻负担,把本是自己的工作让患者或家属承担,导致患者或家属心存不满。

2. 患者方面

(1)对医疗护理的期望值过高:当患者及家属发现疗效与预期不相符甚至病情恶化时,他们不能理解,认为应该药到病除,否则就是误诊或医护人员没有尽心服务,因而向医护人员发泄怒气。由于护患之间的接触是最为频繁的,护理人员首当其冲地成了患者及其家属的发泄对象。

(2)患者就医道德缺失:个别患者或家属不尊重护士,不管护理人员的工作是否繁忙都要招之即来,稍有怠慢便横加指责甚至谩骂,很大程度上伤害了护理人员的自尊心和积极性。

3. 医院管理方面

(1)医院管理对护理工作的不重视:主要表现在护理人员的配置不足,许多不属于护理人员工作范围内的工作,如取药、领取各种卫生用品、记账、打扫卫生、迎宾等也分配给护理人员,导致护理人员没有时间护理患者。

(2)医院就医环境差,医疗、护理设备陈旧,不能满足患者的需求。

(3)护理管理制度不健全、不科学,或者监督不力,这些都是导致护患冲突频繁发生的原因。

综上所述,造成护患冲突的原因是多方面的,一旦发生冲突,护理人员必须认真分析其产生的原因,有针对性地加以解决,并且总结经验和教训,在今后的工作中加以改进,最终构建良好的护患关系。

二、护理人员与患者关系的伦理规范

护患关系的伦理规范是在护理伦理理论和基本原则的指导下,为处理护患关系而制订的行为准则。要构建和谐的护患关系,护理人员应该遵循以下伦理规范。

1. 热爱本职工作,工作上认真负责,技术上精益求精 护理人员要热爱护理工作,以护理专业为荣,树立自尊、自爱、自强、自重信念,维护"白衣天使"的美好形象;同时,护理人员在工作上要认真负责,责任心是护理人员获得患者信任的最基本条件。护理工作中,从各种专业技术操作到对患者的人文关怀,护理人员都需对患者高度负责,容不得半点马虎。缺乏工作责任心的护理人员,无论其外在言行如何友好,也不可能得到患者的信任。此外,护理人员应勤奋好学,刻苦钻研,不断进取,力求在技术上精益求精。

2. 尊重和关爱患者 尊重患者是建立良好的护患关系的基础和前提。尊重主要体现在对所有患者一视同仁,以诚相待,能容忍或接受患者的不同观念、习惯。尊重患者,是护理人员赢得患者好感、获得患者信任和尊重的重要因素。患者来自不同的文化背景和社会阶层,他们有不同的社会角色、信仰和习惯。无论其地位和修养如何,都应受到尊重。但尊重并非纵容或听之任之,对个别不可理喻、行为有损于他人的患者,可采取合理、非对抗性方式加以劝导、制止,坚决杜绝"冷、推、硬、顶"等现象发生。护患双方应相互尊重,彼此理解,护理人员要尊重患者,同时患者也要尊重护理人员。关爱患者,主要表现为护理人员能理解患者的痛苦感受,设身处地为患者着想,了解和满足患者的需要。护理人员的关爱可带给患者温暖,使患者产生好感、亲近,甚至感动。关爱可表现在细节或言谈举止中,如护理人员为睡熟的患者拉上窗帘、盖好被子等,在患者悲伤的时候静静地守在他身边。关爱看似简单,其实往往难以做到,需要护理人员有爱心,能细心地观察、了解患者的需要。

3. 行为举止得体,沟通注意技巧 护理人员的仪表与举止常常影响到患者对护理人员的信赖以及战胜疾病的信心,影响护患之间良好关系的建立。因此,护理人员在与患者的接触中,要注重自己的行为,使之符合人际交往的行为规范,要注意沟通技巧,做到行为端庄、举止大方、柔声细语、谈吐文雅、百问不厌、耐心解答。

☞**考点提示:**护理人员与患者关系的种类。

📖**知识链接**

护士条例(节选)

第十六条　护士执业,应当遵守法律、法规、规章和诊疗技术规范的规定。

第十七条　护士在执业活动中,发现患者病情危急,应当立即通知医师;在紧急情况下为抢救垂危患者生命,应当先行实施必要的紧急救护。

护士发现医嘱违反法律、法规、规章或者诊疗技术规范规定的,应当及时向开具医嘱的医师提出;必要时,应当向该医师所在科室的负责人或者医疗卫生机构负责医疗服务管理的人员报告。

第十八条　护士应当尊重、关心、爱护患者,保护患者的隐私。

第十九条　护士有义务参与公共卫生和疾病预防控制工作。发生自然灾害、公共卫生事件等严重威胁公众生命健康的突发事件,护士应当服从县级以上人民政府卫生主管部门或者所在医疗卫生机构的安排,参加医疗救护。

第二节　护理人员与其他要素关系的伦理

护理人员与其他要素的关系也非常重要,是指除护理人员与患者之间关系以外的所有关系,包括护理人员之间的关系、护理人员与医生之间的关系、护理人员与医院之间的关系以及护理人员与社会之间的关系。下面具体介绍护理人员与其他要素关系的伦理。

一、护理人员之间关系的伦理

护理工作强调团队合作,护理人员之间的协调关系是完成护理任务、提高护理质量的重要条件。

(一)护护关系的概念

护护关系是指在护理实践中形成的护理人员与护理人员之间的关系,包括同级护理人员之间的关系,护理人员与上下级之间的关系。

(二)护护关系的伦理规范

护理人员之间要遵循以下伦理规范。

1. 互敬互爱,共同进步　同级的护理人员之间,年轻的护理人员应虚心地向老同志学习、请教,遇事多征求他们的意见,老同志要尊重年轻人的热情和创新精神,大胆放手让年轻人多锻炼,做好传、帮、带的工作。上下级护理人员之间,上级要严于律己,以身作则,关心下级;下级要尊重上级,服从领导,顾全大局。护理人员与护理学生之间提倡尊师爱生,教学相长,共同提高。

2. 齐心协力,鼓励竞争　护理工作的完成往往需要团队共同努力,在护理团队中,护理人员之间既有明确的分工,又要相互配合与协作。护理人员只有相互支持、齐心协力,才能出色地完成护理工作。护理人员既要团结协作,又要鼓励竞争。提倡竞争不是追求你死我活,争名夺利,而是充分发挥每个护理人员的聪明才智、学科优势、技术水平,为患者提供更优质的护理,更好地为人类的健康服务。

3. 严于律己,宽以待人　护理人员要加强自身的修养,有宽广的胸怀和容人的气度,严格要求自己,能包容别人的缺点和短处。对同事宽容水平越高,就越能与人搞好关系。一个斤斤计较、心胸狭隘的人,不可能有很多朋友,也不可能建立良好的人际圈子。护理人员遇事应多站在对方的角度考虑问题,多替别人着想,即使是同事的过失也不应抓住不放,要坦诚给予帮助。

二、护理人员与医生关系的伦理

在整个医疗服务体系中,护理人员与医生的关系最为密切。在早期的医学活动中,护理人员被认为是医生的助手,处于从属地位。随着现代护理专业的不断发展,护理成为一门独立的学科,医护关系的内涵与模式发生了巨大的变化。护理人员需要了解护医关系的概念与模式,掌握护医关系的伦理规范,从而建立融洽的护医关系,才能更好地为患者的健康服务。

(一)护医关系的概念

护医关系也称为医护关系,是指在医疗护理实践中护理人员与医生之间形成的关系。

(二)护医关系的模式

护医关系模式随着护理专业的不断发展而发生变化,护医模式经过了从附属到独立协作的发展阶段。

1. 主从型 是传统的护医关系模式,医生处于主导地位或绝对权威地位,护理人员处于服从地位或者是被动地位。这种模式中,护理人员是医生的助手,任何职业决定都必须听命于医生,护理人员不直接对服务对象负责,只是机械地执行医嘱,仅对医生负责。由于护理人员不能发挥能动性,最终导致消极被动、不负责任的后果。随着现代护理专业的发展,这种模式已经被新的模式所取代。

2. 指导－被指导型 是指医护人员之间的相互关系中,医生处于指导地位,护理人员处于被指导的地位。这种模式中,医生处于相对权威的地位,但是并不限制护理人员的积极性和主动性的发挥。但是,护理已经发展成为一门独立的学科,这种医生指导护理人员的模式并不能满足现代医护关系的需要。

3. 独立－协作型 是一种新型的护医关系,是指护医关系中,双方完全处于平等地位,只有分工不同,没有地位高低之分。双方既保持各自的独立性、自主性,又相互协作达到互补。这种模式不仅有利于双方积极性和主动性的发挥,也利于护医关系的和谐。

(三)护医关系的伦理规范

护士和医生是医疗工作不可缺少的两个主要组成部分,护医关系是否协调是医疗工作成败的关键之一。只有遵循护医之间彼此尊重、相互信任、平等合作、互相监督的原则,建立和谐的护医关系,才能充分发挥医生和护理人员的积极性,发挥现代医院的整体效应,提高医疗护理工作的质量。护医关系的伦理规范如下。

1. 分工与合作 护理人员和医生两者工作的对象、目的是相同的,但他们工作的侧重面和使用的技术手段不尽相同。护理人员的主要职责是发现患者的健康问题,采取相应的护理措施,解决护理问题;医生的主要职责是做出正确的诊断和采取恰当的治疗手段。护理人员和医生只有分工不同,没有地位高低之分。护理人员的优质护理与医生的正确诊断相配合是患者取得最佳医疗效果的保证。

2. 尊重与理解 医护双方都要意识到对方的作用,承认对方的独立性和重要性,理解并支持对方的工作。医生要理解护理人员的辛勤劳动,尊重护理人员,重视护理人员提供的信息,及时修正治疗方案,并尽力协助护理工作,为护理工作提供方便。护理人员要尊重医生,认真执行医嘱,主动协助医生,对医疗工作提出合理的意见。如果发现医嘱有误,能主动地向医生指出,协助医生修改、调整。

3. 监督与信任 护医之间相互监督是符合双方共同利益的,监督的目的是为了防止医疗事故的发生。任何一种医疗护理事故都可能给患者带来痛苦和灾难,甚至丧失最宝贵的生命。护医之间应该监督对方的医疗护理行为,以便及时发现和预防,减少医疗事故的发生。一旦发生医疗事故,应本着实事求是的态度,不隐瞒、不护短、不包庇、不互相推卸责任,要及时纠正,使之不铸成大错。当然,必须与人为善,不可幸灾乐祸、乘人之危打击别人。护医之间信任是护医关系的基础,是构建和谐护医关系的前提。护理人员和医生之间只有彼此信任,才能相互尊重、相互合作,才能提高工作效率,使患者获得更大的利益。

三、护理人员与医院关系的伦理

(一)护理人员与医院关系的概念

护理人员除了要与医生发生人际关系,还要与医院内的其他人员,如行政管理人员、医技人员和后勤人员等发生关系。护理人员与行政管理人员、医技人员、后勤人员等在医疗护理活动中发生的关系,称为护理人员与医院关系。

(二)护理人员与医院关系的伦理规范

护理人员在工作中不可避免地与上述人员接触密切,绝大多数护理工作需要他们的大力支持与帮助,所以护理人员协调好与医院之间的关系有着十分重要的意义。护理人员与医院关系的伦理规范如下。

1. 相互理解,互相支持 医院管理已经由经验管理向科学化管理转变,医院行政管理部门制定各种规章制度、把握医院服务方向、进行各种决策、推进医院各项工作,并在协调医院各类人员之间关系中起着领导、组织的作用。护理人员应如实反映临床一线的需要,配合医院解决实际问题,同时要理解、支持医院工作,顾全大局。医院也应支持护理人员的工作,积极维护护理人员的正当权益。

2. 相互尊重,团结协作 护理人员与医院的其他人员要相互尊重,团结协作。比如护理人员要尊重后勤人员,充分意识到后勤人员在医疗和护理活动中的重要地位,珍惜爱护他们的劳动成果,积极支持他们的工作。后勤人员也应树立为临床服务的理念,自觉主动地做好后勤保障工作。此外,护理人员与医技人员之间要以诚相待,相互尊重,团结协作。护理人员应了解医技科室的工作特点与规律,为医技人员提供方便,医技人员也应积极协助护士开展相关工作。护技之间只有以诚相待、相互尊重、团结协作,才有利于临床诊疗工作及时有效地开展,为患者赢得宝贵的诊治与抢救时机。反之,护技之间相互指责和埋怨,造成患者病情延误,影响患者及家属的心情,甚至危及患者的生命。

四、护理人员与社会关系的伦理

随着科学技术的发展和医学护理模式的转变,护理学的发展经历了三个阶段:以疾病为中心的阶段、以患者为中心的阶段、以人的健康为中心的阶段。护理的服务对象从患者扩大到整个社会人群,服务范围从医院延伸到家庭、学校以及社区,护理人员的社会责任也随之日益增大,与社会的关系越来越密切。国际护理人员协会在《护理人员职业道德准则》中规定:护理人员与社会共同承担责任,满足公众特别是弱势群体的健康和社会需求。因此,强调护理人员与社会关系的伦理道德,对护理人员正确履行自己的社会职责,坚持卫生保健事业的正确方向起着重要作用,对促进社会公共卫生事业和社会的进步、增进人民群众健康水平有着深远的意义。

(一)护社关系的概念

护社关系是指护理人员向个人、家庭及社区提供健康服务中形成的关系,或者说是护理人员服务社会过程中形成的关系。

(二)护理人员与社会关系的伦理规范

1. 服务热情,一视同仁 护理人员向个人、家庭以及社区提供健康服务,包括开展健康教育、提高社区人群健康意识、预防接种、计划免疫、妇幼保健等工作。这些护理工作的完成需要社区人群的积极参与和配合。由于社区人群的职业、文化程度、生活方式、健康状况千差万别,其健康需求多种多样,所以护理人员要尊重关心服务对象,做到一视同仁、热情服务,用自己的真诚之心感化他们,得到他们的认同,令自己的工作得以顺利开展。

2. 救死扶伤,勇于奉献 对于火灾、水灾、地震、瘟疫等重大灾害救护的紧急任务,护理人员必须发扬救死扶伤的人道主义精神,以高度的责任感挺身而出,以严谨科学的态度参与整个救治和护理,要不畏艰难,将生死置之度外,全力救治、转移和护理伤员,尽最大努力减少不必要的伤亡,认真履行护理人员的社会责任。

3. 慎独自律,认真负责 由于社区监督管理相对薄弱,社区护理人员常常处于独当一面、单独工作的情况,因此要求护理人员有高度的责任心,在无人监督的情况下,慎独自律,认真负责,严格遵守规章制度和操作规程。

📋 本章小结

护理人际关系是指护理人员在护理实践中建立起来的人与人之间的交往关系,包括护理人员与患者(或家属)的关系、护理人员之间的关系、护理人员与医生之间的关系、护理人员与医院之间的关系以及护理人员与社会之间的关系。护理人际关系伦理,是护理伦理学研究的重要课题和核心内容。护理人际关系的好坏会影响到护理服务质量及效率的高低。学习和研究护理人际关系道德,对建立新型的护理人际关系,促进我国医疗卫生事业的发展,加强社会主义精神文明建设有着重要的意义。

(庄新芝)

📝 目标检测

一、选择题

参考答案

1. 下列关于护患冲突,描述正确的是( )。
 A. 护患冲突产生主要是病人的期望值过高
 B. 护患冲突是病人无理取闹
 C. 护患冲突与医院管理无关
 D. 护患冲突很多是由于护患沟通不及时造成的
 E. 护患冲突主要责任在于护士,特别是由护士专业技术水平差造成的

2. 急诊室来了一名食物中毒的病人,护士马上遵医嘱给病人洗胃,病人也努力积极配合,最后抢救很成功。这种护患关系模式是( )。
 A. 指导－合作型　　　　B. 主从型　　　　　　　　C. 主动－被动型
 D. 共同参与型　　　　　E. 代理母亲型

3. 张大爷是一位患有 20 多年糖尿病的退休教师,对糖尿病的治疗和护理很有自己的想法,作为他的责任护士,小明应该和张大爷建立的护患关系模式是( )。
 A. 指导－合作型　　　　B. 主从型　　　　　　　　C. 代理母亲型
 D. 共同参与型　　　　　E. 主动－被动型

4. 关于护医关系,下列描述不正确的是( )。
 A. 是指在医疗护理实践中护士与医生之间形成的关系
 B. 主从型模式是传统的医护关系模式,医生处于主导地位或绝对权威地位,护士处于服从地位或被动地位
 C. 指导－被指导型模式是指医护人员之间的相互关系中,医生处于指导地位,护士处于接受指导的地位
 D. 所有的护医模式中,医生仍处于主导地位,护士应服从医生

E. 只有分工不同,没有地位高低之分

5. 护患关系的基本模式有( )。

A. 1 种   B. 2 种   C. 3 种

D. 4 种   E. 5 种

6. 护患关系中最重要的非技术性关系是( )。

A. 道德关系   B. 利益关系   C. 工作关系

D. 文化关系   E. 法律关系

7. 下列临床护理操作中,属于侵犯患者隐私的是( )。

A. 取得患者同意后让学生观摩学习

B. 窥探与病情无关的身体其他部位

C. 一旦确诊患者具有烈性传染病立即上报

D. 不探究与诊疗无关的患者隐私

E. 经过患者同意后,公开患者资料

8. 改善医护人际关系的途径不包含( )。

A. 把握角色,各司其职   B. 真诚合作,密切配合   C. 坚持原则,互不相让

D. 关心理解,相互尊重   E. 互相监督,协调关系

二、简答题

1. 护理人员与医生的伦理规范有哪些?

2. 护理人员与患者的伦理规范有哪些?

第三章　临床护理伦理

课件　微课

学习目标

素质目标：培养护理人员的临床伦理意识，增强社会责任感，培养关爱精神。
知识目标：掌握基础护理伦理规范；熟悉特殊患者、手术患者、急诊患者的护理伦理规范；了解死亡护理伦理。
能力目标：具有应用护理伦理理论知识正确处理临床护理实践中遇到的护理伦理难题的能力。

案例导学

　　某医院急诊科收治了一名脑出血患者行开颅手术，术后连夜送至重症监护室。重症监护室护士刘某认真仔细护理患者，随时监测生命体征，应对病情一切变化，以提高抢救成功率为目标。次日凌晨4时，护士发现患者突然出现呼吸急促（达32次/分），脉搏快而弱，血压低至60/40mmHg，双侧瞳孔不等大，她预感到患者颅内出血，一边迅速向值班医生报告，一边打开呼吸机，做好二次手术的一切准备工作。后二次开颅手术进展非常顺利，证实了患者脑部又有一动脉破裂出血，由于发现早，医护密切配合，因此手术成功，患者得救。

请思考：
1. 刘护士的处理措施是否得当？
2. 危重患者的护理伦理规范有哪些？

案例导学解析

第一节　基础护理伦理

　　基础护理是护理工作的重要组成部分。在临床进行护理质量评比时，基础护理工作占很大比重。基础护理工作的质量与护理人员的思想道德境界密切相关，因此，护理人员从事基础护理工作，必须重视伦理道德修养。

一、基础护理的概念和特点

（一）基础护理的概念

　　基础护理是以基本理论和基本技术为基础，结合人的心理、生理等特点，为达到康复目的、满足患者需求而必须提供的生活照顾和基本护理措施。基础护理的主要内容有提供安全、舒适的环境，基本的个人卫生护理；保证足够的睡眠，维持合理的营养和正常的排泄；观察病情的动态，监测生命体征及做好各种护理记录；辅助检查和采集标本，执行药物及其他治疗；解除痛苦、不适和避免伤害，给患者以心理护理和咨询。

（二）基础护理的特点

　　1. 时序性　基础护理工作大多是每天例行性进行的常规工作，在时间上都有具体明确的规定。如晨间护理、生命体征测量、长期医嘱的执行、饮食与排泄护理等。从护理病区管理工作来看也有一定的持续性,病区清洁需要在晨间护理之前完成;医生查房与各种无菌技术操作要安排在晨间护理之后;对患者的健康指导要在午后进行,这样既能保证工作的有条不紊,又能为患者提供整洁、舒适的诊疗环境,避免发生感染,确保患者的安全。

2. 连续性 基础护理要求护士为患者提供安全和舒适的治疗环境,提供最基本的个人生活护理,解除由疾病引起的疼痛或不适,维持适当的营养与正常的排泄,执行药物治疗,密切观察病情,做好各种护理记录等。这些护理服务的提供要求做到 24 小时护理岗位不离人,护理工作要处于一个连续完整的循环过程。

3. 服务性 基础护理工作的服务范围很广,要求护士既要进行生命体征的测量,实施发药、打针、输液、换药、灌肠、导尿等一般性护理技术操作,又要直接照料患者的饮食起居等,还要对病房的许多具体问题进行科学管理,因此,基础护理工作任务繁重、艰巨、庞大、复杂。护士需要具有全心全意为人民健康服务的奉献精神,才能赢得患者及家属的信任,赢得社会的尊重。

4. 协调性 基础护理在为患者提供医疗、休养环境的同时,还承担着为基本的诊疗提供必要的物质条件和技术协作的任务。如医生需要使用的一般器械、敷料、仪器设备等,大多由护士保管、消毒备用。医疗计划的落实需要医生、护士彼此配合,相互协同才能完成。

5. 科学性 基础护理工作既平凡、琐碎,又有很强的科学性。在对患者的护理过程中,由于不同的疾病因素和疾病本身的特点,会使机体的功能活动、新陈代谢、形态结构等发生某种程度的变化,这些变化又可导致生理需要和生活上的变化。因此,要求护士必须运用所学的医学知识和护理知识精心照顾患者,满足患者的生理、心理需求,保证患者的生命安全和及早康复。

二、基础护理的伦理规范

1. 爱岗敬业,乐于奉献 临床护理实践中护理工作平凡、琐碎,护士的劳动价值往往受到某些世俗的偏见影响。基础护理工作的烦琐、护理职业的荣誉感缺失都会使部分护士不安心于本职工作,患得患失。因此,护士必须认识到基础护理工作的价值,护理工作在细微之处彰显着对人类健康的重要性。护士应当担负起自己神圣的使命,以高度的责任心和敬业精神,在本职工作上通过自己辛勤劳动为推动基础护理技术和理论水平的提高做出应有的贡献。

2. 认真负责,坚守岗位 基础护理工作的质量关系到医院各项制度的落实和执行,更关系到患者生命的安全和健康。因此,护士必须把患者的生命安全和促进健康始终放在第一位,认真负责、审慎周密地对待每项工作,在基础护理操作时要严格执行"三查八对"原则和各项操作规程,不放过任何疑问,防止和杜绝任何差错事故的发生。基础护理工作有连续性和时序性的特点,护士要始终坚守工作岗位,经常巡视患者的病房,密切观察病情,主动与患者沟通交流,及时发现和解决问题,尽善尽美地完成各项工作。

3. 刻苦钻研,精益求精 基础护理学是一门理论性与实践性都很强的学科,随着医学科学技术的发展,人工心脏起搏、心脏电击复律、心功能测定等监护系统的运用以及大面积烧伤的治疗、康复医学的兴起和各种先进医疗设备的使用等,这些技术的发展也带动了护理学科的内涵及外延不断变化。这需要护士树立终身学习的理念,刻苦钻研,使自己的知识不断更新,以适应现代护理工作的发展和需求。实践证明,只有掌握了丰富的护理知识和医学人文知识,才能胜任和完成好护理工作。

4. 团结协助,相互监督 基础护理工作的实施不仅关系到操作者与患者,也关系到医护、护护、护技等人员之间的配合与协调。为了治疗病人,各科人员之间必须团结合作、彼此理解、互相支持、协同一致地完成各项医疗护理任务。此外,在医院内部科室之间也要开展互相监督与自我批评,医护人员对待别人的忠告、批评应该抱着虚心、认真的态度,不能有意刁难,这样才能有利于同事间的工作协调共进。

☞**考点提示**:基础护理的伦理规范。

第二节　特殊患者护理伦理

《"十四五"优质高效医疗卫生服务体系建设实施方案》中提到我国"一老一小"等重点人群医疗卫生服务供给不足,妇女儿童健康服务、康复护理、心理健康和精神卫生服务、职业病防治等短板明显。儿科、妇产科、精神病患者及老年患者都属于特殊患者,他们更加需要全面的生理、心理护理。

一、儿科患者护理伦理

儿科的服务对象主要是从新生儿到14岁左右的患者,他们年龄小,不会自诉病情;理解能力和语言表达能力较差,不能完整、准确地诉说发病的过程和细节;发病急,病情变化快等。这些因素导致儿科护理工作的特殊性:护理工作紧迫、护理任务复杂、护理工作难度大、意外事件多、责任风险高、护士压力大。

(一)儿科患者护理的特点

儿科护理的特点是由患儿的特点决定的,包括如下两个方面。

1. 护理内容复杂、难度大　儿科护理不仅要为患儿进行技术护理、心理护理,还要进行生活护理。因患儿缺乏自理能力,需要护理人员关心、帮助他们的饮食起居、个人卫生和服药等。患儿因自制能力差,不能控制自己的行为,对护理人员的治疗、护理不配合,甚至哭喊,给护理带来很大困难。小儿处于生长发育阶段,他们的中枢神经系统功能、肾功能和免疫功能尚不健全,对疾病的抵抗力低,配合护理操作的耐受力差,致使护理手段的选择范围受限。患儿不能表达或不能准确表达自己的症状,不能及时诉说治疗反应,这也增加了护理的难度。

2. 预防交叉感染的任务艰巨　幼儿的免疫系统尚未发育完善,比成人更易感染传染性疾病,尤其是患病后症状更为明显。因此,护理人员必须严格遵守消毒隔离制度,预防交叉感染。在门诊的护理人员必须对患儿进行预诊和分诊,在病房必须对传染病患儿严格进行隔离,要耐心地说服,不让患儿在病房随意走动或与其他患儿来往。护理人员还要严格执行探视、陪住制度,严格执行卫生清洁、消毒制度和操作规程等,否则,很容易发生交叉感染,引起医源性疾病。

(二)儿科患者的护理伦理规范

1. 关爱患儿,体贴患儿　孩子患病住进病房,陌生的医院环境、疾病的痛苦,再加上有些患儿以前曾有过治疗的痛苦体验,会紧张、哭闹,拒绝护理、治疗等。这时的儿童需要关爱和关注,他们希望在医院有人像自己的父母一样对待自己。这就要求护理人员对患儿的爱心和奉献精神,对患儿态度要和蔼,说话要温柔,了解他们的生活习惯和爱好,通过自己的关怀为患儿营造一个温馨的环境,通过亲切的语言和表情来解除患儿的恐惧心理,对于病情迁延、反复治疗及治疗不佳的患儿,护理人员更要多加安慰,在家长的配合下给患儿树立战胜疾病的信心。

2. 细致观察,工作严谨　护士与患儿的交流远多于其他医务人员,因此,护士要随时注意患儿心理与病情的变化。儿童的免疫力比成人差,容易感染疾病,发病急、病情变化快,儿童还不善于表达自身的变化,因此护士需要通过观察患儿的精神状态、体温、脉搏、呼吸、啼哭的声音等,来了解患儿病情变化,适当地给予干预。由于儿科护理的特殊性,护理人员工作要严谨,要严格遵守各项操作规程。护理人员要严格执行卫生清洁、消毒制度和操作规程,使病区内空气与物品达到卫生标准,操作达到卫生要求,特别是对于体弱、免疫力低下的患儿要做好保护性隔离,防止感染和交叉感染的发生。

3. 理解患儿家长的心情,做好沟通　当孩子患病时,家长会焦虑不安,担心孩子的病情,在这种心境下,家长通常会反复向医护人员追问孩子的病情,急于得到快速的治疗和明显的治疗效果。护理人员要充分理解家长的心情,耐心地给他们介绍病情及治疗方法,争取他们的理解和配合。

4. 治病育人,建立良好的道德行为品质　儿科护士是患儿的直接护理者,患儿住院期间心理变化复杂,有时哭闹,有时拒绝治疗等。护理人员要针对每个患儿的特点进行心理护理,除了在日常进行治疗、护理外，还要承担患儿的指导教育，对于有一定理解能力的患儿要以讲道理和正面引导为主，注意自己的一言一行对患儿道德品质形成的影响，不可以为了一时配合打针或服药而哄骗孩子，以免使其染上不诚实的习惯。总之，护士既要帮助患儿尽早痊愈，又要具备高度的治病救人责任感。

☞考点提示：儿科患者护理伦理规范。

二、妇产科患者护理伦理

妇产科可以细分为产科、妇科、计划生育及辅助生殖技术科，相应的服务对象包括产科的孕产妇、患妇科疾病的病人、人工流产及引产者、不孕不育病人等。除妇产科的常规工作外，还涉及优生优育、保证人口素质等重要职责，妇产科护士在心理和躯体护理方面的任务很重。

（一）妇产科患者的护理特点

1. 产科病人护理特点　在临床分娩过程中，很多母婴的高危因素会造成负面影响，甚至威胁生命，分娩期母婴的情况瞬息万变，如果处理不当很容易造成严重后果，产科护士的工作既要面向病人，又要兼顾现在或将来对胎儿、新生儿的影响，这关乎母婴的生命安全、家庭幸福、后代健康。

2. 妇科病人护理特点　无论哪类妇科病人都面临女性生育功能、性功能受损的威胁，也承受着女性特征、自尊心受损的威胁。繁琐的就医程序、陌生的环境以及治疗过程极易使就诊者产生复杂的心理反应。尤其妇科病，涉及生殖器及性方面的话题，许多女性患者害羞，不便详细、正确地叙述疾病的经过及病史，这样就会增加诊疗工作的难度。

（二）妇产科病人的护理伦理规范

妇产科的工作不仅涉及病人，还涉及人类的繁衍和社会的发展，因此，对妇产科护理人员的道德素质有更高的要求。

1. 细致观察，冷静果断　妇产科护士要有维护妇女及其后代身心健康的责任感。产科病人病情变化急剧，稍有疏忽、拖延及处理不当都有可能给母婴、家庭带来不良影响。另外，产妇在分娩时羊水、出血、大便以及新生儿窒息时的口对口呼吸抢救、产后恶露的观察等，都需要护士扎实掌握本专业理论和技能，无论产前、产时、产后均要仔细观察病情变化，一旦发生紧急情况或意外，不要慌乱，处变不惊，冷静果断地配合抢救，把伤害降低到最低程度，不可怕担风险而犹豫或拖延。同时，护士应时刻牢记自身的责任，以高度的敬业精神对待每一位病人，将专科护理操作落到实处。护理人员具备不怕脏、不怕累、不怕苦的献身精神是极为重要的，是做好妇产科护理工作的先决条件。

2. 尊重隐私，关心病人　妇产科护士在工作中可了解到病人的诸多隐私，妇女（特别是未婚女性）对于月经不正常、未婚先孕、性传播疾病等会产生害羞心理，护理人员应予以重视，注意观察病人表情、面色、脉搏的变化，尊重她们，做好心理护理。保护病人的隐私是医务人员的美德，更是妇产科护士必须遵守的道德规范。护士应尊重病人的隐私，耐心解释指导，通过语言及非语言沟通方式表达同情、关心和鼓励，引导病人配合。不能强迫她们做不愿做的检查，要耐心说明以取得配合。

3. 用心护理，耐心咨询　对患病的妇女，既要重视疾病诊治和护理，也要重视生理性的护理。在做好日常护理工作时，还要和医生一起积极开展妇女的保健咨询工作，帮助妇女正确认识和对待自身的生理性和病理性问题。对正常妇女、孕妇的护理主要是做好咨询和各期保健，使他们在月经期、更年期、老年期减少疾病诱发，使正常孕妇在妊娠期减少并发症的发生，一旦发生紧急情况能及时就医，得到恰当的诊治和护理。

4. 高度责任感，心系社会　妇产科疾病病情变化快，任何疏忽大意、犹豫不决和处理不当，都会对母婴、家庭以及社会带来不良影响，因此妇产科诊断、治疗和护理都必须十分谨慎。护理人员要以高度责任感对待每一位患者，按技术操作规程正规操作，确保患者安全。

☞考点提示：妇产科患者护理伦理规范。

三、老年患者护理伦理

(一)老年患者的护理特点

1.工作任务重,护理难度大 老年人听力下降,记忆力差,患病后主诉不确切,回答病史含糊;由于体温调节中枢功能降低,疼痛反应不敏感,从而造成症状和体征不典型;由于心理和生理诸方面都处于衰退阶段,免疫功能下降,患病住院后,容易发生交叉感染。另外,老年人骨质疏松、行动迟缓等,患病后更需要照顾。以上都说明老年患者护理难度大,对护理人员素质要求高。

2.心理变化复杂,心理护理要求高 老年人心理活动复杂,部分老年患者就诊时容易出现精神过度紧张、忧郁、焦虑、惊恐不安等心理变化。治疗护理的过程中,常向医护人员询问自己的病因、病情、治疗用药和手术安全性,常怀疑诊断、护理的正确性,经常向医护人员提出质疑,甚至喋喋不休地询问治疗、护理中的微小问题和预后情况。有的老年患者悲观失望,对自己的疾病治疗失去信心,表现出沉默不语或拒绝治疗等。护士对患者的询问和质疑,应以科学的态度实事求是地给予解答,消除患者的疑虑,这也是护理道德要求。从某种意义上说,对老年患者的心理护理比躯体护理更重要。

3.病情复杂,护理任务重 老年人由于全身各系统生理功能不同程度的下降,防御功能及代谢功能降低,约70%的老年人同时患有两种或两种以上的疾病。由于大脑功能衰退,老年人表现出迟钝、痴呆、忧郁、狂躁、性格行为异常等,严重的则出现精神分裂症。老年人不仅患病率高、种类多,且病程长、病情复杂,这就导致老年患者护理任务重。

> **素质拓展**
>
> ### 中国人口老龄化现状及应对
>
> 人口老龄化是指人口生育率降低和人均寿命延长导致的总人口中因年轻人口数量减少、年长人口数量增加,并由此引发的老年人口比例相应增长的动态。二十大报告中指出,实施积极应对人口老龄化国家战略,发展养老事业和养老产业,优化孤寡老人服务,推动实现全体老年人享有基本养老服务。
>
> 2021年5月11日,第七次全国人口普查结果显示,中国60岁及以上人口占比超过18%,人口老龄化程度进一步加深。2021年11月,《中共中央、国务院关于加强新时代老龄工作的意见》发布,以习近平新时代中国特色社会主义思想为指导,深入贯彻党的十九大和十九届二中、三中、四中、五中、六中全会精神,加强党对老龄工作的全面领导,坚持以人民为中心,将老龄事业发展纳入统筹推进"五位一体"总体布局和协调推进"四个全面"战略布局,实施积极应对人口老龄化国家战略,把积极老龄观、健康老龄化理念融入经济社会发展全过程,加快建立健全相关政策体系和制度框架,大力弘扬中华民族孝亲敬老传统美德,促进老年人养老服务、健康服务、社会保障、社会参与、权益保障等统筹发展,推动老龄事业高质量发展,走出一条中国特色积极应对人口老龄化道路。

(二)老年患者的护理伦理规范

1.尊重理解,维护权益 老年人患病后,离开了单位和家庭住进陌生的医院,处处受病房规章制度约束,这种家庭、社会角色的转变使患者的自尊心受到压抑,加之住院后的孤独、焦虑、忧郁和病痛,对医护人员有高度的警觉性,尤其对接触频繁的护士的态度、表情观察十分细致、敏感。因此,护士要像敬重自己的父母长辈一样地敬重他们,耐心听取他们对护理的要求和意见,尽量满足患者合理需要,使他们产生安全、舒适和信任感,以消除各种不利的心理因素。

2.耐心细致,尊重人格 老年患者年老体弱,力不从心,缺乏自理能力,并且一般都有不同程度的健忘、耳聋和眼花,护士要勤快、细心、耐心、周到、不怕麻烦,对老年患者的病情、心理、个性和需要了如指掌,在护理工作中,严密观察病情,认真分析症状,及时发现问题,处理问题要慎重、严谨、周密、准确、无误。有的老年患者反应迟钝、说话啰唆、口齿不清或语无伦次,有的固执己见,有的自控能力减弱、情绪易波动,护士要切忌急躁,也不能流露不耐烦和厌恶的情绪,一定要同情、体谅和宽容他们,耐

笔记

心为他们服务,并采取老年人乐意接受的方法进行护理,还应关心、主动帮助并悉心照料,使老年患者感到家庭般的亲热、温暖、舒适,增强战胜疾病的信心。

3. 加强社区健康护理,指导老年人保健 为老年人提供较全面、系统、规范的社区护理服务,重视老年人的健康教育,让老年人认识到老年保健的重要性,加强自我保健能力,让老年人了解精神卫生的特点及注意事项。正确指导老年人进行体育锻炼,养成良好的生活习惯。

☞**考点提示:**老年患者护理伦理规范。

四、精神病患者护理伦理

精神病患者是指各种有害因素所致的大脑功能紊乱,临床表现为精神活动异常的人。由于精神障碍,患者现实检验能力和社会功能严重下降,自知力缺乏,具体表现为感知觉、思维、认知、记忆、情感、行为、意志等方面不同程度的明显异常。如何对待精神病患者,既是一个医疗问题,也是一个涉及社会公德和医学道德的特殊问题。

(一)精神病患者的护理特点

1. 精神病患者的特殊性 精神病患者是弱势人群,因为其疾病的特殊性,其合法权益经常受到侵害,常常会遭受社会的歧视和偏见。精神病患者与正常的神志清楚的患者应当享有同样的权利。因此,在精神科护理实践中,患者更需要被理解和受到人性的关注,护士要把患者视为整体的人去对待。

2. 护理的难度大 许多精神病患者常常缺乏对自身疾病的自知能力及自我反省能力,很多事情常常需要护士督促或监督。一部分患者自知力差,诉说病情不准确,他们多不知道自己患有精神病,因而对诊断和治疗反感,不配合甚至拒绝检查和治疗。另外,精神病患者在幻觉或妄想等精神病症状的支配或控制下会发生冲动自伤、伤人或毁物等危险行为,因此,精神科护士有责任保证精神病患者安全,同时还应关注自身的安全。精神科护理工作涉及病人的生活问题、诊断以及治疗问题、康复问题,所以,护理的难度大。

3. 护士的素质要求高 精神科护理涉及面广,涉及人文、社会及心理等多方面,需要护士具备科学文化素质、道德素质、良好的沟通能力等基本素质。精神科护理沟通是护理工作中的一个重要环节,作为精神科护士的一种基本技巧和能力,护患沟通可以使患者对医护人员产生信任感,对医院产生安全感,有利于建立良好的护患关系,有利于患者康复。以上这些都对护士的素质要求很高。

(二)精神病患者的护理伦理规范

1. 尊重人格和权利 尊重精神病患者的人格与权利是护理人员应当遵循的首要伦理道德规范。精神病患者的人格应受到尊重和保护,并享有与其他病人同样的医疗权利。护士应把每位精神病患者视为与己平等的人,为每位患者提供最好的治疗、护理措施。医护人员在某些特殊情况下享有特殊干涉权,可以实行强迫治疗或保护性约束,护士约束精神病患者,必须是出于控制疾病、保护患者或他人不受到伤害的考虑。要注意,除病情和治疗需要外,不要轻易地约束病人,更不能将约束作为报复、威胁、恐吓患者的手段,否则就是对精神病患者人格和权利的侵犯。

2. 保守秘密,保证安全 精神病患者的病情复杂,病史往往涉及患者的隐私。护理人员在尊重患者人格的基础上,要恪守保护性医疗制度的原则,绝不能向任何无关人员泄露患者隐私。保证患者的安全也是精神科护理的重点。护士应严格执行精神病患者管理规则,严守岗位职责;严格查对,确保医嘱执行不出错;在约束的过程中,应采取保护措施;口服给药时应送药到口,检查患者确已服下后方可离开;病房布置温馨,还应特别注意环境安全;护理人员要严格执行病房的安全管理制度,定期巡回护理,检查病房是否有危险物品,如刀、剪、绳、带等。护士还应注意自身安全,及时发现患者隐匿的暴力倾向;认真仔细观察病情,审慎思辨,及时发现病情变化,尽早干预。

3. 恪守慎独,正直无私 由于精神病患者思维和情感紊乱,精神活动失常,不能对自己的行为负责,也不能监督护士,因此护士必须做到恪守慎独,自觉、准确、及时完成护理任务。护理人员要正直无私,对待"钟情妄想"的患者态度要自然、稳重、亲疏适当,与患者沟通时保持社交距离,对于患者的过激行为要做到打不还手骂不还口,以宽大的胸怀善待患者。

第三节　特殊环境护理伦理

一、手术患者护理伦理

手术是临床外科治疗的主要手段,它具有疗效迅速、不易复发的优点。同时,手术的损伤性、危险性、失误的不可逆性导致患者安全事件的发生在国内外都有报道,只有具备较强的协作性才有可能顺利完成一台手术。手术患者在围术期的不同阶段具有不同的护理特点,要求护士具有相应的护理伦理。

(一)手术患者护理的特点

1. 严谨性　是普通外科手术护理最重要的特点。虽然现代手术技术十分成熟,成功率也很高,但在手术中护理必须严格遵循各项规章制度,工作要仔细认真。

2. 主动性　手术治疗要求医护人员具有积极主动性。在抢救急症和危重病人如气管异物儿童、脑外伤患者、肝破裂患者等时,争取时间是手术成功的关键。如果医护人员主动性不强、抢救不及时,就会造成患者死亡。

3. 衔接性　普通手术护理包括术前、术中、术后几个阶段,每个阶段的护理都由不同的护士进行。各个阶段要紧密结合,保证手术过程的完整性、连续性,防止差错事故的发生。

(二)围术期患者的护理伦理规范

1. 手术前患者护理伦理规范

(1)调节心理,消除顾虑:手术确定后患者心情往往很不平静,既盼望尽早手术解脱疾病的痛苦和压力,又怕手术带来的疼痛和伤害,此时,护士应关心安慰患者,耐心细致地做好心理护理,使患者以良好的心态接受手术。

(2)勇于挑战,积极创新:手术室护士需要在护理伦理和技能方面进行系统培训,以提供科学、专业、细致的护理服务;除了掌握本专业护理知识,还应具备外语、计算机、文献检索等方面知识,掌握世界前沿护理理念和护理技术,正确运用科学方法发现并解决工作中的问题,促进临床、教学、科研的全面发展。

(3)多方协调,确保手术顺利:因为手术是由手术医生、麻醉医生和手术室护士多方共同协作完成的,如进入手术室涉及患者的身份核查、手术部位确认等重要环节时,手术室护士应协同手术医生、麻醉医生共同完成,严格按照规范流程认真执行,避免发生医疗事故。

2. 手术中患者护理伦理规范

(1)关心患者,安抚患者:患者进入手术室后往往比较紧张,甚至浑身颤抖,因此护士要理解关心患者,做到体贴入微,尽量满足患者提出的合理要求,使患者以良好的情绪配合手术。

(2)认真负责,团结协作:手术是一个团队的综合技术性活动,要求护士遵循"一切以患者为中心"的原则,一切服从手术全局的需要,与其他医务人员互相尊重、互相支持、互相理解,共同克服手术中的困难。

(3)保持安静、安全的手术环境:在手术过程中,患者多因害怕、担心而表现出焦虑、绝望、反应迟钝、心率增快、血压增高,严重者甚至心律失常,从而影响手术的进行。手术室护士要和蔼可亲,给患者以安全感;手术间内不谈论与手术无关的事情,轻声细语,尽量减少各种手术器械、医疗设备产生的噪声,避免对患者造成不良刺激;保持手术室的严肃和安静,为患者创造一个安全的手术环境;各种抢救设备、手术器械、电器都要认真检查,确保功能完善和安全;药品要齐全,位置要固定。

3.手术后患者护理伦理规范

（1）严密观察，防范意外：患者手术后回到病房或重症监护室，护士要给予患者全面、细致的处理。特别是对大手术和全麻尚未苏醒的患者，护士必须严密观察患者的生命体征及伤口、导管、皮肤等有无异常情况。

（2）心理护理，加速康复：手术后，患者会因手术失去某些生理功能而产生焦虑、忧郁等心理问题，护理人员要体察和理解患者的心情。如患者因为伤口疼痛以及身体上的各种导管导致的不适会产生一系列的生理功能的反应，影响患者的顺利康复。护士要对患者进行疼痛评估并采取镇痛治疗，给予患者心理支持，从每个具体护理环节上来减轻患者的痛苦，以便患者早日康复。

二、急诊患者护理伦理

急诊室是医院抢救突发、紧急、危重患者的重要场所。急诊的目的就是使用快速有效的方法，缓解患者急性发作的症状，为治疗争取时间。

（一）急诊患者护理特点

1.时间紧急 急诊患者病情紧急、危重、病情变化快，护士甚至来不及进行询问病史和体格检查，只能靠直接判断争分夺秒、全力以赴地抢救患者。赢得了时间就是赢得了生命。

2.随机性大 患者来就诊的时间、人数、病种、病情的危重程度往往是难以预料的。这就要求护士时刻处于"战备"状态，保持头脑清醒，随时准备应对突发的急救事件。

3.主动性强 急诊中有些疾病属于疑难杂症，需要多学科、多专业的医护人员协同抢救。在医生未到达之前，护士要严密观察患者，细心处置，为医生的诊断治疗提供可靠依据，对于病情危急，如各种中毒、出血不止、心跳及呼吸骤停的患者，护士应当主动予以处置，争取抢救时间。

（二）急诊患者护理伦理规范

1.同情理解，敬畏生命 急诊多为突发病，患者及家属往往紧张、痛苦、焦虑、急躁甚至言辞犀利，护士应"想患者之所想"，耐心倾听，语言亲切，态度友善，热情负责地对其实施护理，给予患者无条件的关怀和服务，使患者不再承受伤痛以外的负担及压力。急诊护士应树立"时间就是生命"的信念，争分夺秒地抢救急诊患者。当生命面临威胁的时候，护士必须有对生命强烈的敬畏意识和高度的责任心，"急患者之所急"，尽量缩短从接诊到抢救的时间，全力以赴投入抢救并应对各种复杂情况的发生，以保证抢救的成功。

2.冷静果断，审慎性强 急诊患者往往病情危重、瞬息万变，护士应当机立断，果断采取应急措施，否则耽误抢救时机。审慎是强调护士细心观察患者，小心谨慎地照顾患者，处置操作要慎重、严谨、周密、准确、无误。急诊护士一定要在慎重考虑的基础上，果敢作出符合患者最大利益的决策。

3.技术精湛，通力协作 急诊护士必须具备扎实的理论基础和精湛的操作技能，掌握最新的急救护理技术，迅速、准确地完成各项操作，为配合医生成功抢救患者赢得时间。护士应创造良好的工作条件，主动配合、多方合作，协调好与患者家属之间的关系，取得他们的支持与配合，最终达到成功抢救患者的目的。

☞**考点提示**：急诊患者护理伦理规范。

第四节　死亡护理伦理

一、死亡的概念

（一）死亡的含义

死亡是生命活动不可逆的终止，是人的本质特征永久消失，是机体完整性的破坏和新陈代谢的停止。

(二)死亡的分期

1.濒死期,又称临终状态 为临终过程的最后阶段,但却是死亡过程的开始阶段,此期机体各系统的功能发展严重障碍,表现为意识模糊或消失,呼吸、循环衰竭和代谢紊乱。此期生命处于可逆阶段,若得到及时有效的抢救治疗,生命可复苏;反之,则进入临床死亡期。

2.临床死亡期,又称躯体死亡或个体死亡 此期表现为心跳、呼吸完全停止,瞳孔散大,各种反射消失,但各种组织细胞仍有微弱而短暂的代谢活动。此期一般持续 5～6 分钟。超过此期,大脑将发生不可逆的变化。临床上对触电、溺水、大出血等致死的患者,及时采取积极有效的急救措施,患者仍有复苏的可能,因为在此期重要器官的代谢尚未停止。

3.生物学死亡期 是死亡的最后阶段。此期主要特点为整个中枢神经系统及机体各器官的代谢相继停止,无任何复苏希望。

(三)死亡的标准

1.传统的死亡标准 把呼吸和心跳停止作为判断死亡的唯一标准。在我国,传统的思想和文化影响着人们对死亡的看法,中医学说也塑造着人们的死亡概念。《黄帝内经》指出:"脉短,气绝,死。"这个死亡标准典型的以呼吸、心跳的停止作为判断依据。在国外,1951 年出版的法学大词典《布莱克法律词典》,把死亡定义为"血液循环完全停止,呼吸、脉搏停止",也是以对死亡的传统看法和理解为依据的。

现代大量的临床实践证明,在许多情况下,心搏骤停时,脑、肝、肾等器官组织并未死亡。随着现代科学和医学技术的进步,我们可以人工维持心肺的功能运动,心跳、呼吸停止的病人经抢救也可以复苏,甚至治愈出院,这说明心肺功能停止不一定意味着死亡。相反,某些已丧失脑功能的病人,也能在人工生命维持装置的监护下,心跳、呼吸持续很长时间,但作为人的自我意识或意识经验能力已经丧失。因此,医学技术的高水平发展向传统的心肺功能停止的死亡标准提出了挑战。

2.脑死亡标准 全脑的死亡,包括大脑、中脑、小脑、脑干的不可逆死亡。1966 年美国提出脑死亡是临床死亡的标志。在 1968 年第 22 届世界医学大会上,美国哈佛医学院脑死亡定义审查特别委员会提出了"脑功能不可逆性丧失"作为新的死亡标准,并制定了世界上第一个脑死亡诊断标准:①不可逆的深度昏迷;②自发呼吸停止;③脑干反射消失;④脑电波消失。凡符合以上标准,并在 24 小时或 72 小时内反复测试、多次检查,结果无变化,即可宣告死亡。但需排除体温过低(<32.2℃)或刚服用过巴比妥类及其他中枢神经系统抑制剂两种情况。

二、临终关怀

临终是指人的濒死状态,此时人体主要器官和生理功能趋于衰竭,生命活动趋向终结。患者在死亡的过程中,心理反应经历着变化发展的过程,掌握临终患者的心理特点和行为要求,是护理人员确保临终护理质量的前提。

(一)临终患者护理特点

1.护理内容广泛、全面 临终护理不是单纯的医疗、护理服务,而是包括医疗、护理、心理咨询、健康教育、精神和社会支持等多学科、多方面的综合性服务。临终护理工作主要包括疼痛和其他症状的控制,心理和精神关怀,社会支援,居丧照护。

2.护理的方式多种多样 每个国家根据其国情,临终护理的方式也多种多样。例如,英国临终护理以住院服务的方式为主,而美国则采用的是家庭临终护理为主、住院为辅的服务类型,中国的临终护理大多在综合性医院、专科医院和各种类型护理医院的专设病区或病房中开展。

(二)临终关怀的伦理规范

临终病人仍是一个人,在护理病人过程中,护士应有高尚的护理道德,下面将从四个方面给予详细阐述。

1. **尊重生命,尊重病人的权利与尊严** 临终关怀的理念,强调生命的存在并非只有机体活动,还有高尚的精神生活,人在此阶段应受到尊重和关怀,不能因生命活动力的殆尽而降低。应视临终病人为全然的人,给予常人应有的关怀和尊敬。在尊重濒死病人权利的理念上,工作人员将以病人的要求为服务重点。临终关怀组织一切设置与工作都应以尊重生命、维护人格尊严为基本原则。临终关怀机构应根据病人的需要,提供人性化的照护,使病人安然地度过人生的最后阶段。

2. **重视病人的生命质量** 注重生命质量应该是一种观念,它与现实中仍然存在的生命的绝对延长的观念是相对的。因为要全面地评判病人的生命质量,护士必须收集除疾病本身以外的大量资料,所以,要使生命质量由理论走向实践,则需要合理地缩小评价范围,使它既有科学性又有实用性。同时,当生命质量的概念作为规范在临床上运用时,必须有一种合理而有效的工具来测量病人的生命质量,要有一个量化的标准。

3. **提供高质量的护理** 临终关怀的结果,是让病人安静地、有尊严地死去。护士作为医务人员的一分子,对于临终关怀,护理的重点也从生理上转移到心理、社会、精神等方面,这给护士的理论知识也带来巨大的挑战,需要护理人员加深对社会学、心理学等方面知识的学习和掌握,并能独立有效地运用于临终病人的全心身护理上。

三、尸体料理伦理

做好病人死后的躯体料理是对病人生前护理的延伸,护理人员应保持崇高的道德责任感,认真完成死者的善后处置任务。尸体料理的社会意义十分深远,做好尸体料理是对其亲属的极大安慰,也是对死者的尊重。尸体料理伦理规范要注意以下方面。

1. **敬重死者,安抚家属** 患者死亡后,护理人员应始终保持尊重死者的态度,及时、严肃、妥善地料理好尸体。患者死亡对家属是沉重的打击,护理人员要理解死者家属的悲伤,多做劝慰、解释、安抚工作,帮助其从极度的悲伤中解脱出来,以健康的心态度过悲伤,安排好日后的工作与生活。

2. **对他人、社会负责,妥善处置尸体** 护理人员在尸体料理中,还必须担负对他人、社会的道德责任。如患者在医院病房死亡,房间内的其他病人会受到惊扰。因此,护理人员在患者临终时,应把患者转移到抢救室或单人病房。患者死亡后,尸体应尽快移出病房或送入太平间。当遇到有传染病人死亡,其尸体必须严格按照隔离消毒常规进行,病室及死者用物应给予彻底消毒,防止传染病传播,以维护他人健康和社会安全。

3. **尊重死者意愿,支持遗体捐献** 护理人员应当妥善处理好死者的遗物,做好死者遗物的清点、保管和处理工作。如有亲属在场,应当转交其亲属;如亲属不在,应由两名护士共同清点、记录,并交有关人员代为保管,并通知亲属前来认领。对于愿意捐献遗体的患者,医务人员要以热情的态度给予支持,并积极提供有关指导,协助其办理相关手续。

本章小结

基础护理的伦理规范包括爱岗敬业,乐于奉献;认真负责,坚持岗位;刻苦钻研,精益求精;团结协助,相互监督。临床护理是医院护理工作的主要部分,涉及临床各科一般护理常规和专科基本护理内容。特殊患者包括儿科、妇产科、老年及精神病患者,患者生理、心理、病理上具有特殊性,因此服务方法与其他科室不同。患者在死亡的过程中,心理反应经历着变化发展的过程,掌握临终患者的心理特点和行为要求,是护理人员确保临终护理质量的前提。

(庄新芝)

目标检测

参考答案

一、选择题

1. 下列不属于妇产科患者护理伦理特点的是（　　）。
   A. 冷静果断　　　　　　　　B. 关爱病人　　　　　　　C. 心系社会
   D. 上报隐私　　　　　　　　E. 关心病人

2. 下列不属于精神科患者护理伦理的是（　　）。
   A. 尊重人格和权利　　　　　B. 恪守慎独　　　　　　　C. 保守秘密
   D. 预防为主　　　　　　　　E. 保证安全

3. 下列不属于急诊患者护理伦理的是（　　）。
   A. 敬畏生命　　　　　　　　B. 常规处理　　　　　　　C. 冷静果断
   D. 技术精湛　　　　　　　　E. 审慎性强

4. 某护士轮值夜班，凌晨2点时应为患者翻身。护士觉得很困，想着反正别人也没有看到，少翻一次身不会就这么巧就出现压疮的。这种做法违反了（　　）。
   A. 自强精神　　　　　　　　B. 慎独精神　　　　　　　C. 奉献精神
   D. 舒适感　　　　　　　　　E. 安全感

5. 患儿，男，10岁，室间隔缺损，拟次日行室间隔缺损修补术。夜间护士巡视病房时发现患儿不肯入睡，哭诉不想手术。此时患儿的主要护理问题是（　　）。
   A. 活动无耐力　　　　　B. 营养失调：低于机体需要量　　　C. 潜在并发症：心力衰竭
   D. 有感染的危险　　　　E. 焦虑/恐惧

6. 患儿，男，6岁。因腮腺炎入院，给予对症治疗。该患儿特别害怕打针，为其输液时，下列措施不正确的是（　　）。
   A. 吓唬　　　　　　　B. 与患儿建立相互依赖的友好关系　　C. 给患儿讲故事
   D. 指导患儿深呼吸　　E. 以鼓励的态度

7. 下列不属于脑死亡诊断标准的是（　　）。
   A. 不可逆的深度昏迷　　　　B. 自发呼吸停止　　　　　C. 脑干反射消失
   D. 脑电波消失　　　　　　　E. 意识丧失

8. 患者，男，尿路损伤后出现排尿困难，护士遵医嘱为其留置导尿，患者表情紧张地问："会不会很痛呀？"下列回答较妥当的是（　　）。
   A. 放心，一点也不痛　　　　B. 当然会痛，谁让你受伤了呢？　　C. 我也不太清楚
   D. 为了治病，痛也得忍着　　E. 会有一些疼痛，我会尽量帮你减轻痛苦

9. 患者，男，68岁。因患膀胱癌住院，入院时，护士主动与其交流："您好，我是您的责任护士，有事请找我。"患者治疗多日病情不见好转，情绪低落，化疗不良反应重。护士悉心照顾、鼓励，患者深受感动。患者经治疗后即将出院，对护士的服务非常满意。影响患者与责任护士沟通的因素不包括（　　）。
   A. 患者的感受　　　　　　　B. 患者的情绪　　　　　　C. 患者的身体状况
   D. 患者的籍贯　　　　　　　E. 护士的专业能力

10. 患者出院时，责任护士最主要的工作是（　　）。
    A. 向患者交代出院后的注意事项
    B. 评价护理措施
    C. 保持与患者的信任关系
    D. 征求患者意见，寻找护理工作中问题
    E. 评估患者，制订随访计划

二、简答题

1. 基础护理的伦理规范有哪些？
2. 儿科护理的伦理规范有哪些？

第四章　公共卫生服务护理伦理

课件　微课

学习目标

素质目标: 引导学生始终把人民群众的健康放在首位,提升学生的专业自信和社会责任感,做党和人民信赖的白衣天使,做好健康的守护者。

知识目标: 掌握突发公共卫生事件、传染病护理伦理规范;熟悉社区、康复、预防接种护理伦理规范;了解家庭病房和健康教育护理伦理规范。

能力目标: 能说出公共卫生服务护理伦理规范。

案例导学

江女士有20余年糖尿病病史,为治病耗去了多年的积蓄,随着身体状况的每况愈下,她一度出现轻生的念头。去年4月,江女士所在的社区卫生服务中心的张护士在为老人建档的过程中发现了这一情况,为江女士建立了家庭病床。张护士和该社区服务中心的医生收集江女士的起居饮食资料并进行了系统的分析,制订了一套专门的糖尿病饮食方案,严格控制其每天热量的摄入,鼓励江女士多做必要的身体锻炼,并对江女士的用药情况进行了指导和调整。如今江女士病情基本稳定,性格开朗,再没有轻生之心。此外,该社区居委会考虑到医护人员出行的方便,特意给他们配备了医药袋和专用自行车,避免了背着四方大木箱出行的不便。

请思考:

在本案例中,可以看到医疗护理人员的哪些伦理道德?

案例导学解析

第一节　突发公共卫生事件应急护理伦理

党的二十大报告提出"深入开展健康中国行动和爱国卫生运动,倡导文明健康生活方式"。为此,要以普及健康生活、优化健康服务、完善健康保障、建设健康环境、发展健康产业为重点,加快推进健康中国建设,努力全方位、全周期维护和保障人民健康,大幅提高人民健康水平。

一、突发公共卫生事件的概念和特点

(一)概念

突发公共卫生事件是指突然发生,造成或者可能造成社会公众健康严重损害的重大传染病疫情、群体性不明原因疾病、重大食物和职业中毒以及其他严重影响公众健康的事件。

(二)特点

1. 突发性　突发公共卫生事件具有突发性,突然发生、突如其来、不易预测甚至不可预测。这种突发性给政府、公共卫生部门和社会各方带来了应急处理的难度和挑战。

2. 公共性　突发公共卫生事件针对的不是特定的人,而是不特定的社会群体。因此,公共卫生突

发事件对整个社会的健康公共利益产生直接或间接的影响。

3.危害性 突发公共卫生事件对公众健康的损害和影响要达到一定程度,或者从发展趋势看,属于可能对公众健康造成严重影响的事件。

此外,突发公共卫生事件往往涉及面广,覆盖区域大,可能跨越多个地区甚至多个国家。这使得应对公共卫生突发事件的工作需要进行协调合作和跨部门、跨地区的联动;突发公共卫生事件的发展过程和结果通常具有不确定性,不同的因素、环节和决策都可能对结果产生重大影响,因此,在应对突发公共卫生事件时,科学性、及时性和灵活性是重要的原则。

二、突发公共卫生事件应急护理伦理规范

(一)同理共情

面对突发的公共卫生事件,护理人员首先要具备同理心和共情能力。这意味着他们要理解患者的恐惧、焦虑和痛苦,并能够站在患者的角度思考问题。在提供护理服务时,护理人员应给予患者充分的关心和支持,让他们感受到温暖和希望。

(二)尊重隐私

在处理患者信息和个人隐私时,护理人员需严格遵守法律法规和伦理规范,尊重患者的隐私权,不得随意泄露患者的个人信息。在提供护理服务时,护理人员应注意保护患者的隐私,避免不必要的暴露。

(三)生命至上

在突发公共卫生事件中,生命的价值尤为重要。护理人员应始终坚持生命至上的原则,尽力挽救患者的生命。在紧急情况下,护理人员应根据医疗团队的决策,采取必要的措施,确保患者的生命安全。

(四)公平正义

公平正义是医疗体系的重要伦理原则之一。在突发公共卫生事件中,护理人员应平等地对待每一位患者,不论其年龄、性别、社会地位等因素。在资源有限的情况下,护理人员应根据患者的病情和需求,合理分配医疗资源,确保最需要的患者得到及时救治。

(五)敬业奉献

在处理突发公共卫生事件时,护理人员需要具备高度的敬业精神和奉献精神,克服困难,持续工作,甚至在危急时刻挺身而出。同时,护理人员应不断提升自己的专业知识和技能,以便更好地应对各种挑战。

(六)团结协作

团结协作是应对突发公共卫生事件的关键。护理人员应与医疗团队、其他部门的同事以及社会各方面保持紧密合作,相互支持、协调配合,发挥团队的力量,共同应对危机,以最大限度地保障患者的生命健康和安全。

👁 **考点提示**:突发公共卫生事件的应急护理伦理规范。

第二节 传染病护理伦理

一、传染病的概念和特点

(一)传染病的概念

传染病是由各种病原体引起的能在人与人、动物与动物或人与动物之间相互传播的一类疾病。

我国目前将传染病分为甲、乙、丙3类,共41种。此外,还包括国家卫生计生委决定列入乙类、丙类传染病管理的其他传染病和按照甲类管理开展应急监测报告的其他传染病。

(二)传染病的特点

传染病能在人与人、人与动物或动物与动物之间相互传播,具有流行性和反复性,发病率高,对人体健康危害极大。传染病的特点有传染性、流行性、地方性、季节性。

二、传染病患者护理的特点及要求

(一)传染病患者护理的特点

1.社会责任重 在传染科护理中,护士不仅应对患者负责,而且应对他人、对社会负责。若护士责任心不强、对工作不负责,在一定条件下可能会引起传染病的传播及流行,从而造成严重的社会后果。

2.消毒隔离严 传染科(医院)是各种传染病集中的场所,每一个传染病患者都是传染源。为了控制传染源、切断传播途径、保护易感人群,护士从门诊到病房都应严格执行消毒隔离制度,防止将传染病传播给其他人。

3.时间观念强 传染病具有传染性、流行性和暴发性的特点,特别是急性传染病,发病快、传播强,若不能早发现、早诊断、早治疗和早隔离,患者病情就会迅速恶化,甚至死亡,同时还会导致疫情快速蔓延。

4.心理护理任务重 传染病患者通常对自身所患疾病有较大的压力,常见的问题有被限制、无助和焦虑等。另外,不同年龄、性别、职业等的患者还有个性的表现。老年患者常因发病急骤、思想缺乏准备而进入隔离病房,易产生焦虑和恐惧的心理,年轻患者常因疾病恢复慢而悲观失望。护士应根据患者特点,帮助患者消除顾虑和心理负担。

(二)传染病患者护理的要求

1.隔离防护 对于传染病患者,首先要确保将其隔离,防止疾病在患者与其他人之间传播。隔离措施包括设置专门的隔离病房、限制患者的活动范围以及确保医护人员采取适当的防护措施。此外,对患者的分泌物、血液、体液和其他可能含有病原体的物质要进行适当的处理,以减少传播风险。

2.清洁卫生 保持环境卫生是传染病护理中的重要环节,包括定期清洁病房、床单、设备和公共区域,以确保环境整洁,减少细菌和病毒的滋生。此外,要确保所有医护人员都遵守手卫生规定,减少因接触传播引起的交叉感染。

3.病情监测 对患者的病情进行密切监测是必要的,包括观察患者的症状、体征(如体温、呼吸、心率等生理指标),以及定期进行必要的实验室检查和影像学检查。通过这些监测,可以及时发现患者的病情变化,为早期治疗提供依据。

4.健康教育 对患者和家属进行健康教育是传染病护理的重要部分,包括传授疾病知识(如传染病的传播途径、预防措施、治疗方法等)以帮助其正确理解和应对疾病,同时,教育其养成良好的卫生习惯,提高自我防护能力。

5.心理支持 传染病患者往往面临较大的心理压力,因此心理支持是必不可少的。医护人员需要关注患者的心理状态,提供必要的心理咨询和心理疏导服务,帮助他们建立战胜疾病的信心;同时,也要对家属进行必要的心理支持,帮助他们渡过难关。

6.药品管理 合理使用和管理药品是传染病护理中的重要环节。要确保药品的有效期、储存和使用都符合规定,同时,对患者的用药情况进行严格的监督和记录,以确保患者正确使用药物,避免药物不良反应和药物误用。

7.饮食护理 良好的营养摄入对于患者的康复非常重要。根据患者的病情和医生的建议,制订合适的饮食计划,确保患者获得足够的营养。对于不能进食的患者,需要提供适当的营养支持。

8.康复指导 在传染病患者的康复过程中,提供适当的康复指导是必要的,包括指导患者进行适当的锻炼、功能训练和生活方式调整等,以促进患者的身体康复和功能恢复,同时,也要注意防止康复过程中的并发症和意外事件。

三、传染病患者护理的伦理规范

(一)同情关爱

作为医护人员,对于传染病患者应给予充分的同情和关爱。在日常护理工作中,应关注患者的生理和心理需求,积极提供必要的支持和帮助,让患者感受到温暖和关爱,增强他们战胜疾病的信心。

(二)保密尊重

在处理传染病患者的相关信息时,应严格遵守保密原则,尊重患者的隐私权,不得随意泄露患者的个人信息和病情,保护患者的合法权益。在与患者沟通时,应注意措辞,避免伤害患者的自尊心。

(三)公平公正

在对待传染病患者时,医护人员应遵循公平公正的原则。无论患者来自何种背景,都应一视同仁,按照医疗规定给予患者必要的治疗和护理。在资源有限的情况下,应按照患者的病情轻重缓急进行合理分配,确保每一位患者都能得到及时有效的救治。

(四)勇于担当

面对传染病疫情,医护人员应勇于担当,不畏艰险。在日常工作中,应严格遵守防护措施,确保自身安全的同时,也要保护好患者和周围人群的安全。在疫情严重时,更应挺身而出,为抗击疫情贡献自己的力量。

(五)科学严谨

医护人员应遵循科学严谨的态度,不断学习和掌握传染病的相关知识,了解最新的治疗和护理方法。在护理传染病患者时,严格按照医疗规范操作,确保患者的安全和治疗效果。对于患者和家属的疑问,应以科学为依据进行解答,避免误导和恐慌。

👁 **考点提示**:传染病患者护理的伦理规范。

第三节　社区卫生服务护理伦理

社区服务关系民生、连着民心,不断强化社区为民、便民、安民功能,是落实以人民为中心发展思想、践行党的群众路线、推进基层治理现代化建设的必然要求。

一、社区卫生服务的概述

社区卫生服务是社区服务中最基本、最普遍的形式。它是以全科医生和基层卫生机构为主体,以人的健康为中心,以家庭为单位,以社区为范围,以需求为导向,以老年人、妇女、儿童、慢性病患者、残疾人、低收入居民为重点,以解决社区卫生问题、满足基本保健为目的,融预防、医疗、保健、康复、健康教育和计划生育技术服务为一体的,有效、经济、方便、综合、连续的卫生服务。

二、社区卫生服务护理的特点及要求

(一)社区卫生服务护理的特点

1. 以健康为中心 社区卫生服务的目标是促进和维护健康,而不是仅仅治疗疾病。

2. 面向人群和服务对象广泛 社区卫生服务旨在覆盖广泛的社区居民,不仅限于特定的群体或个体。

3. 综合性服务 社区卫生服务综合了预防、治疗、康复和健康促进等多个方面,确保提供全面的医疗服务。

4. 公益性和主动性 社区卫生服务通常是非营利性质的,并且提供主动式的服务,如上门服务和家庭病床服务。

5. 连续性和可持续性 社区卫生服务涵盖了居民的一生,提供从出生到临终的全过程医疗服务。

6. 可达性 社区卫生服务中心通常开设在家门口,便于居民就近接受服务,减少了交通和时间上的不便。

7. 适宜技术和价格合理 使用的药物和技术应该是适合当地居民需求的,且价格相对较低,使居民能够负担得起。

(二)社区卫生服务护理的要求

1. 遵守法律法规和规章制度 社区卫生护理人员需要严格遵守国家相关法律、法规以及医疗机构的相关规章制度,确保提供的护理服务和活动符合法律标准。

2. 具备专业知识和技能 护理人员应具备一定的医学知识,能够处理常见的健康问题,并提供相应的护理服务。这可能涉及预防保健、疾病三级预防与康复护理技术、常用基础护理技术及操作等方面的知识。

3. 提供个性化的护理服务 社区卫生护理人员应根据个体需求提供个性化护理服务,包括但不限于家庭访视与护理、危重病人家庭护理、健康教育和健康档案管理等。

4. 注重人文关怀和服务质量 社区卫生护理人员在提供医疗服务时,应当注重人文关怀,关注患者的感受和生活质量,同时也要注意护理工作的质量和安全,防止差错事故的发生。

5. 积极参与科研和教学工作 社区卫生护理人员还应积极参与科研活动,提升自己的业务水平,并在必要时担任临床实习指导和带教进修生的角色。

6. 具备社会责任感和团队协作能力 社区卫生护理人员应该具备强烈的社会责任感,愿意为社区的健康事业贡献力量;此外,还需要具备团队协作能力,能够在团队中有效地与他人合作,共同推动健康服务的进步。

7. 关注弱势群体 社区卫生护理人员应特别关注社会弱势群体的健康需求,优先考虑这些群体的健康服务,并且具备帮助弱势群体改善生活质量的意愿和能力。

8. 提供健康教育和社会支持 护理人员不仅需要提供专业的医疗护理,还应该通过健康教育等方式提高公众的健康素养,促进社会的整体健康。

三、社区卫生服务护理的伦理规范

1. 患者至上,尊重生命 作为社区卫生服务的核心,应始终把患者的利益放在首位,尊重每一位患者的生命价值,关爱患者的身心健康,致力于提供优质的护理服务。

2. 敬业乐业,质量为本 以高度的敬业精神、严谨的工作态度提供优质的护理服务,注重护理质量的持续改进,追求卓越,确保患者得到安全、高效的护理。

3.热诚服务,关爱贴心 要以热诚的服务态度关爱每一位患者,理解并尊重患者的感受,倾听他们的需求,提供贴心的护理服务。

4.公正廉洁,诚实守信 保持公正廉洁,不接受任何形式的贿赂,保持职业操守;诚实守信,严格保密患者的病情和隐私,不泄露任何信息。

5.严谨求实,精益求精 以严谨的态度对待工作,准确记录患者的病情和护理过程;不断学习和进修,提高自己的专业知识和技能,为患者提供更优质的护理服务。

6.尊重多元,维护公益 尊重患者的文化背景和价值观,提供多元化、个性化的护理服务;牢记公共利益高于个人利益的原则,维护社区卫生服务的公益性质。

7.团结协作,共同发展 以团队合作为基础,互相支持、互相帮助,在工作中积极沟通、有效协作,共同促进社区卫生服务的发展。

> ☞**考点提示**:社区卫生服务护理的伦理规范。

第四节 康复护理伦理

一、康复护理的概述

(一)康复护理的含义

康复护理是指通过各种医疗手段和护理措施,对病患进行全面的身体、心理和社会功能的恢复和促进,以提高患者的生活质量和功能水平的护理过程。康复护理旨在帮助患者尽早实现独立生活和自理能力,减少病患的痛苦和依赖性,并为他们重新融入社会生活提供支持。康复护理的主要内容包括以下几点。

1.评估和制订康复护理计划 康复护理的第一步是对患者进行全面评估,包括身体、心理和社会方面。根据评估结果,制订个性化的康复护理计划,明确目标和措施,以确保患者能够获得最佳的康复效果。

2.恢复功能 康复护理着重于帮助患者恢复受损的功能,可能涉及物理治疗、运动疗法、职业疗法等,以帮助患者重新学习基本动作和技能,提高肌肉力量和关节灵活性,增加平衡和协调能力。

3.疼痛管理 患者在疾病或受伤过程中可能会经历不同程度的疼痛,康复护理包括评估和管理患者的疼痛,以提供舒适的康复环境。这可能包括使用药物治疗、理疗和其他非药物疼痛管理技术。

4.康复教育和指导 向患者和其家人提供康复教育和指导,提供关于疾病、受伤或残疾的信息,以及如何管理和预防相关问题的指导。通过教育和指导,患者和其家人可以更好地理解康复过程,并积极参与到康复护理中。

5.心理支持 疾病、受伤或残疾对患者的心理健康产生重要影响。康复护理包括提供心理支持和心理咨询,帮助患者应对情绪困扰、焦虑和抑郁等问题。心理支持的目标是提高患者的心理健康水平,增强他们的应对能力和抗压能力。

6.社交支持和康复 康复护理还关注患者的社交和情感需求,包括帮助患者重新建立社交关系、参与社区活动,并提供必要的支持和资源。社交支持有助于患者恢复自信和自尊心,促进更好地康复。

7.康复护理的持续监测和调整 康复护理是一个动态的过程,需要不断监测和调整。护理团队会定期评估患者的康复进展,并根据需要调整护理计划。这确保了患者能够获得最佳的康复效果,并避免康复过程中出现问题或并发症。

知识链接

康复医学

  1993年,世界卫生组织(WHO)的一份正式文件中提出:"康复是一个帮助病员或残疾人在其生理或解剖缺陷的限度内和环境条件许可的范围内,根据其愿望和生活计划,促进其在身体上、心理上、社会生活上、职业上、业余消遣上和教育上的潜能得到最充分发展的过程。"

  康复医学主要面向慢性病患者及伤残者,强调功能上的康复,而且强调身体功能康复,使患者不但在身体上,而且在心理上和精神上得到康复。它的着眼点不仅在于保存伤残者的生命,还要尽量恢复其功能,使其提高生活素质、重返社会、过上有意义的生活。现代医学体系已把预防、医疗、康复相互联系,组成一个统一体。

(二)康复护理的功能

  1.恢复或改善身体功能 康复护理可以通过物理治疗、运动训练、手术等方式帮助患者恢复或改善受损的身体功能,如肌肉力量、关节活动度、感觉、平衡等。

  2.改善心理状态 康复护理还包括心理治疗、社交支持等方面,可以帮助患者调整情绪、缓解焦虑和抑郁等心理问题,提高生活质量。

  3.提高生活自理能力 康复护理可以通过日常生活技能训练、社会适应能力训练等方式帮助患者提高自理能力,减轻对家庭和社会的依赖。

  4.预防复发和并发症 康复护理可以通过定期随访、健康教育等方式,帮助患者掌握自我管理技能,预防病情复发和并发症的发生。

(三)康复护理的特点

  1.以提高生活质量为目的 康复护理注重患者的身心平衡,旨在帮助患者恢复或减少因疾病而导致的功能障碍,实现最大限度的生活质量提高。

  2.个性化服务 康复护理重视患者的个性,以满足每个患者不同的护理需求为原则,充分考虑患者的个性特点,尊重患者意愿,制订个性化的护理策略,得到的有效护理效果。

  3.安全有效 康复护理要求实施护理活动的护理人员具备必要的护理技能和专业知识,并根据患者的不同情况制订护理策略,确保护理活动的安全有效性。

  4.护理的整体性 康复护理要求护理人员全面考虑患者的身心健康,提供全面、有效的护理,以最大限度地提高护理效果。

  5.家庭参与护理 康复护理要求家庭参与护理,强调家庭的重要性,提供有针对性的家庭护理,促进患者康复,改善其生活质量。

  6.护理的主体性 康复护理重视患者的主体性,充分尊重患者的意愿,注重患者的参与,发挥患者的决策能力和独立性。

二、康复护理的原则

  1.以病人为中心 以护理者为主体,确保病人的安全、健康和总体利益。坚持以患者为中心的服务理念,厚爱他人,尊重他人的尊严。积极关注患者的心理健康,发现患者的心理弱点,为患者提供积极的心理干预,帮助患者解除心理压力,提升心理健康状态。

  2.注重护理观念 应充分认识护理的重要作用,加强护理的观念,实施有效护理,关心护理过程,提高护理者的自我保护意识。

  3.科学的护理技术 根据患者的病情变化与康复情况,采用科学的康复护理技术,及时有效地调整护理程序,在每位患者身上突出重点,通过合理和有效的护理,使患者尽快恢复健康。

4.有效的护理方法　对护理内容有清楚的认识,有科学的护理方法及护理步骤,采取有效的护理(包括营养及其一些临床护理),帮助患者尽快实现康复。

5.安全的护理环境　除了不断改善现有的护理条件外,还要打牢基础,加强社会服务和安全工作,建立安全有序的护理环境,以确保患者的安全和有效护理。

6.注重教育　及时根据患者具体情况实施应用型护理教育,强化患者和家属的安全意识,促进患者充分了解疾病,提高疾病预防意识和抗病能力,使患者健康优质地生活。

7.提供及时的护理　应改善护理设备,及时供应护理药品,对患者和家属的问题及时回应,协助家属及时解决问题,保证患者得到及时和有效的护理。

📖 **知识链接**

"十四五"国家老龄事业发展和养老服务体系规划

2021年12月,国务院发布了《"十四五"国家老龄事业发展和养老服务体系规划》,提出要促进老年用品科技化、智能化升级,要加快人工智能、脑科学、虚拟现实、可穿戴等新技术在健康促进类康复辅助器具中的集成应用,加大机器人等产品在老年人康复训练、行为辅助、健康理疗和安全监护中的应用力度,促进我国老龄事业发展和养老体系建设。

三、康复护理的伦理规范

(一)尊重患者权益

1.尊重患者的知情权　康复护理人员应充分告知患者康复护理的目的、方法、注意事项等,以便患者做出自主选择。

2.尊重患者的隐私权　康复护理过程中,严格保守患者隐私,不泄露患者个人信息和病情。

3.尊重患者的自主权　尊重患者自主决策,不强迫患者接受康复护理服务。

(二)人道主义关怀

1.关爱患者　康复护理人员应以关爱之心对待患者,关注患者的生理、心理需求。

2.积极沟通　与患者及其家属保持良好沟通,及时解答疑问,消除疑虑。

3.提供舒适环境　创造安全、舒适、卫生的康复护理环境。

(三)科学严谨护理

1.遵循医学原则　康复护理服务应遵循医学原则,不违反医学伦理。

2.科学评估　对患者进行科学、严谨的评估,制订合适的康复护理计划。

3.不断提升　积极参与培训,提升专业知识和技能,提高服务质量。

(四)公正公平对待

1.无差别对待　对所有患者一视同仁,不因个人偏见、利益关系影响护理服务。

2.遵循法律法规　康复护理服务应符合法律法规要求,不违法违规。

3.规范操作　严格按照操作规程提供服务。

(五)高度责任感

1.尽职尽责　康复护理人员应尽职尽责,全心全意为患者服务。

2.勇于承担　在遇到问题时,勇于承担责任,积极寻求解决方案。

3.及时反馈 对患者反馈的问题及时回应,持续改进服务质量。

☞**考点提示**：康复护理的伦理规范。

第五节　家庭病床护理伦理

一、家庭病床概述

（一）家庭病床的意义

家庭病床是以家庭作为治疗、护理的场所,适宜在家庭环境下进行医疗和康复的病种。家庭病床模式让患者在自己熟悉的环境中接受治疗和护理,有利于疾病的康复,同时又可减轻家庭的经济负担和人力负担。家庭病床弥补了专业医疗机构病床的相对不足,减轻了社会及家庭的经济负担;避免患者住院时的交叉感染,有利于疾病康复;为患者就医提供方便,合理地利用卫生资源。

（二）家庭病床护理的特点

1.以家庭为单位 家庭病床将服务对象置于家庭中,关注家庭类型、家庭功能状态、家庭健康状态等对服务对象健康的影响。

2.合适的对象 家庭病床的对象为慢性病患者、老年人和残疾人,其中对慢性病患者以治疗为主,对老年人以预防保健为主,对残疾人以功能锻炼为主。

3.服务的独立性 家庭病床的每一项服务都由单一的医护人员在患者家里独自完成,因此,家庭病床的医护人员不仅要具备高度的责任心和敏锐的观察力,而且应熟悉各种疾病的转归及预后,明确所需治疗或转诊服务。

4.服务的变异性 家庭病床同一服务内容的护理服务质量可能有很大差别。医务人员的责任心、知识、技能、情绪、服务时间等因素都会影响诊断、治疗、康复、护理及健康教育的效果。同时,家庭病床患者的家庭背景、心理状态、配合程度等个体差异也会使治疗效果产生较大的差异。

5.服务的局限性 家庭病床服务的各种诊疗工作都要上门进行,某些医疗设备的应用和诊疗手段会受到一定限制。凡病情复杂、严重的患者仍需到医院治疗,因此家庭病床不能取代医院病床。

（三）家庭病床护理的要求

1.基础护理要求 包括保持患者居住环境的清洁、整齐和安全,预防感染和并发症的发生。医护人员应定期更换床单、衣物,清洁患者皮肤,保持患者口腔卫生,确保患者的基本生活需求得到满足。

2.病情观察 是家庭病床护理的重要环节。医护人员应定期记录患者的生命体征(如体温、脉搏、呼吸等),观察病情变化,及时发现并处理异常情况,同时,对患者进行全面的评估,了解其身体状况和病情发展趋势。

3.饮食护理 是提高患者康复效果的关键。医护人员应根据患者的病情和营养需求制订个性化的饮食计划,确保患者摄取足够的营养、增强体质、提高抵抗力,同时,注意保持饮食的卫生和安全。

4.心理支持 家庭病床的患者往往因病情等而产生焦虑、抑郁等情绪问题。医护人员应及时关注患者的心理状态,提供心理支持和辅导,帮助患者树立信心,积极配合治疗。

5.康复训练 是促进患者恢复的重要手段。医护人员应根据患者的具体情况,制订个性化的康复计划,指导患者进行适当的锻炼和功能训练。在康复过程中,注意保护患者的安全,避免过度运动造成伤害。

6.用药管理 是保障患者安全的重要环节。医护人员应严格按照医嘱给药,向患者及家属详细说明药物的用法、注意事项及不良反应的处理方法,确保药物剂量和用法正确,避免误用或滥用。

二、家庭病床护理的伦理规范

1.尊重患者意愿　在提供家庭病床护理服务时,首先要尊重患者的意愿。患者有权利自主选择是否接受家庭病床护理,并且有权决定护理服务的内容和方式。护理人员应当充分了解患者的需求和期望,以便提供符合患者意愿的护理服务。

2.保护患者隐私　家庭病床护理涉及患者的个人隐私,护理人员应当严格遵守隐私保护原则。未经患者同意,不得泄露患者的个人信息,包括病情、家庭状况等。在护理过程中,应当采取适当的措施保护患者的隐私,如确保病房的私密性等。

3.关爱患者家庭　家庭病床护理不仅关注患者的身体健康,还关注患者的家庭状况。护理人员应当与患者家属保持良好的沟通,了解家庭的需求和困难,提供必要的支持和指导。

4.遵循医疗道德　家庭病床护理服务应当遵守医疗道德,为患者提供安全、有效的护理服务。护理人员应当严格遵守医疗操作规程,不断提高自己的专业技能和知识水平,确保服务质量。

5.维护病床整洁　家庭病床是患者康复的重要场所,保持病床整洁对患者的健康至关重要。护理人员应当定期更换床单、被套等物品,保持病房整洁、卫生;定期对病房进行消毒处理,预防交叉感染。

6.保持良好沟通　家庭病床护理过程中,良好的沟通是建立信任、提高服务质量的关键。护理人员应当与患者及其家属保持良好的沟通,及时了解患者的病情变化和需求;向患者及其家属解释护理方案、注意事项等内容,确保他们充分理解并配合护理工作。在沟通过程中,要使用通俗易懂的语言,避免专业术语的困扰。

7.促进患者康复　家庭病床护理的最终目的是促进患者的康复。护理人员应当根据患者的具体情况制订个性化的护理计划,提供科学、合理的护理措施;在护理过程中,要不断评估患者的康复状况,及时调整护理方案,以最大限度地促进患者的康复;关注患者的心理状况,给予必要的心理支持和疏导。

☞ **考点提示**:家庭病床护理的伦理规范。

📖 **知识链接**

关于全面开展健康家庭建设的通知

2024年1月,国家卫生健康委办公厅、全国爱卫办、民政部办公厅、全国妇联办公厅等八部门联合印发《关于全面开展健康家庭建设的通知》(以下简称《通知》),全面部署健康家庭建设工作,以健康家庭构筑健康中国牢固根基。《通知》明确了健康家庭需要具备的6个条件,即家庭成员履行自身健康第一责任人,掌握必备的健康知识和技能,践行文明健康绿色环保生活方式,传承优良家风家教,家庭环境卫生健康,家庭成员身体、心理和社会生活处于良好状态。同时,《通知》从提升居民健康素养、培育优良家庭文化、培养家庭健康指导员、建成家庭健康服务阵地、培树健康家庭典型5个层面提出了健康家庭建设分阶段的工作目标。

第六节　预防接种与健康教育护理伦理

一、预防接种护理伦理

(一)预防接种的概念

预防接种是根据疾病预防控制规划,利用疫苗,按照国家规定的免疫程序由合格的接种技术人员给适宜的接种对象进行接种,提高人群免疫水平,以达到预防和控制传染病发生和流行的目的。广义的预防接种概念是指利用人工制备的抗原或抗体通过适宜的途径对机体进行接种,狭义的预防接种概念是指仅接种疫苗,使机体获得对某种传染病的免疫力。

(二)预防接种护理伦理规范

1. 尊重科学,实事求是　预防接种的护士一方面必须根据人口谱、疾病谱及预防接种经验,主动配合医师精细地制订和推行人工免疫计划和免疫接种程序;另一方面要根据传染病学特点正确地确定接种对象,认真检查接种对象的身体,严格掌握禁忌证,对接种反应要正确对待和迅速处理。这就要求护士在接种时熟练掌握各种疫苗的机制、作用、注射途径、方法、不良反应及禁忌证等,为科研提供反馈信息,并有利于新疫苗的研制。

2. 尽职尽责,爱岗敬业　由于我国地区间的社会经济发展不平衡,有些群众文化水平不高,对预防接种工作重要性认识不足,因此预防接种工作者应具有崇高的道德修养,有较强的耐心和韧性,不怕困难、不计名利、尽职尽责、主动热情地开展工作。护理人员要充分利用患者就诊、候诊、家庭病床等机会和场合,通过多种形式,广泛地向群众传授预防接种知识,指导群众相信科学,纠正不良卫生习惯与行为,改善社会环境,提高自我保健意识和保健能力。

3. 满腔热情,对全社会负责　预防工作的群众性决定了预防接种工作者要对全社会的人群身心健康负责,所承担的道德责任不仅仅对患者个体,而且与某些人群甚至整个人类社会的利益息息相关,所以在处理各种利益关系时,必须把社会利益放在首位,必须有强烈的道德责任感,在接种工作中做到不漏、不错。

4. 团结一致,密切协作　预防接种工作是一项综合性的系统工程,是全社会的共同责任,需要政府领导、部门配合、社会支持、国际卫生组织协作和广大群众共同参与。因此,护理人员必须树立整体观念,分工合作,密切配合,才能取得良好的效果。

二、健康教育护理伦理

(一)健康教育的概念

健康教育是指通过信息传播和行为干预,帮助个人和群体掌握卫生保健知识,树立健康观念,自愿采取有利于健康的行为和生活方式的教育活动与过程。其目的是消除或减轻影响健康的危险因素,预防疾病,促进健康和提高生活质量。我国学者将健康教育定义为通过有计划、有组织、有系统的社会和教育活动,促使人们自觉地采纳有益于健康的行为和生活方式,消除或减轻影响健康的危险因素,预防疾病,促进健康,提高生活质量。

(二)健康教育护理伦理规范

1. 评估宣教对象的学习需要　进行健康宣教前,必须了解宣教对象所关心及感兴趣的问题、目前面临的困惑、当前存在的问题等,使宣教有的放矢,充分解决问题。

2. 因人因材施教,确保宣教内容的正确性、科学性　根据受教育者的实际情况选择宣教内容,教学内容应该符合学习者的能力和文化程度,过高或过低均不合适。另外,要考虑受教育者的多样性,进而采用有针对性、实用性的教育方法,以实际需要为宣教重点。进行健康教育时,应合理安排教学内容,循序渐进,反复强化,最终达到所制订的目标。在科技发展迅速、网络媒体发达的时代,要注意知识的更新,在宣传新知识新观念的同时,也要有根有据,保证宣教内容的正确性和科学性。

3. 注重教与学的互动　健康教育的最终目的是让受教育者学到知识、提高健康意识,应注重调动其积极参与,如共同制订学习计划,随时反馈教学效果,使教与学更有针对性和实用性。

4. 有全面发展的卫生观　教育者不能搞片面教育,如果片面强调一方,常常会自相矛盾。如在进行饮食卫生宣教时,强调必须注意卫生,否则身体再强壮也会生病;而在讲锻炼身体的重要性时,又要强调锻炼身体可以增强机体的抗病能力,这样即便感染了病菌,也不一定会得病。

本章小结

公共卫生的使命是保护人群的健康和安全。突发公共卫生事件应急护理伦理规范有同理共情、尊重隐私、生命至上、公平正义、敬业奉献、团结协作。传染病患者护理的伦理规范有同情关爱、保密尊重、公平公正、勇于担当、科学严谨。社区卫生服务护理的伦理规范有患者至上、敬业乐业、热诚服务、公正廉洁、严谨求实、尊重多元、团结协作。康复护理的伦理规范有尊重患者权益、人道主义关怀、科学严谨护理、公正公平对待、高度责任感。家庭病床护理的伦理规范有尊重患者意愿、保护患者隐私、关爱患者家庭、遵循医疗道德、维护病床整洁、保持良好沟通、促进患者康复。预防接种护理伦理规范有尊重科学、尽职尽责、对全社会负责、团结一致等。健康教育护理伦理规范有评估宣教对象的学习需要、因人因材施教、注重教与学的互动、有全面发展的卫生观等。

（唐茹萱　姚展妮）

目标检测

参考答案

一、选择题

1. 以下不属于突发公共卫生事件应急护理伦理规范的是(　　)。
   A. 公开透明　　　　　　　　　B. 敬业奉献　　　　　　　C. 生命至上
   D. 同情共理　　　　　　　　　E. 尊重隐私

2. 不属于传染病患者护理的伦理规范的是(　　)。
   A. 同情关爱　　　　　　　　　B. 保密尊重　　　　　　　C. 公平公正
   D. 团结协作　　　　　　　　　E. 勇于担当

3. 不属于社区卫生服务护理的伦理规范的是(　　)。
   A. 患者至上,尊重生命　　　　B. 保持良好沟通　　　　　C. 公平公正
   D. 勇于担当　　　　　　　　　E. 尊重生命

4. 不属于康复护理的伦理规范的是(　　)。
   A. 尊重患者权益　　　　　　　B. 人道主义关怀　　　　　C. 团队协作精神
   D. 高度责任感　　　　　　　　E. 尊重生命

5. 不属于家庭病床护理的伦理规范的是(　　)。
   A. 促进患者康复　　　　　　　B. 诊疗过程透明　　　　　C. 保护患者隐私
   D. 尊重患者意愿　　　　　　　E. 维护病床整洁

6. 不属于预防接种护理伦理规范的是(　　)。
   A. 同情关爱,公平公正　　　　B. 尊重科学,实事求是　　C. 团结一致,密切协作
   D. 尽职尽责,爱岗敬业　　　　E. 满腔热血,对全社会负责

二、简答题

1. 简述突发公共卫生事件应急护理的伦理规范。
2. 简述康复护理的伦理规范。
3. 简述家庭病床护理的伦理规范。

第五章　生殖护理伦理

课件　微课

学习目标

素质目标:培养学生的伦理意识,引导学生尊重生命、关爱他人,树立正确的价值观。
知识目标:掌握优生技术护理伦理规范;熟悉人类辅助生殖技术的护理伦理规范。
能力目标:能够运用所学知识解决临床实际中的伦理问题,更好地服务于社会。

案例导学

　　某市高度重视计生宣传工作,采取多种措施强化免费孕前优生健康检查、家庭科学育儿、生殖健康等宣传教育。每年借助孕环情检测的机会,在广大育龄妇女中宣传免费孕前优生健康检查知识,制作精美的宣传品,进行面对面的宣传、咨询和指导。卫健委官微和妇幼保健计划生育服务中心官微开辟了"零岁健康"热线和"宝妈"微信群,首批 1055 名新生儿产妇入群,累计对新生儿免费疾病筛查、听力筛查、中医小儿推拿等咨询提供线上讲解 5000 余项。
　　请思考:
　　在优生技术护理中要遵循哪些伦理规范?

案例导学解析

第一节　优生技术护理伦理

　　优生学是以生物医学、遗传学、医学、心理学、环境学、社会学和人口学互相渗透发展起来的一门综合性应用学科。优生技术是指人类通过开展优生咨询、产前诊断及孕期、围生期的保健活动,改善人群遗传素质,保证后代优质的一系列措施。其宗旨是为了培养优秀个体,提高全民的整体素质和生活水平。研究优生相关技术,提供优生服务咨询,掌握优生技术护理伦理,是护士的职责。这对于全民的健康和整个国家的繁荣昌盛有着深远的意义。

一、优生技术概述

(一)优生学分类

　　凡是采用人工授精、体外受精等医学手段增加体力和智力更佳者的出生率,或改良种族遗传素质的优生研究,称为积极优生学,又称正优生学。其内容主要强调促进身体素质和智力优秀个体的繁衍,改善和提高生命质量,增加人口中优质个体数量所占的比例。凡采用社会和医学干预的办法,降低或防止有身心残疾或严重智力障碍者出生的研究,称为消极优生学,又称负优生学。其内容主要强调排除和降低人群已存在的有害基因,预防有严重遗传病和先天性疾病的个体出生,通过社会手段对特殊人群实行生育限制。

(二)优生技术措施

1.优生技术服务的基本内容　医务人员,包括护士,根据优生学原理向人们提供优生服务,主要目的是提高我国人口的先天素质。其基本内容是通过优生咨询、产前诊断及孕期、围生期的保健等具体措施,防止有严重遗传缺陷和先天性疾病的胎儿出生,向社会提供优生优育的技术性指导支持。

2. 推行优生技术的重要措施 推行优生技术的措施应是综合性的,包括社会方面和个人及医疗技术等方面的措施。社会方面的措施包括优生政策及优生立法,优生教育及优生宣传,健全优生机构及改善社会与自然环境等。个人和医疗技术方面的措施主要包括:对不应结婚或者不宜生育的个人,禁止其结婚或者生育;指导选择适宜的生育年龄;按要求进行产前诊断,在妊娠早期对严重智力缺陷的遗传病胎儿做出诊断,并通过人工流产终止其继续妊娠;开展孕期及围生期保健宣传活动;积极开展优生咨询,对遗传病、先天性疾病患者及家属提出的问题给予科学解释,并指导和提出相关建议。

(三)优生技术的社会价值

1. 有利于改善和提高社会人口的体力和智力水平 当今时代,各种竞争尤为激烈,这种竞争归根结底是智力竞争。提倡优生并采用优生技术,能够有效控制和减少劣质胎儿的形成和出生数量,阻断不良基因在后代中出现,增加人群中具有优良遗传素质人口的比例,不断改善和提高人口的体力和智力水平。

2. 有利于改善个体的遗传素质 优生能够产生优秀的个体,他们容易被培养成素质高的社会人,这不仅能够减轻家庭和社会的负担,还能够为社会创造更多的物质财富及精神财富。另外,对遗传素质优良,尤其是智力较高的人投资所产生的各方面效益更为突出,它能够提高全民的整体素质,进而为我国的现代化事业做出更大的贡献。

3. 有利于贯彻执行计划生育政策 采用优生技术,可以相对保证出生孩子的质量,创造一个良好的推动社会进步的生命伦理实践环境,缓解家庭的后顾之忧。优生优育的社会文化氛围,不仅优化了人们的家庭生活方式,提高了人们的生活质量,而且使计划生育政策更加深入人心,为从事计划生育服务的医务人员创造一个和谐、美丽的生命伦理实践环境。

二、优生优育的伦理要求

(一)控制存在生育缺陷者婚育

1. 控制患某些严重遗传疾病者及严重精神分裂症者婚育 父母患有严重的遗传疾病或严重精神分裂症,会通过生育遗传给后代,也会给父母、家庭、社会带来沉重负担。因此,控制患有严重遗传疾病者及严重精神分裂症者生育被认为是符合伦理道德的。

2. 控制智力严重低下者婚育 严重智力低下者没有行为能力,不明伦理是非或伴有残疾,生活自理能力极低,需要社会或家庭的保护和照顾,可能受到歧视或被抛弃。家庭、社会尊重其生存的权利,但若不进行生育控制,其致病基因会传给下一代。对严重智力低下者实行生育控制是出自对人类生存质量和其自身利益的考虑,但随着科学技术的进步和社会的发展,婚育控制的范围应随之调整。

3. 控制近亲结婚 近亲结婚是指共同祖先的直系血亲和近三代以内旁系血亲之间的婚配。据世界卫生组织(WHO)统计,人群中每个人携带 5 或 6 种隐性致病基因。毫无血亲关系的两人婚配,携带相同隐性致病基因的可能性小;近亲结婚的夫妻携带的隐性致病基因相同的可能性大,易形成隐性致病基因的纯合子,导致后代遗传病发病率高。近亲结婚的子女患先天畸形和遗传病的发病率比非近亲结婚的子女高 150 倍。因此,控制近亲结婚是十分必要的。

(二)提倡婚前医学检查与适龄生育

婚前医学检查是对准备结婚的男女双方可能患有的、影响结婚和生育的疾病进行检查。

1. 利于男女双方和下一代的健康 通过婚前全面检查,便于发现异常情况或疾病,从而进行积极矫治。如发现对结婚或生育会产生暂时或永久影响的疾病,可在医生指导下做出对双方和下一代健康都有利的决定和安排。

2. 利于优生,提高民族素质 通过婚前医学检查,医生可对某些遗传缺陷做出明确诊断,对影响下一代优生的风险程度进行预判,为男女双方的婚育决策提供帮助。

笔记

3.利于帮助男女双方主动、有效掌握受孕时机和避孕方法　为提高计划受孕的成功率提供指导；对于准备避孕者,可采取科学有效的方法减少计划外怀孕与人工流产概率,保护妇女、儿童的健康。

4.利于传播婚育健康知识,进行健康婚育指导　适龄生育是指兼顾个体生理、后代健康和人口控制三个方面,选择在适宜的年龄进行生育。

(三)提倡遗传咨询

遗传咨询是运用遗传学和临床医学的基本原理和技术,为有可能生养患遗传病子女的夫妇提供优生知识辅导。通过遗传咨询,便于知晓如何阻断某些遗传病的延续、减少先天性疾病患儿的出生。

(四)注重产前诊断

通过医学方法检查胎儿是否正常,如有异常,则根据其性质和程度采取继续怀孕或终止妊娠的措施。

(五)加强孕产期保健

孕产期保健是对母体和胎儿进行的一系列保健工作。护士应参与宣传普及孕产期保健知识、熟悉孕产期用药原则、做好高危妊娠者监护、加强产程观察和监护等孕产期工作;促进新生儿保健,做好新生儿喂养、预防新生儿常见病等护理工作。

三、优生技术护理伦理规范

1.尊重生命　优生技术护理的首要伦理原则是尊重生命。护理人员应尊重每一个生命个体,不论其年龄、性别、种族、社会地位、健康状况等。在优生技术的护理伦理规范中,应始终将人的尊严和权利放在首位,确保患者的生命安全和健康利益。

2.公正公平　优生技术护理中,公正公平原则是必须遵循的重要伦理规范。护理人员应当对所有患者一视同仁,不因任何原因歧视或排斥。在资源分配、护理服务、信息告知等方面,应确保公平合理,维护患者的平等权益。

3.知情同意　知情同意是优生技术护理中至关重要的伦理原则。护理人员应当充分告知患者关于优生技术的相关信息(包括风险、效果、替代方案等),确保患者充分理解并自主作出决定。患者的知情同意权应当得到充分尊重和保护。

4.最小风险　实施优生技术护理时,应尽可能降低风险,确保患者安全。护理人员应当严格遵守技术操作规程,不断提升专业技能和服务水平,最大限度地减少患者面临的风险。在出现风险时,应及时采取有效措施,保护患者的生命安全和健康利益。

5.隐私保护　优生技术护理中,患者的隐私保护是一项重要的伦理原则。护理人员应当严格遵守保密规定,保护患者的个人信息、病情状况、家庭情况等隐私信息不被泄露。同时,应尊重患者的隐私空间,不随意打扰患者的正常生活。

6.社会责任　优生技术护理中,护理人员应当承担起重要的社会责任。他们不仅应当关注患者的个体利益,还应考虑社会整体利益,推动优生技术的合理应用和健康发展。此外,护理人员还应积极参与公共健康教育活动,提高公众对优生技术的认知和理解。

7.伦理审查　为了确保优生技术护理的伦理规范得到遵守,应当建立和完善伦理审查机制。伦理审查应当独立、客观、公正地进行,对优生技术护理实践进行全面审查和监督。在审查过程中,应重点关注患者的权益保护、技术的安全性与有效性、伦理原则的遵循等方面。对于不符合伦理规范的行为,应当及时纠正和制止,并追究相关责任人的责任。同时,应积极开展伦理培训和教育活动,提高护理人员的伦理意识和责任感,推动优生技术护理的伦理规范得以有效实施。

☞考点提示:优生技术护理伦理规范。

第二节　人类辅助生殖技术伦理

一、人类辅助生殖技术的概念

人类辅助生殖技术是指运用医学技术和方法对精子、卵子、受精卵、胚胎进行人工操作，以达到受孕目的的技术。人类辅助生殖技术主要包括人工授精、体外受精 – 胚胎移植技术、无性生殖等。

（一）人工授精

人工授精是通过人工方法将取出体外的精子经处理后植入女性生殖器内，使女性妊娠的技术，可分为两大类。

1. 同源人工授精　指将女方丈夫的精液植入女方生殖器内，又称夫精人工授精或同质人工授精，使用的是丈夫的精子。常用于：①男子患病而想要孩子，如接受抗癌治疗前取出精液冷冻，避免抗癌治疗可能产生的不孕后果；②精子状况不良者；③不愿过性生活而想要孩子的女性。

2. 异源人工授精　指将捐献者的精液植入母体子宫，此后过程自然完成。常用于：①男方不育而想要孩子的夫妇；②奉行独身主义的单身妇女。

（二）体外受精 – 胚胎移植技术

体外受精 – 胚胎移植技术是用人工方法使精子与卵子在体外培养系统中形成胚胎并植入子宫腔以实现妊娠的一种生殖技术。

（三）无性生殖

无性生殖又称克隆繁殖，是通过细胞融接技术，利用简单低级生物的细胞分裂繁殖形式，代替高等生物生殖过程的生殖方法。克隆的特征主要包括亲、子代遗传物质完全相同，具有相同的基因；克隆可产生多个具有相同遗传物质的新个体，克隆技术也因此被称为生物放大技术。与人相关的克隆技术目前主要有 3 种：基础研究性克隆、治疗性克隆以及生殖性克隆。

二、人类辅助生殖技术的伦理问题

人类辅助生殖技术在时间和空间上都突破了传统生殖方式，体现了人类科学技术的进步和人类生殖控制能力的提高，它给许多恩爱却不能生育的夫妇带来了福音，让他们能享受到为人父母的天伦之乐。但是，人类辅助生殖技术改变了人类的生育行为和生育观念，给社会和家庭带来了巨大冲击，引发了许多伦理问题，其发展面临着严峻的伦理挑战。

（一）导致生育与婚姻分离

在悠久的人类历史发展过程中，孩子是夫妻双方血缘关系的纽带，是夫妻双方的血脉继承和婚姻稳定的保障。当今，孩子更被视为爱情与婚姻结合的体现，是夫妻双方爱情的结晶。因此，婚后生育不仅被看作天经地义、理所当然，同时也被视为婚姻幸福、爱情美满的象征。但是，人类辅助生殖技术的出现，却切断了婚姻与生育的神圣联系，可能产生第三方基因介入核心家庭的问题，可导致相应的家庭危机和伦理困境。人类辅助生殖技术可使育龄女性片面地认为无须婚姻关系就可以满足生育的愿望，在一定程度上破坏了婚姻的幸福与家庭的和睦。当然，如果人类辅助生殖技术是在夫妻自愿并知情同意的情况下进行，并对他人和社会无任何损害，这样既能满足夫妻双方拥有孩子的愿望，也能维护夫妻间彼此爱情的忠贞和婚姻生活的稳定、幸福。

（二）与传统家庭观念相互冲突

在传统家庭模式中，生儿育女在夫妻关系内进行。现在，人类辅助生殖技术可以使生育脱离婚姻关系

笔记

而存在,使人类社会几千年来男女结合并生育的传统家庭模式解体,出现了令人担忧的多元化家庭模式。

1. **多父母家庭** 人类辅助生殖技术使传统父母与子女间的生物学联系(即血缘关系)分离,通过人类辅助生殖技术出生的孩子最多有5个父母(遗传父亲、养育父亲、遗传母亲、养育母亲和代孕母亲),孩子生物学上的父母和社会父母发生分离,遗传学父母也与法律父母发生了分离,使亲子关系变得难以梳理。

2. **不婚单亲家庭与同性恋双亲家庭** 人类辅助生殖技术的发展,使得下列情况成为可能:一单身男士通过找人代孕获得与自己有血缘关系的子女;单身女性通过人工授精技术成为单亲母亲;男同性恋者或女同性恋者也可以利用辅助生殖技术摆脱不能生育的遗憾,组建同性恋双亲家庭。可见,供体精液人工授精可能出现的不婚单亲家庭与同性恋家庭,切断了生儿育女与家庭之间的必然联系,亲子代际之间的血缘纽带被割断,容易使人对传统的婚姻、家庭价值产生怀疑。因此,许多国家主张禁止或限制单身男性或女性的人类辅助生殖请求,我国于2001年2月20日发布的《人类辅助生殖技术管理办法》中也明确禁止对单身女性实施辅助生殖技术。

3. **代孕母亲的伦理问题** 无论人工授精技术还是体内受精技术,都存在代孕母亲的可能。代孕母亲的现象始于20世纪70年代末,目前在一些国家已不是个别现象。如美国成立了代孕母亲中心、出版代孕母亲通讯杂志和组织代孕母亲协会。我国《人类辅助生殖技术管理办法》明确禁止代孕。

4. **精子、卵细胞和胚胎的商品化问题** 正如代孕母亲的商业化一样,精子、卵细胞以及胚胎由于供需关系的存在使其商品化倾向日趋明显。人工授精所需的精子、卵细胞甚至胚胎从最初的匿名捐赠逐渐发展到买卖精卵广告,精子、卵细胞、胚胎的商品化似乎已不可避免。伦理学对生殖细胞的商品化问题展开了激烈的讨论。目前对精液、卵子和胚胎商品化持反对意见的人居多,一些国家也倾向立法禁止其商品化,如英国政府规定"对捐赠者只能支付与医疗有关的花费",澳大利亚政府规定"禁止出售精子、卵细胞与胚胎",我国也颁布条例禁止精子、卵细胞和胚胎的商品化。

5. **有关克隆人的伦理争议** 自克隆羊"多莉"诞生之日起,有关克隆人的争议就没有停止,而高等哺乳克隆动物,特别是克隆猴"泰特拉"的出生更让人们深信,克隆人离人类越来越近。科学界、伦理界以及宗教界对是否应将克隆技术运用于人类的这一问题进行了激烈的伦理讨论。

目前,国际社会对待克隆人的普遍态度是反对生殖性克隆研究。美国政府已通过法案明确将克隆人列为非法,法国和德国等政府正努力在联合国范围内制定禁止克隆人的国际公约,我国政府明确表示反对制造克隆人,在克隆人问题上奉行不赞成、不允许、不支持的"三不"政策。

☞ **考点提示**:人类辅助生殖技术的护理伦理原则。

三、人类辅助生殖技术的护理伦理规范

1. **尊重自主权** 在人类辅助生殖技术中,尊重自主权是一个重要的伦理原则。这意味着个体有权自主决定是否采用该技术,以及在何种情况下采用。任何第三方,包括家庭成员和政府机构,都不能剥夺这一权利。自主权涉及个体的尊严和隐私,只有当个体自主选择并对其决定负责时,才能保证其尊严和隐私不被侵犯。

2. **维护家庭和谐** 家庭是人类社会的基本单位,是人类社会关系的重要组成部分。因此,在采用人类辅助生殖技术时,必须考虑到其对家庭关系可能产生的影响。例如,如果一个家庭中的某一方不赞成采用该技术,而另一方坚持采用,这可能会导致家庭矛盾和冲突。因此,在决定采用辅助生殖技术时,家庭成员之间的沟通和协商是必要的,有助于确保家庭关系的和谐稳定。

3. **保持医患关系透明** 在人类辅助生殖技术中,医生和患者之间的关系必须保持透明。医生有义务向患者提供准确、全面、易于理解的信息,包括该技术的成功率、可能的风险和后果等。患者则有权了解自己的身体状况、治疗方案和预后情况。只有当双方都充分了解并同意治疗方案时,才能保证医患关系的公正和透明。

4. **保障公共卫生安全** 人类辅助生殖技术不仅涉及个体利益,还涉及公共卫生安全。例如,如果

该技术被滥用,可能会导致人口数量的无序增长,从而对社会和经济产生负面影响。因此,政府和社会有责任制定相关的法律和政策,以确保该技术的合理使用和公共卫生安全。

5.尊重生命 尊重生命是所有伦理原则的核心。在人类辅助生殖技术中,这一原则尤为重要。首先,生命始于受孕,因此任何破坏或改变受孕过程的行为都可能对生命产生负面影响。其次,人类辅助生殖技术涉及胚胎和早期胚胎发育,因此必须严格遵守相关的伦理和法律规定,以确保胚胎的权益不受侵犯。此外,对于那些因技术原因未能成功怀孕或出生的人或胚胎,医生和社会应该提供适当的支持和关怀,以体现对生命的尊重和关爱。

知识链接

人类辅助生殖技术的作用

人类辅助生殖技术主要用来治疗不孕症、不育症以及阻断家族遗传病,是一项替代正常人类受孕过程的生殖医学技术,通过在体外对精子、卵子、受精卵或胚胎进行一系列操作,以达到孕育新生命的目标。与传统的促排卵、促精子生成等药物治疗相比,虽然价格相对较高,但具有无可替代的疗效优势。

本章小结

优生技术是指人类通过开展优生咨询、产前诊断及孕期、围生期的保健活动,改善人群遗传素质,保证后代优质的一系列措施。优生技术护理伦理规范包括尊重生命,公正公平,知情同意,最小风险,隐私保护,社会责任,伦理审查等。人类辅助生殖技术是指运用医学技术和方法对精子或卵子、受精卵、胚胎进行人工操作,以达到受孕目的的技术。人类辅助生殖技术的护理伦理规范包括尊重自主权,维护家庭和谐,保持医患关系透明,保障公共卫生安全,尊重生命等。

(唐茹萱 李倩)

目标检测

参考答案

一、选择题

1.不属于人类辅助生殖技术的护理伦理规范的是( )。
  A.保持医患关系透明　　　　B.保障公共卫生安全　　　　C.支持夫妻一方意见
  D.尊重生命　　　　　　　　E.尊重自主权

2.不属于优生技术护理伦理规范的是( )。
  A.分娩所有胎儿　　　　　　B.公正公平　　　　　　　　C.知情同意
  D.尊重生命　　　　　　　　E.最小风险

二、简答题

1.简述优生技术护理伦理规范。
2.简述人类辅助生殖技术的护理伦理规范。

第六章　护理伦理评价、教育和修养

课件　微课

学习目标

素质目标：提高护理伦理修养和教育水平，具备较高的护理伦理修养境界。

知识目标：掌握护理伦理评价、教育和修养的方法；熟悉三者的含义；了解护理伦理评价的标准、护理伦理教育的过程、护理伦理修养的内容。

能力目标：能够运用护理伦理评价的标准和方法来评价护理人员的伦理行为，并能通过教育提高自身修养。

案例导学

一天晚上，某市80岁的王老太太因"呼之不应半小时"被送往某医院急诊治疗，当晚症状加重。医生安排护士给患者注射盐酸胺碘酮注射液，并嘱咐护士要缓慢注射（注射10分钟）。凌晨两点零五分，一名护士开始给王老太太注射，此时有其他患者叫护士，于是该护士放下注射器离去。随后，另一名护士拿起注射器继续注射，两名护士注射完液体时间共计5分钟。注射完毕后，王老太太经抢救无效死亡。

请思考：

1. 你如何看待这位治疗护士的行为？
2. 对护士的行为做出评价时，依据是什么？

案例导学解析

第一节　护理伦理评价

新时代的护理伦理评价，基于健康中国建设的战略部署和现实国情，是现代社会发展和临床医学进步的客观需要。积极的护理伦理评价有利于彰显护理理论的道德力量，倡导鲜明的价值取向，切实保障人民群众的健康权益。

一、护理伦理评价的概念

在临床护理实践活动中，人们总是自觉或不自觉地对自己及他人的行为作出善恶或者对错的判断，我们称之为护理伦理评价，也称为护理道德评价。护理伦理评价作为护理道德实践中的重要内容，是生命伦理学在护理领域中发挥重要作用的体现。

（一）护理伦理评价的含义

护理伦理评价是指人们按照一定的护理伦理原则、规范和范畴，对护理人员的职业行为作出的是否符合、多大程度地符合道德的价值评判，可分为社会评价与自我评价。社会评价是指护理行为当事人以外的组织和个人通过各种形式按一定的护理伦理原则和规范对护理行为进行善恶评判和表明倾向性态度。自我评价指护理人员自身对其护理行为和活动的伦理评判。护理人员的自我评价往往比社会评价更重要、更有价值和意义。

（二）护理伦理评价的作用

1. 对护理人员伦理道德行为的善恶起裁决作用　护理人员的职业行为是否符合道德要求，需要通过各种评价方式，按照一定的护理伦理原则和规范进行裁决，从而评判出护理人员的行为是对还是错、是善还是恶。我们对符合伦理道德的高尚行为予以赞扬，对不符合伦理道德的低劣行为予以谴责，使护理人员能明辨是非、知善晓恶，从而按照护理伦理规范和要求从事职业活动。

2. 对护理人员的伦理道德行为起调节作用　通过护理伦理评价，对那些善良、正义、高尚、诚实的护理道德行为予以肯定、赞赏和表彰，对那些丑恶、偏私、卑鄙、虚伪的护理道德行为予以否定、斥责和制止，可以让护理人员审视和反思自己的行为，自觉从善弃恶，按照一定的伦理原则和规范去调整自己的职业行为。

3. 对护理人员具有伦理道德教育作用　在护理实践中开展护理伦理评价，目的是明确各种护理行为道德与否，有助于护理人员从中判断自己的护理行为，从正面事例中受到激励，从反面事例中得到教育，对于护理人员道德观念的增强和道德水平的提高有着直接的教育和引导作用。

4. 对护理科学与医学科学的发展起促进作用　如今，随着医学科学和社会科学的不断发展和进步，出现了诸多社会医学问题，由此也产生了一些重大的医学伦理难题，如基因技术、器官移植、人工生殖技术、安乐死等。护理伦理评价有助于护理人员正确判断它们的伦理价值，统一道德认识，从而促进护理科学与医学科学不断向前发展。

二、护理伦理评价的标准

道德评价是以善、恶为评价标准。护理伦理评价标准是指衡量护理人员或医疗单位职业行为的善恶及其社会效果优劣的尺度和依据。我国护理伦理评价标准主要有以下几类。

1. 疗效标准　即是否有利于患者疾病的缓解、治愈和康复。这是衡量护理人员护理行为的主要标准。因为护理学的任务是维护人的生命，增进人类健康，任何护理行为都必须本着这一宗旨去进行。

2. 社会标准　即是否有利于人类生存环境的保护和改善。护理人员在救治患者的同时，还担负着对社会健康人群的预防和保健重任，有些护理措施虽对患者有利，但会妨害社会环境安全，危及人民群众的健康利益，这也是不道德的。因此，护理人员既要考虑患者及医院自身的卫生与安全，还要考虑人民群众的健康与安全。

3. 科学标准　即是否有利于护理科学与医学科学的发展。随着高科技在护理实践中的应用，护理水平不断提高，护理功能不断扩大，护理科研不断发展，护理成效日益显著。护理人员应在尊重人的身体健康的前提下树立科研意识，积极进行护理科学研究，促进护理科学与医学科学的发展。

三、护理伦理评价的方式

（一）社会舆论

社会舆论是指社会公众借助于一定的传播手段传达对于社会存在和社会意识所持有的基本立场、观点和看法，从而达到知廉耻、懂荣辱、分善恶、辨是非的目的。通过社会舆论，可以将外在的道德规范内化为主体内在的精神品质，实现从外在他律到内在自律的转化。社会舆论有两种类型。一类是有组织的正式舆论，如国家或地方政府组织利用各种媒体进行宣传来制造言论，具有正式性、权威性。比如国家或政府机关利用电视、广播、报纸等宣传工具对护理道德行为进行的赞扬或者否定，"最美护士""道德模范"等就是有组织的正式舆论的表现形式。另一类是非正式的社会舆论，是人民群众自觉或不自觉地发表出来的言论，具有随意性和分散性。这类舆论是在小范围内的人们遵循生活实践经验和已有的道德观念自发形成的，借助于口头等形式传播，往往是零散的、不成体系的，但其产生的影响力却不容小觑。

社会舆论是护理伦理评价中最普遍、最重要的一种方式，具有很强的伦理力量，它代表着广大群众的一种意志、情感和价值取向，并能给人以荣誉感和耻辱感，它可以造成某种道德氛围，无形地影响和控制着许多护理人员的言行举止。社会舆论在护理道德评价中的作用表现为以下几方面。

1. 指导作用 社会舆论所代表的社会倾向性态度可以给护理人员提供行动上的指导，社会舆论的要求某种程度上也体现了社会的道德规范，社会舆论对护理人员的道德评价促使护理人员在实践中为了得到舆论的支持和肯定而自觉地依照道德规范行事。

2. 规范作用 不管是正式的舆论还是非正式的舆论，护理人员都可以通过这些方式了解到他人对自身行为的善恶价值的判断，在接受到这些评价后可以据此调整自己的行为，使自己的行为符合社会所要求的护理道德规范。

3. 疏导调整作用 社会舆论作为一种外在的力量，反映了社会的倾向性意愿，护理人员在舆论的赞扬下可以坚持自己行动的方向，反之可以自觉调整自己的行为，以达到社会规范许可的范围。

（二）传统习俗

传统习俗是指人们在社会生活中长期形成的一种稳定的、习以为常的行为倾向，具有普遍性、稳定性、悠久性的特点。传统习俗对人们的影响持久而深远，被视为一种不言自明的行为规范。它是一种行为准则，又是护理伦理规范的重要补充。传统习俗具有三个特点：形成过程的历史悠久性，衡量人们行为标准的稳定性，支配人们行为的普遍约束性。

传统习俗，存在健康和不健康的两面。我们需要有批判的眼光与分析态度，要继承和发扬有利于人民群众身心健康和医学发展的传统习俗，也要抛弃那些不利于身心健康、不符合医学发展、落后的、旧的传统习俗，制订和形成新时期护理习俗，批判地继承传统习俗，取其精华，弃其糟粕，树立新的医德风尚，更好地为人类身心健康提供优质的护理服务。

（三）内心信念

内心信念又称"良心"，是指护理人员发自内心对医德义务的深刻认识和强烈责任感，是护理人员进行自我评价的重要形式，具有深刻性与稳定性。

内心信念是护理伦理行为最直接的内生动力，是护理人员重要的内心道德观和精神支柱。护理人员的内心信念一般表现为责任感、荣誉感和耻辱感。对于护理人员来说，良心对护理道德行为有重大影响：在医务人员采取医疗行为之前，对将要采取的护理道德行为的后果有预测作用；在护理人员实施护理行为时，对行为及其后果有自我监控作用；在护理行为结束后，对护理人员的行为及后果有审视、评判和自我校正作用。

社会舆论、传统习俗和内心信念这三种护理伦理评价的方式是相互联系、相互补充和相互促进的。社会舆论的形成需要以每个人的内心信念和传统习俗为基础，社会舆论、传统习俗有利于内心信念的形成。在医德评价中，社会舆论、传统习俗是客观、外在的监督人们行为的有效方法，而是否真正发挥作用，最终还是靠内心信念。因此，三者是医德评价的有机整体。

☞**考点提示**：护理伦理评价的方式。

第二节　护理伦理教育

一、护理伦理教育的概念

南丁格尔曾说过："护理要从人道主义出发，着眼于患者，既要重视患者护理的生理因素，对于患者的心理因素也要给予充分的注意。"1999年11月召开的北京护士大会建议：护士尊重个人的生命、尊严和权利,改善生命质量;护士服务于所有的人。加强法律知识学习、增强法治意识是护理伦理教育中必不可少的内容。当前怎样建立互相尊重、互相关爱的新型护患关系是护理教育的目标之一。近年来,国际护理学会专家认为:护士是终身探究和实践关怀的学者,这充分意味着护士是道德的行动者,也同时提示护理活动的每一环节都渗透着护理伦理道德的含义。

(一)含义

护理伦理教育是指护理相关的教育和行政机构,依据护理发展的现状和护理伦理学的基本理论,运用多种教育方式方法,对护理人员实施的有计划、有目的的道德教育实践活动。

护理伦理教育的对象是所有护理人员和其他相关工作的人员。其主要内容是专业思想教育、服务思想教育、职业作风教育和纪律教育。通过教育,护理人员熟练地掌握护理伦理理论体系,形成正确的道德观,使之在日常护理工作中践行护理伦理行为,履行护理道德义务。

护理伦理教育既是护理人员在职业教育中必须接受的一门有关职业道德的理论课,又是一门密切联系临床、实践性很强的学科,其生命力主要在于为临床护理活动创造良好的伦理环境。

(二)特点

1. 专业性和综合性 护理伦理教育作为护理人员与患者、与其他护理人员和医务人员、与社会关系的行为规范,有特殊的内涵与要求,体现护理职业的特点。护理伦理教育与护理专业紧密联系,体现护理专业的特性。护理伦理教育只有与护理人员日常的思想政治教育、民主与法治教育相结合,与深化卫生事业改革、医院管理、规章制度建设相结合,才可能取得良好的社会效果。

2. 同时性和层次性 同时性是指护理伦理教育必须同时与护理人员的道德认识、情感、意志、信念和行为习惯等诸要素结合起来,综合培养、提高,使之道德品质有所提高。层次性是指对不同层次的护理人员提出不同的教育要求,因为护理人员的年龄、生活经历和所受教育程度是不同的,其护理道德境界也是有高低之别的,所以,开展教育必须因人制宜,分层次地进行。

3. 长期性和渐进性 提高道德认识,由道德认识转化为道德行为需要一个过程,所以护理伦理教育不可操之过急,必须遵循由浅入深、循序渐进、逐步完善的规律,逐步建立良好的护理伦理信念,养成良好的护理伦理行为和习惯。

4. 实践性和针对性 护理伦理教育既要学习护理伦理知识,更要强调理论付诸实践。护理伦理教育要联系护理道德实践,引导护理人员践行护理伦理义务,正确处理护理实际生活中的各种伦理关系。护理伦理教育要从各单位的实际情况出发,有针对性地进行,使教育不断深入,取得成效。

(三)意义

护理伦理教育是精神文明建设的重要内容,具有重要的意义。

1. 有利于培养合格的护理人才 护理伦理教育以服务健康为中心,更好地服务于"大健康"事业发展的需要。一个合格的护理人员不仅要有丰富的护理理论和精湛的护理技术,还要有高尚的护理道德品质,这样才能在工作中做到全心全意为患者服务,真正做到工作中不计较个人得失,敢于承担风险,在技术上精益求精,不断提高。所以,护理伦理教育是护理人才成长的必修课。

2. 有利于护理道德品质和精神文明建设 护理伦理教育以护理实践问题为导向,有利于更好地促进身心健康问题的解决,助力"健康中国"战略;能培养护理人员坚强的毅力、顽强的意志、团队精神和为护理科学发展而奋斗的决心和勇气;能使护理人员正确地对待在卫生事业改革中产生的新的变革。护理伦理教育是推进护德护风建设和社会主义精神文明建设的重要环节。

3. 有利于促进卫生事业改革和护理科学的发展 护理伦理教育重在以立德树人为核心,培养德艺双馨的高素质护理人才。护理伦理教育能使护理人员掌握护理伦理知识,提高护理道德品质,激发护理道德意识和情感,增强护理道德行为;能促进护理人员道德建设和精神文明建设;能使护理人员全方位地审视病人的健康利益,提高为人类健康服务的责任感,增强发展护理科学的动力,不断提高

笔记

护理科学发展水平。

二、护理伦理教育的过程

护理伦理教育的过程就是灌输护理伦理知识,培养护理人员高尚的道德品质的过程。

1. 提高护理道德认识 护理道德认识是指护理人员对护理伦理理论的基本原则、规范的理解和掌握。护理道德认识是护理道德品质的重要基础,对提高护理人员明辨是非、善恶至关重要,是护理伦理教育的首要环节。

2. 培养护理道德情感 护理道德情感是护理人员在处理护理伦理关系时,所产生的爱慕、憎恨、痛苦等情感,它是护理人员在护理道德认识的基础上产生的一种高级情感。护理道德情感是行为的内在动力,并不能自发地产生,因此培养护理道德情感是护理伦理教育的重要环节。

3. 树立护理道德信念 护理道德信念是护理人员根据护理道德认知、护理道德情感、护理道德意志而确立的对护理理想及目标坚定不移的信仰和追求,是护理道德品质构成的核心要素。护理道德信念是护理道德认识转化为护理道德行为的强大动力,因此培养并强化、巩固护理人员的护理道德信念是护理伦理教育中的重要环节。

三、护理伦理教育的方式

护理伦理教育的方式是指运用多种有效的教育形式或措施,组织实施护理人员的职业道德教育。护理伦理教育需要坚持系统性与计划性相结合、主体性与主动性相结合、职业与专业教育相结合、理论与实践相结合的原则。常用的护理伦理教育方式有以下几种。

(一)理论学习中的护理道德渗透

通过理论教育对护理从业人员开展护理道德教育,特别是将护理道德渗透到护理专业学习的全过程。习近平总书记在全国高校思想政治工作会议上强调,要用好课堂教学这个主渠道,各类课程都要与思想政治理论课同向同行,形成协同效应。护理道德教育作为护理人员思想政治教育的主要内容,不仅要在护理道德教育课程以及思想政治理论课程中完成,还应该渗透于专业课的教学中。专业课程教学内容中包含着丰富的开展护理道德教育的素材,培养护理人员同情、仁爱、责任、诚实、细心、无私、奉献等美德,最终增加其对"以患者为中心"的护理道德的认知,培养护理人员的法治思维,树立法律意识。在处理护患关系、面对护患冲突时,学会使用法律武器加以约束调整,遵守法律义务,维护患者及自身的合法权利,利用护理专业教育中的职业规范、职业纪律、职业禁忌等都能较好地帮助护理人员详细领略本专业特有的道德规范和要求。

(二)言传身教和榜样示范中的护理道德传递

言传身教是指通过语言和护理道德行为向护理人员传授护理伦理基本知识及护理道德行为规范,是护理人员获得良好护理伦理行为的最好方式。言传身教主要有课堂教学和跟临床护理专业指导教师实践学习形式。榜样示范集中体现着一定时代的道德要求和社会所要求的道德水准,其形象有说服力、号召力,特别是通过对发生在教育者周围的卫生战线模范代表的优秀事迹进行学习,使之受到感染和熏陶,激发其仿效之情。可以在护理伦理学课程中运用案例教学、讨论教学、集体感染等方法,让其了解在护理实践活动中可能发生的护理道德问题,并向其讲解不同的解决办法,使其树立正确的价值观,甘愿立足本职,爱岗敬业。

(三)情感体验中的护理道德融入

通过情感体验的方式塑造护理从业人员的职业道德价值观念与人文价值观念,是护理道德价值观教育的重要途径。在校园、单位及社会文化中融入护理道德元素,以文化形式对护理人员进行润物细无声的影响,从而使护理人员将护理道德内化于心、外化于行,实现护理人员护理道德的教育培养。

另外,还可以通过举办主题教育、专题讲座等活动,加强"诚信、友善"思想教育活动,为学生道德价值观念的塑造搭建一个有效的教育平台,进行有效的护理道德培育。

护患关系在护理认知上的不平衡,导致护患交往过程中,患者往往更关注的是护理人员的言语、态度、亲和力等道德因素,这就需要护理人员充分认识到道德意识在护理道德教育中的重要性,自觉牢固树立"一切为了患者,为了一切患者,为了患者的一切"的护理理论道德。

(四)实践活动中的护理伦理检验

护理从业人员充分利用实践机会,亲自去检验自己在学习中认知的护理道德思想、行为规范的践行情况,从而自觉体验和感受护理道德情感以及通过自律建立起来的价值观念,是确立护理道德的重要方法。护理人员通过护理实践活动、案例教育、参观学习等形式,检验自己已经形成的道德意识、职业意识,进一步在实践中加深对护理道德的理解,认可自己已经形成的价值观的正确性,内得于己、外得于人。特别是选择临床护理实践中发生的差错、事故以及伤害患者利益的案例,对护理人员进行具体形象的警示教育,激发受教育者的情绪反应,使之理解不良护理道德的危害性,达到教育的目的。当然,要想真正地成为一个具有高素质护理伦理道德的从业人员,还离不开个体的意志、自律和内心信念,在引导护理人员正确认识自己行为的社会意义,增加其行为自主选择能力的基础上控制自己的言行,以达到意志自律,以正确的人生观、价值观、世界观为引导,在护理实践的各个环节中不断自我反省,换位思考,强化对意志的锻炼,真正做到百炼成钢。

☞ **考点提示**:护理伦理教育的过程、方式。

第三节　护理伦理修养

一个有着高素质修养的护士应有良好的职业道德品质及伦理道德修养,在业务技术上勤奋好学,精益求精。护理并非单纯熟练工种,而是需要认真刻苦钻研才能掌握的专业,只有起点高,职业道德、伦理修养及行为规范好的护士才能在竞争中立于不败之地,更好地服务于患者、服务于社会。护士的道德修养、道德信念与道德品质,影响并决定着护士对待护理工作及病人的根本态度,影响和制约着护士的行为和护理质量。良好的护理职业道德建设是提高护理质量和护士自身社会地位的前提。

一、护理伦理修养的概念

(一)含义

护理伦理修养是指护理人员在护理道德品质形成过程中所进行的自我教育、自我塑造,把道德理论、原则和规范转化为个人道德品质;是通过学习和实践的陶冶和磨砺所形成的道德情操和所达到的道德境界和道德理想。护理伦理修养是护理人员培养、锤炼良好护理道德品质的重要途径和环节。

护理伦理修养包括护理道德认识的提高、护理道德情感的培养、护理道德信念的形成、护理道德意志的锻炼、护理道德行为的训练、护理道德习惯的养成等。加强护士职业道德和伦理修养培养,有利于培养护理人员的道德品质,提高护理质量,发展护理科学;有利于护理伦理教育的深化和护理伦理评价、行为选择能力的提高;有利于优良护理道德作风的形成和社会主义精神文明建设。

(二)特点

1. 自觉性　护理人员在护理活动中,需要发挥人的主观能动性,严格要求自己,自觉地制约护理人员的道德境界。

2. 艰巨性　护理伦理修养是一个长期的、艰巨的、没有终点的过程,护理人员必须活到老、学到老、改造到老,不断排除前进道路上的阻碍,实现道德修养的目标。

3.实践性 护理伦理问题产生于护理实践中,所以只有在实践中加以处理,才能做出护理道德判断。高尚的护理道德品质只有在护理实践中才能形成。

(三)意义

1.形成护理道德品质的依据 良好的护理道德品质是护理人员在自我教育、自我锻炼和自我改造的过程中形成的。护理伦理修养可以帮助护理人员反省自己的言行,逐步培养高尚的情操,养成良好的习惯,培养优秀的道德品质。

2.提高护理质量,发展护理科学 护理人员素质的好坏关系到护理质量的高低,要提高护理质量,必须加强护理人员的素质修养,培养其事业心、责任感、使命感,这样护理人员才会自觉献身于护理事业和护理科学,不断地优化自己的专业知识结构,不断探索,提高专业知识水平能力,进一步推动护理科学的发展。

3.形成良好的护理道德风尚,促进社会主义精神文明建设 护理伦理修养使每个护理人员养成良好的道德品行,护理人员每天会和社会上的各行各业的人打交道,护理人员的护理伦理修养高,人们就会从护理人员身上感受到人间的温暖和真情,这样就会形成一种良好的风气,这种高尚的道德就会传播到社会上,从而促进社会主义精神文明的建设。

二、护理伦理修养的内容和境界

(一)护理伦理修养的内容

1.尊重平等,一视同仁 在中国特色社会主义社会,人与人之间的平等地位不仅存在于道德领域,同时也存在于法律和社会生活的各个领域。在护理社会实践活动中,护理人员作为主体,应该对护理对象一视同仁,公平对待,而不应该受到其他任何因素的影响。

2.热情服务,文明礼貌 在临床医疗实践中,患者对于护理人员的服务态度的要求越来越高。加上患者在进入医院接受治疗时,相较于医生来说大部分的时间是与护理人员打交道,这就对护理人员的人际交往、工作态度提出了更高的要求。常言道"良言一句三冬暖,恶语伤人六月寒",护理人员应该加强语言锤炼,注重沟通方式、沟通技巧等,在工作中尽量做到以积极热情的服务、礼貌待人的态度对待患者,为护士队伍的整体素质和整体形象增光添彩。

3.业务精良,德才兼备 当我们在对护理人员的护理道德进行评价时,一个重要的评价标准就是疗效标准。护理人员的业务是否娴熟精良对护理行为质量的高低起到重要的影响作用,很多护理问题也都是由于护理人员的业务不够精准熟练造成的。护理人员除了在业务上精良之外,还要德才兼备,以德为先。这就要求护理人员在工作中自觉锻炼自己的道德品质、道德意志,严于律己,不受名利的诱惑,树立高尚的道德情操。

4.协同合作,谨言慎行 在日常工作中,护理人员不仅要面对患者,还会与其他护理人员、医生、医院行政管理人员等群体产生互动,因此,要密切做到各群体间的协同合作,开展工作配合。不管是护理活动还是整体医疗活动都是合作性极强的工作,护理人员之间、护理人员与医生之间要相互配合,而不是相互竞争、相互拆台。此外,要做到谨言慎行,注意保守医疗秘密,实施护理行为时也要做到审慎。

5.忠于职守,承担责任 护理事业是医疗工作的重要组成部分,面对的是患者,手托的是生命,在发生特殊情况时,护理人员要忠于职守,承担挽救患者生命的责任。比如,汶川发生地震险情、埃博拉疫情暴发时,一批批护理人员不怕困难与牺牲,勇于承担责任,为疾病的治疗与预防发挥了重要的作用。

6.遵纪守法,廉洁自律 在新时代市场经济作用下,社会医疗服务也逐步走向市场化,甚至护理人员可以依靠自身的努力获得更多的经济报酬。但是,无论是经济报酬还是精神回报,一旦违背了原则,越过了底线,触碰了红线,都可能违背伦理道德,甚至是违纪违法。因此,护理人员应该以坚定的道德信念约束自己,做到遵纪守法、廉洁自律。

(二)护理伦理修养的境界

"境界"指护理人员的道德修养能力以及修养已经达到的程度与水平。由于护理人员的道德境界存在着客观程度上的差别,从实际情况看,大体分为以下四个层次。

1. 自私的道德境界 这是极少数道德素质低劣的人的道德境界,其特点是处于这种境界的护理人员总把个人利益放在第一位,认识和处理一切关系都以满足私利为目的,唯利是图。工作上拈轻怕重,责任心不强,服务态度恶劣;不安心本职工作,利用工作之便走后门,甚至索贿或受贿,将护理职业作为其谋取个人私利的工具。对于这种境界的护理人员必须加强教育,使其逐步转变。

2. 先私后公的道德境界 处于这种境界的护理人员人数也不多,他们一般具有朴素的人道主义观念,尚能考虑患者和集体的利益,但私心偏重,一旦患得患失思想占支配地位时,常不能处理好个人与他人、与集体的关系,往往偏重于个人利益,具体表现为服务态度不稳定,责任心和服务质量也时好时坏。对于这种境界的护理人员,必须进行引导,帮助其脱离这种境界,向更高层次迈进。

3. 先公后私的道德境界 有这种境界的护理人员占绝大多数,是我国护理界的主力。其特点是工作认真负责,团结协作;关心、体贴患者,服务精神好;当个人利益与他人、集体利益发生冲突时,能把集体利益放在首位。这种境界有利于社会发展,是护理人员必须具备的道德境界。处于这种境界的护理人员,只要努力进取,自觉地进行修养、锻炼,就可以达到最高层次的道德境界。

4. 大公无私的道德境界 这是最高层次的道德境界,其特点是具有全心全意为人民健康服务和为护理事业献身的人生观。一切言行都以是否有利于社会利益为准则,廉洁奉公,大公无私,能够为社会、集体、他人不惜牺牲个人的一切。具体表现为:对工作极其负责,对患者热忱,处处以患者的利益为重,甚至为集体的利益毫不犹豫地牺牲自我。这种道德境界是我们要大力宣传、发扬的,也是每位护理人员要努力追求、争取达到的。

三、护理伦理修养的方法

护理伦理修养可以培养护理人员的职业认同感,树立崇高的护理道德理想,提高护理质量,也有利于形成优良的护理道德作风,促进社会的精神文明。每个护理人员都应当自觉加强伦理修养。护理伦理修养的方法主要有以下几点。

(一)严格要求自己

严格要求自己是一个具有优秀职业道德品质的护理人员的重要特征。护理人员天天和病人打交道,提供耐心、细心、有亲和力的优质服务是护理人员的职责;经常学习有关法规、制度和先进的护理质量规范,不断地提升护理质量的要求,是护理人员走向国际化的行为标准;从点滴做起,从细微处着手,是护理人员养成职业荣誉感的良好品质保证。在工作中,时时严于律己,把握好是非界限,自觉地运用各种制度约束自己的言行,不仅做到自己遵纪守法,还能督促单位其他医护人员遵纪守法,共同捍卫法律的尊严和人格的尊严,确保护理质量。

(二)掌握护理伦理理论并与护理实践活动相结合

护理伦理修养是一种自觉的理性的活动,科学文化知识和思想理论是加强修养的前提和方向。护理伦理修养来源于护理实践并服务于护理实践,离开了护理实践,护理伦理修养便成了一句空话。道德实践是道德的归宿,一个人只有积极投身于道德实践之中,才能理解道德的内涵,才能培养发自内心的道德情感,因此,护理人员的伦理修养是理论与实践相统一,学以致用,身体力行的。护理人员要把学习到的伦理原则、规范及其理论知识运用到自己的护理实践中去,以它们作为镜子和行动指南,对照检查自己的言行,严格剖析自己,不断改进自己的工作。

一个有着高素质修养的护士应该既有良好的职业道德品质及行为规范，又能在业务技术上勤奋好学，精益求精。高尚的道德和精湛的技术是一致的。因为护理业务技术的好坏直接关系到患者能否康复和生命安危。随着医学模式的转变，护士的服务对象不仅是来院就诊的患者，而且范围已经扩大到全面照顾和帮助人们预防疾病，促进和保持健康，这就要求护士不但要掌握医学基础知识，而且要学习社会科学、人文科学、行为科学等多方面的知识。学无止境，只有不断充实自己，不断提高科学文化修养，才能更好地为患者服务。实践中，知与行的统一也是护理人员对工作一丝不苟、精益求精的具体表现。

（三）自觉进行，自我约束

所谓自我约束，就是对事物进行控制和管束，使之不越出范围。护理人员的自我约束，就是对自己的言行有意识地进行控制和管束，使之符合护理职业道德的要求。自我约束包括思想、情绪、言语诸方面，其中思想上的自我约束决定着其他方面的自我约束。护理人员在守法、护法的同时，要有理、有利、有节，既要防止浅尝辄止应付差事，又要防止过犹不及，影响工作的实际效果。要能够平等待人，善于听取不同意见，保持振奋向上的精神状态，努力把本职工作做得更好。

古人云："吾日三省吾身"。护理伦理修养能否取得成效，关键在于护理人员的自觉性。护理人员在繁忙之余要重视自省、善于自省，严格自律，按照法律、法规的要求来约束和规范自己的行为。护理人员在护理实践中要进行自我锻炼和修养，勇于剖析自己，敢于自我批评，努力把本职工作做得更好。

（四）提高境界，做到慎独

慎独是加强护士职业道德修养的优良传统方法。古人云："君子慎其独也。""古之成大器者，无不慎独。"慎独既是一种道德修养的方法，又是一种很高的道德境界。慎独的最基本特征是以高度自觉性为前提，要求护士在独立工作、无人监督的环境下，也能够按道德原则和道德规范行事，自觉地做好自己的本职工作，服务于患者。

护士职业道德修养对护理人员来讲是无止境的，可以说生命不息，道德修养不止。护士职业道德修养的最终目的，在于把职业道德原则和职业道德规范逐步地转化为自己的职业道德品质，从而将职业实践中对职业道德的意识、情感和信念上升为护士职业道德习惯。一个真正懂得"修养"的人，应该始终抱着活到老、学到老、修养到老的坚定精神，在工作中坚持从大处着眼，从细微处着手，从现在做起，从点滴做起，在护士平凡的工作岗位上培养出良好的职业道德修养。

（五）热爱护理专业，献身护理事业

护理工作是高尚的，也是十分艰辛的。医院里，每时每刻，都有大量的护理人员坚守在自己的工作岗位上，用自己的辛勤劳动帮助患者解除病痛，使其尽快恢复健康。护理老前辈王秀瑛曾经这样说过："国家不可一日无兵，亦不可一日无护士"，护士是患者生命安危的守护神，每天都在守护着人民的健康，保护着社会劳动力，促进着生产力的发展，都在直接或间接地为国家的经济建设服务。

人类从胚胎开始，到婴儿、幼儿、少年、青年、中年、老年，从生到死都离不开护士。在社会主义社会里，社会的每个成员之间是人人为我、我为人人的关系，是风雨同舟、休戚与共的关系。我们提倡蜡烛精神"有一分热发一分光"，既照亮了别人，也照亮了自己前进的道路，奉献是生活的真正意义。人在对事业的奉献中，在给别人带来幸福和温暖之中，自己也得到了幸福，得到了自我实现的满足。一个人只想自己，没有奉献精神和目标，不但个人得不到很好的发展，事业上也是难以有所作为的。马克思说过，如果我们选择了最能为人类幸福而劳动的职业，我们的幸福将属于千万人，我们的事业虽不显赫一时，但将永远存在。

本章小结

　　护理伦理评价是人们按照一定的护理伦理原则、规范和范畴,对护理人员的职业行为作出的是否符合、多大程度地符合道德的价值评判,可分为社会评价与自我评价。社会评价是指护理行为当事人以外的组织和个人通过各种形式按一定的护理伦理原则和规范对护理行为进行善恶评判和表明倾向性态度。自我评价指护理人员自身对其护理行为和活动的伦理评判。护理伦理教育是护理相关的教育和行政机构,依据护理发展的现状和护理伦理学的基本理论,运用多种教育方式方法,对护理人员实施的有计划、有目的的道德教育实践活动。其主要内容是专业思想教育、服务思想教育、职业作风教育和纪律教育。通过教育,护理人员熟练地掌握护理伦理理论体系,形成正确的道德观,使之在日常护理工作中践行护理伦理行为,履行护理道德义务。护理伦理修养是护理人员在护理道德品质形成过程中所进行的自我教育、自我塑造,把道德理论、原则和规范转化为个人道德品质;是通过学习和实践的陶冶和磨砺所形成的道德情操和所达到的道德境界和道德理想。护理伦理修养是护理人员培养、锤炼良好护理道德品质的重要途径和环节,包括护理道德认识的提高、护理道德情感的培养、护理道德信念的形成、护理道德意志的锻炼、护理道德行为的训练、护理道德习惯的养成等。加强护士职业道德和伦理修养培养,有利于培养护理人员的道德品质,提高护理质量,发展护理科学;有利于良好的护理道德风尚的形成,社会主义精神文明建设的促进。

（刘永记　魏　纳）

目标检测

参考答案

一、选择题

1. 人们按照一定的护理伦理原则、规范和范畴,对护理人员的言行所作出的评判是（　　）。

　A. 护理道德修养　　　　　　　B. 护理伦理教育　　　　　　　C. 护理道德行为

　D. 护理伦理评价　　　　　　　E. 护理伦理原则

2. 2013 年 9 月,央视暗访曝光了新生儿第一口奶黑幕事件,新生儿在医院喝"第一口奶"的背后暗藏金钱交易。企业贿赂医生、护士。这样的事情让人愤怒至极,人们纷纷谴责当事医务人员。这属于护理道德评价方式中的（　　）。

　A. 社会舆论　　　　　　　　　B. 传统习俗　　　　　　　　　C. 内心信念

　D. 伦理教育　　　　　　　　　E. 伦理修养

3. 关于护理伦理修养的作用,错误的是（　　）。

　A. 形成良好的护理道德品质　　B. 提高护理质量　　　　　　　C. 让护理人员思想受到限制

　D. 发展护理科学　　　　　　　E. 促进社会主义精神文明建设

4. 护理人员在工作实践中表现出良好的工作作风,没人监督和有人监督一个样。这种精神是（　　）。

　A. 慎独精神　　　　　　　　　B. 刻苦精神　　　　　　　　　C. 保护隐私

　D. 平等意识　　　　　　　　　E. 钻研精神

5. 护理伦理修养的内容不包括（　　）。

　A. 尊重平等,一视同仁　　　　B. 热情服务,文明礼貌　　　　C. 业务精良,德才兼备

　D. 成就个人,利益至上　　　　E. 协同合作,谨言慎行

二、简答题

护理伦理修养的内容有哪些? 如何理解护理伦理修养?

第七章　护理法律法规概述

课件　微课

学习目标

素质目标:提高法律素养,强化法律意识,树立法治观念,形成护士执业严谨求实的工作作风和对病人高度负责的工作态度。

知识目标:掌握护理法律法规的含义和渊源;熟悉护理法规实施的过程;了解违反护理法律法规的法律责任与权利救济方式。

能力目标:能说出护理法律法规各种渊源的效力,介绍护理法律法规是如何实施的,做到敬法、懂法、知法、守法、护法。

案例导学

2015年12月,患者王某因呼吸道感染需使用青霉素治疗,护士按操作规程给予用药。第二天继续用药后,患者回到家中感到不适,急送医院后抢救无效死亡。随后卫生局接到举报,患者死亡系护士未按规程用药致患者青霉素过敏死亡。但经市医学会鉴定,按照《医疗事故处理条例》中关于医疗事故的鉴定标准,护士完全按操作规程给药,患者皮试呈阴性,其死亡是在第二天的连续治疗过程中出现的过敏反应,是医疗机构及护士难以预料和防范的,是由于患者体质特殊而发生的医疗意外,不属于医疗事故。家属对于该鉴定结果不服,坚持认为是青霉素过敏致死,并向上级卫生部门提起行政复议。上级卫生部门裁定为医疗意外而非医疗事故。家属对裁定结果不服,向法院提起行政诉讼。

请思考:

1.《医疗事故处理条例》属于哪种法律渊源,其效力如何?

2.《医疗事故处理条例》实施方式有哪些?

3.案例中病人有哪些权利救济方式?

案例导学解析

中国是世界上最早运用法律手段管理医药卫生的国家之一,早在《周礼》中就有"礼不娶同姓"的记载,反映了当时的优生优育理念。西周时期,我国就建立了最早的医药管理制度,包括病历书写和死亡报告、医生年终考核等制度。封建社会的法典中,从《秦律》到《大清律》,也都建立了相应的医药卫生法规制度。民国时期,我国的法律进入专门化时期,大量法规被颁布,内容涉及医、药、食品、卫生防疫、卫生行政、公共卫生、卫生教育等诸多领域。随着社会的发展、制度的进步、科技的更新,医学和法学的发展也推动着护理法律法规的发展。

第一节　护理法律法规的含义和渊源

2022年10月16日,习近平在二十大报告中强调,要坚持全面依法治国,推进法治中国建设。如何维护护士的合法权益,规范护理行为,促进护理事业发展,保障医疗安全和人体健康,已成为医疗及法律理论界和实务界的重要课题。

一、护理法律法规的含义

护理法律法规是我国社会主义法律体系的重要组成部分,是随着医学和法学的发展形成并逐步完善的。护理法律法规是调整在护理活动过程中形成的各种社会关系的法律规范的总称。这种关系涉及护理人员与患者、护理人员与医疗机构、护理人员与护理人员、护理人员与医师、护理人员与医技人员、护理人员与后勤人员、护理人员与社会等因护理服务所形成的各种关系。护理法律法规不仅包括对护理工作进行直接规范的法律法规,也包括与护理活动有关的法律法规。

截至目前我国尚没有专门的护理法典,我国的护理法律法规是由《中华人民共和国宪法》、法律、行政性法规等一系列调整护理社会关系的法律规范构成的一个相对完整的体系。护理法律法规的这一体系特征,是由其自身的特殊性所决定的。在护理领域,护理法律法规调整的范围广泛、内容繁杂、突发事件多、涉及部门广,对很多突发疾病的认识还需要一定的时间,使护理法律法规难以在目前对所有护理问题作出统一的规定,制定一部统一的法典。

护理法律法规分为两部分,一部分是在专门制定的护理法律、行政法规和规章等规范性文件中,另一部分是散在其他方面的法律、行政法规、规章等规范性文件中。

二、护理法律法规的渊源与效力

法的渊源,也称"法源",或"法律渊源",是指那些具有法的效力、作用和意义的法的外在表现形式,因此,法的渊源也叫法的形式,它侧重于从法的外在的形式来把握法的各种表现形式。当代中国法的渊源采用的是以制定法为主的正式的法的渊源。它们有各种不同的层次和范畴,其中主要有:《中华人民共和国宪法》、法律、行政法规和部门规章、军事法规和军事规章、地方性法规和政府规章、民族自治地方的自治条例和单行条例、特别行政区基本法和法律、经济特区的单行经济法规、经济特区法规和规章、国际条约及国际惯例等。

(一)《中华人民共和国宪法》

《中华人民共和国宪法》(以下简称《宪法》)是国家的根本大法,是当代中国最重要的法的渊源。它由最高国家权力机关——全国人民代表大会制定、通过和修改。《宪法》作为护理法律法规的渊源,其涉及的主要有:第21条,国家发展医疗卫生事业,发展现代医药和我国传统医药,鼓励和支持农村集体经济组织、国家企业事业组织和街道组织举办各种医疗卫生设施,开展群众性的卫生活动,保护人民健康;第45条,中华人民共和国公民在年老、疾病或者丧失劳动能力的情况下,有从国家和社会获得物质帮助的权利。国家发展为公民享受这些权利所需要的社会保险、社会救济和医疗卫生事业。

(二)法律

在当代中国法的渊源中,法律是仅次于《宪法》的主要法的渊源。它由全国人民代表大会和全国人大常委会制定颁布。根据《宪法》规定,法律分为基本法律和基本法律以外的法律。基本法律由全国人民代表大会制定和修改,内容涉及国家和社会生活某一方面的最基本问题,如《中华人民共和国刑法》。基本法律以外的法律由全国人大常委会制定和修改,内容涉及除应当由全国人民代表大会制定的法律以外的其他法律。目前我国还没有全国人民代表大会制定的护理基本法律,主要是由全国人大常委会制定的非基本法律,如《中华人民共和国基本医疗卫生与健康促进法》(2020年6月)、《中华人民共和国传染病防治法》(2013年修正)、《中华人民共和国母婴保健法》(2017年修正)、《中华人民共和国献血法》(1998年10月)、《中华人民共和国人口与计划生育法》(2002年9月)等。

(三)行政法规和部门规章

在我国,行政法规也是一种主要的法的渊源,它是指国家最高行政机关即国务院根据《宪法》和法律制定的一种规范性文件,其法律地位和法律效力仅次于《宪法》和法律。国务院作为最高国家行政机关,为了履行其最高行政管理职责,经常也发布一些带有规范性内容和性质的决定和命令,这些带有规范性内容和性质的决定和命令也属于法的渊源。我国目前护理方面主要行政法规有:《护士条例》(2008年5月,国务院令第517号),《艾滋病防治条例》(2006年3月,国务院第457号令),《突发公共卫生事件应急条例》(2003年5月,国务院令第376号),《医疗事故处理条例》(2002年4月,国务院令第351号),《医疗机构管理条例》(2022年5月修订),《医疗废物管理条例》(2011年1月修订),《母婴保健法实施办法》(2001年6月,国务院令第308号),《医疗纠纷预防和处理条例》(2018年7月,国务院第701号)等。国务院各部、委员会、中国人民银行、审计署和具有行政管理职能的直属机构以及法律规定的机构,可以根据法律和国务院的行政法规、决定、命令,在本部门的权限范围内制定规章,称之为"部门规章"。它们的法律地位和法律效力低于《宪法》、法律和行政法规。我国护理方面目前主要的规章有:《结核病防治管理办法》(2013年3月,卫生部令第92号),《护士执业资格考试办法》(2010年7月,卫生部、人力资源社会保障部令第74号),《护士执业注册管理办法》(2008年5月,卫生部令第59号),《突发公共卫生事件与传染病疫情监测信息报告管理办法》(2006年8月,卫生部令第37号),《医疗事故分级标准(试行)》(2002年7月,卫生部令第32号),《突发公共卫生事件与传染病疫情监测信息报告管理办法》(2003年11月,卫生部令第37号),《执业药师职业资格制度规定》(2019年3月,国家药品监督管理局,国药监人〔2019〕12号)等。

(四)地方性法规和政府规章

省、自治区、直辖市的人民代表大会及其常务委员会根据本行政区域的具体情况和实际需要,在不同《宪法》、法律、行政法规相抵触的前提下,可以制定地方性法规。

设区的市的人民代表大会及其常务委员会根据本市的具体情况和实际需要,在不同《宪法》、法律、行政法规和本省、自治区的地方性法规相抵触的前提下,可以对城乡建设与管理、环境保护、历史文化保护等方面的事项制定地方性法规,法律对设区的市制定地方性法规的事项另有规定的,从其规定。设区的市的地方性法规须报省、自治区的人民代表大会常务委员会批准后施行。省、自治区的人民代表大会常务委员会对报请批准的地方性法规,应当对其合法性进行审查,同《宪法》、法律、行政法规和本省、自治区的地方性法规不抵触的,应当在四个月内予以批准。

省、自治区、直辖市和设区的市、自治州的人民政府,可以根据法律、行政法规和本省、自治区、直辖市的地方性法规制定规章。其中,设区的市、自治州的人民政府根据规定制定地方政府规章,限于城乡建设与管理、环境保护、历史文化保护等方面的事项。已经制定的地方政府规章,涉及上述事项范围以外的,继续有效。

应当制定地方性法规但条件尚不成熟的,因行政管理迫切需要,可以先制定地方政府规章。规章实施满两年需要继续实施规章所规定的行政措施的,应当提请本级人民代表大会或其常务委员会制定地方性法规。

没有法律、行政法规、地方性法规的依据,地方政府规章不得设定减损公民、法人和其他组织权利或者增加其义务的规范。

(五)民族自治地方的自治条例和单行条例

民族自治地方的人民代表大会有权依照当地民族的政治、经济和文化的特点,制定自治条例和单行条例。自治区的自治条例和单行条例,报全国人民代表大会常务委员会批准后生效。自治州、自治县的自治条例和单行条例,报省、自治区、直辖市的人民代表大会常务委员会批准后生效。

(六)国际条约

国际条约可以由全国人大常委会决定同外国缔结,或者由国务院按职权范围同外国缔结。国际条约虽然不属于我国国内法范围,但一旦生效,除我国声明保留的条款外,对我国具有约束力。

知识链接

中华人民共和国基本医疗卫生与健康促进法

2019年12月28日,《中华人民共和国基本医疗卫生与健康促进法》经十三届全国人大常委会第十五次会议表决通过,于2020年6月1日实施。该法的目的是为了发展医疗卫生与健康事业,保障公民享有基本医疗卫生服务,提高公民健康水平,推进健康中国建设。《中华人民共和国基本医疗卫生与健康促进法》是我国卫生健康领域内的第一部基础性、综合性法律,共分10章110条,涵盖基本医疗卫生服务、医疗卫生机构和人员、药品供应保障、健康促进、资金保障等方面内容,凸显"保基本、强基层、促健康"理念,对发展医疗卫生与健康事业、提升公民全生命周期健康水平,推进健康中国建设具有重要意义。

第二节　护理法律法规的实施

护理法律法规的实施是指护理法律法规在实际生活中被实际施行的情况,是将护理法律法规立法中制定的权利(权力)、义务(职责)转化为现实的权利(权力)、义务(职责),是护理法律法规运行的重要环节。护理法规的实施包括护理法律法规的遵守、护理法律法规的执行、护理法律法规的适用和护理法规的监督。

一、护理法律法规的遵守

护理法律法规的遵守是护理法律法规实施最重要的基本要求,也是护理法规实施最普遍的基本方式,是法治的基本内容和要求。

(一)概念

法的遵守,通常称"守法",是指各国家机关、社会组织(政党、团体等)和公民个人严格依照法律规定去从事各种事务和行为的活动。护理法律法规的遵守,是指一切国家机关、武装力量、政党、社会团体、企事业组织和公民都必须恪守护理法律法规的规定,严格依法办事。

(二)主体

护理法律法规遵守的主体,既包括一切国家机关、社会组织和全体公民,也包括在中国领域内活动的国际组织、外国组织、外国公民和无国籍人。

首先,作为执政党的共产党带头遵守护理法律法规,是一切护理法律法规遵守的前提和基础,是其他各政党、组织遵守护理法律法规的保证。

其次,是各国家机关遵守护理法律法规。社会主义的国家机关是由人民通过人民代表大会选举、产生出来的代表人民行使权力的国家机关,各国家机关是代表人民行使国家权力,执行国家职能的,其法律性质及其在国家生活中所具有的重要的政治和法律地位,决定了各国家机关遵守护理法律法规在护理法律法规的实施中的重要作用。其他组织如武装力量、社会团体、企事业组织等的守法都和国家机关守法一样,具有重要意义。

再次,中华人民共和国公民都是护理法律法规遵守的主体,这是我国社会主义护理法律法规遵守主体中最普遍、最广泛的主体。公民守法,是现代法治社会的普遍要求,也是我国依法治国,建设社会主义法治国家的基本要求。

此外,在中国领域内活动的国际组织、外国组织、外国公民和无国籍人,也是护理法规遵守的主体。根据我国有关法律规定和国际法及国际惯例,外国组织、外国人和无国籍人也必须遵守我国法律,在我国法律允许的范围内从事各种活动。这既是维护我国主权和利益的体现,也是国际法和国际惯例中的通例。

(三)客体

护理法律法规遵守的客体范围非常广泛,包括了护理法律法规的所有渊源。具体来说,主要包括《宪法》、法律、护理行政法规和规章、地方性法规和地方规章、自治区的自治条例和单行条例、特别行政区的法规、我国参与缔结或加入的国际条约与协定等。在护理法律法规适用过程中,有关国家机关依法做出的具有法律效力的决定书(如人民法院的判决书、调解书、卫生行政处罚决定书),卫生行政部门的卫生许可证等非规范性文件,也是护理法规遵守的范围。

(四)内容

护理法律法规遵守的内容包括权利(权力)和义务(职责)两个方面,既要求护理法律法规遵守的主体依法承担和履行护理法律法规规定的义务和职责,也包含护理法律法规遵守的主体依法享有权利和行使权力。

此外,护理法律法规的遵守要求各主体依照法律规定从事各种事务需要一定的前提和条件,这些前提和条件主要有:良法的存在,守法主体良好的法律意识,良好的法律环境。

二、护理法律法规的执行

护理法律法规的执行是护理法律法规实施的重要内容,是国家行政权行使的组成部分,遵循行政权行使的一般特点和原则,对护理法规目的的实现具有直接且关键的意义。

(一)概念

法的执行,简称"执法",有广义和狭义之分,广义的执法是指一切执行法律的活动,包括国家行政机关、司法机关及其公职人员依照法定职权和程序,贯彻、执行法律的活动。狭义的执法,仅指国家行政机关及其公职人员依照法定职权和程序,贯彻、执行法律的活动,也称之为"行政执法"。

本教材所讲执法,即是后者狭义的执法,而将司法机关及其公职人员依照法定职权和程序贯彻、执行法律的活动,称之为"法的适用",即"司法"。

护理法律法规的执行是指国家行政机关、法律法规授权的组织依照法定职权和程序,贯彻、执行护理法律法规的活动。

(二)主体

执法主体,是指依法享有国家执法权力,以自己的名义施行执法活动并独立承担由此引起的法律责任的组织。根据我国《宪法》和法律的有关规定,我国执法的主体主要有以下几类。

1.各级人民政府 国务院是我国最高国家权力机关的执行机关,是最高国家行政机关,凡涉及全国性的行政管理的一切重大问题,均有权决定。地方各级人民政府是地方各级国家权力机关的执行机关,管理本地区内行政事务,包括处理行政事务。

2.各级人民政府中享有执法权的下属行政部门 哪些行政部门可以成为执法主体,取决于有关组织法和具体行政法律的规定。这些执法主体按照法律的规定,在自己的职权范围内行使执法权力。

3.法律法规授权具有管理社会公共事务职能的组织 如果说前两类是国家行政机关,法律法规授权的组织就是依具体法律法规授权而行使特定行政职能的非国家机关组织。首先,法律法规授权的组织是指非国家机关的组织,它们不具有国家机关的地位,只有在行使法律法规授予的卫生执法职能时,才能享有国家行政权力和承担行政法律责任。其次,法律法规授权的组织行使的是特定的执法职能,限于相应法律法规明确规定的某项具体职能,而非一般性的行政执法职能。

(三)执法行为

执法行为,是指执法主体在其法定权限范围内对行政相对人实施的法律行为。

按行政相对人是否特定为标准,行政行为可以分为抽象行政行为和具体行政行为。抽象行政行为是指行政主体针对不特定行政相对人所做的行政行为。具体行政行为是指行政主体针对特定行政相对人,运用法规处理具体行政案件所做的行政行为。

广义的执法行为既包括执法主体的抽象行政行为,也包括具体行政行为,但通常情况下,我们所说的执法行为是狭义的执法行为,即具体行政行为,本教材所述执法行为亦指行政主体针对特定行政相对人,运用护理法律法规处理具体行政案件所做的行政行为。具体行政行为的表现形式包括:行政许可、行政监督检查、行政强制、行政处罚、行政命令、行政征收、行政确认、行政给付、行政奖励、行政裁决、行政合同等。

1.行政许可 是指行政机关根据公民、法人或者其他组织的申请,经依法审查,准予其从事特定活动的行为。如医疗机构执业许可、护士执业资格证颁发等。

2.行政监督检查 各级卫生监督机构在同级卫生行政部门领导下承担卫生监督工作任务。根据《关于卫生监督体系建设的若干规定》,卫生监督机构的主要职责是:依法监督管理食品、化妆品、消毒产品、生活饮用水及涉及饮用水卫生安全产品;依法监督管理公共场所、职业、放射、学校卫生等工作;依法监督传染病防治工作;依法监督医疗机构和采供血机构及其执业人员的执业活动,整顿和规范医疗服务市场,打击非法行医和非法采供血行为;承担法律法规规定的其他职责。

3.行政强制 行政强制,包括行政强制措施和行政强制执行。行政强制措施,是指行政机关在行政管理过程中,为制止违法行为、防止证据损毁、避免危害发生、控制危险扩大等情形,依法对公民的人身自由实施暂时性限制,或者对公民、法人或者其他组织的财物实施暂时性控制的行为。行政强制执行,是指行政机关或者行政机关申请人民法院对不履行行政决定的公民、法人或者其他组织依法强制履行义务的行为。

根据《中华人民共和国行政强制法》的规定,行政强制措施种类包括:限制公民人身自由;查封场所、设施或者财物;扣押财物;冻结存款、汇款;其他行政强制措施。行政强制执行的方式包括:加处罚款或者滞纳金;划拨存款、汇款;拍卖或者依法处理查封、扣押的场所、设施或者财物;排除妨碍、恢复原状;代履行;其他强制执行方式。

4.行政处罚 行政处罚是指行政机关依法对违反行政管理秩序的公民、法人或者其他组织,以减损权益或者增加义务的方式予以惩戒的行为。

根据《中华人民共和国行政处罚法》的规定,行政处罚的种类包括:警告、通报批评;罚款、没收违法所得、没收非法财物;暂扣许可证件、降低资质等级、吊销许可证件;限制开展生产经营活动、责令停产停业、责令关闭、限制从业;行政拘留;法律、行政法规规定的其他行政处罚。

三、护理法律法规的适用

法的适用,通常简称"司法",是法的实施的重要方式之一。在通常情况下,法的适用就是指在具体的法律事实出现后,通过将其归入相应的抽象法律事实,然后根据该法律规范关于抽象法律关系之规定,进而形成具体的法律关系和法律秩序。

(一)概念

护理法律法规的适用指国家司法机关依据法定职权和程序,具体应用法律处理护理案件的专门活动。

(二)主体

在我国,司法机关包括审判机关和检察机关,审判权由人民法院行使,检察权由人民检察院行使,因此,人民法院和人民检察院是我国的法的适用的主体,也是司法的主体。公安机关属于国家行政机关,不是司法的主体。

（三）特征

护理法律法规的适用有以下特征。

1. 职权法定　司法权只能由国家司法机关中具有司法权的审判人员和检察人员行使。

2. 程序法定　程序性是护理法律法规的适用的最重要、最显著的特点之一，为了保证司法公平、公正、公开，审理案例必须依照诉讼程序进行。我国目前三大程序法为《中华人民共和国民事诉讼法》《中华人民共和国行政诉讼法》和《中华人民共和国刑事诉讼法》。

3. 裁决权威　护理法律法规的适用以国家强制力作为后盾，以国家的名义运用法律于案件，因此，对司法机关依照法定职权和程序作出的裁决，任何个人和组织不得擅自修改和违抗。

四、护理法律法规的监督

法律监督又称法制监督，有广义、狭义两种理解。广义的法律监督是指由所有的国家机关、社会组织和公民对各种法律活动的合法性所进行的监察和督促。狭义的法律监督是指有关国家机关依照法定职权和程序，对立法、执法和司法活动的合法性进行的监察和督促。

（一）概念

护理法律法规监督是指一切国家机关、社会组织和公民对卫生执法主体的行政执法活动的合法性依法进行的监察和督促。

（二）主体

护理法律法规监督的主体主要有以下三类。

1. 国家机关　国家机关监督以国家名义进行，权限和范围由宪法和法律规定，具有法律强制力，是一种刚性监督。

国家机关的监督包括国家权力机关、行政机关和司法机关的监督。各级人民代表大会对护理执法行为的监督方式主要有听取和审议工作报告、质询和询问、罢免和撤职等。行政机关的监督是指护理行政机关内部，上级对下级的监督，监督方式主要有考核、审批等。司法机关的监督是指人民法院和人民检察院通过依法审判和对护理行政机关工作人员职务违法行为的监督。

2. 社会组织　一般包括政党、社会团体、医疗机构、群众组织和企事业单位等。社会组织监督虽然不具有法律上的直接效力，但是整个法律监督体系中最具广泛性和代表性的力量。社会组织的监督可以通过法定渠道传输到国家机关的法律监督中去，间接产生法律效力和法律强制力。

3. 人民群众　现代法治社会奉行人民主权的宪政原则，每一个公民都是政治权力的主体和国家的主人。人民群众监督是当前监督体系中最普遍的力量，虽然不具有直接的法律效力，但法律提供了渠道，将人民群众的监督传输到国家机关的法律监督中去，并产生法律效力和法律强制力。

第三节　法律责任与行政救济

法律责任是国家行政权力对行为人违反法律行为的否定性制裁，而行政救济则是对这种公权力滥用的控制和补救。

一、法律责任

法律责任，是指行为人由于损害法律上的义务关系而产生的对于相关主体所应当承担的法定强制的不利后果。根据行为人违反法律规范的性质和社会危害程度，法律责任可以分为以下几类。

（一）行政责任

行政责任是指法律关系主体违反行政法或行政法规定的事由而应承担的不利后果，既有可能是执法一方的行政责任,也有可能是行政相对人的行政责任。违反卫生行政法律法规的行为包括作为和不作为两种。主体违反行政法或行政法规定的行政责任,按承担的主体不同可分为行政主体及其公务员承担的行政责任和行政相对人承担的行政责任。

1. 行政主体承担行政责任的具体方式 通报批评;赔礼道歉,承认错误;恢复名誉,消除影响;返还权益;恢复原状;停止违法行为;履行职务;撤销违法的行政行为;纠正不适当的行政行为;行政赔偿等。

2. 公务员承担行政责任的具体方式 谈话提醒;批评教育;责令检查;诫勉;组织调整;处分。处分分为:警告、记过、记大过、降级、撤职、开除。

3. 行政相对人承担行政责任的具体方式 承认错误,赔礼道歉;接受行政处罚;履行法定义务;恢复原状,返还财产;赔偿损失等。

此外,外国人及外国组织在我国境内活动时,属于我国行政管理相对方,如违反了我国行政管理义务也要承担行政责任。外国人承担行政责任的特殊方式还有限期离境、驱逐出境、禁止离境等。

(二)民事责任

民事责任是民事主体违反了民事义务所应承担的法律后果,民事义务分为法定义务和约定义务,也可以分为积极义务和消极义务、作为义务和不作为义务。

《中华人民共和国民法通则》规定,承担民事责任的方式主要有:停止侵害;排除妨碍;消除危险;返还财产;恢复原状;修理、重作、更换;赔偿损失;支付违约金;消除影响、恢复名誉;赔礼道歉。以上承担民事责任方式,可以单独适用,也可以合并适用。

(三)刑事责任

刑事责任是指法律关系主体违反刑事法律而应当承担的不利后果,刑事责任是最严厉的法律责任。

1. 刑事责任与行政责任、民事责任不同 一是追究的违法行为不同:追究行政责任、民事责任的是一般违法行为,追究刑事责任的是对社会危害最大的犯罪行为。二是追究责任的机关不同:追究行政责任由国家特定的行政机关依照有关法律的规定决定,民事责任的责任人应当自动承担责任,不自动承担责任的,权利人有权请求责任人承担责任;经权利人请求,责任人仍不承担责任的,权利人有权请求法院裁决或者强制责任人承担责任。追究刑事责任只能由司法机关依照《中华人民共和国刑法》的规定决定。三是承担法律责任的后果不同:追究刑事责任是最严厉的制裁,可以判处死刑,比追究行政责任和民事责任严厉得多,民事责任以财产责任为主,非财产责任为辅。

2. 承担刑事责任的方式是刑罚 刑罚分为主刑和附加刑。主刑有:管制、拘役、有期徒刑、无期徒刑、死刑。附加刑有:罚金、剥夺政治权利、没收财产。在卫生领域相关的刑事犯罪,有引起传染病传播罪、引起传染病菌种、毒种扩散罪、违反国境卫生检疫罪、传播性病罪;生产销售假药罪、生产销售劣药罪、生产销售不符合卫生标准的食品罪、生产销售有毒有害食品罪;非法组织他人卖血罪、强迫他人卖血罪、非法采血制血供血罪、医疗事故罪等。

(四)国家赔偿责任

国家赔偿责任是指行政机关行使公权力时,由于国家机关及其工作人员违法行使职权所引起的由国家作为承担主体的赔偿责任。

1. 国家赔偿责任的构成要件 包括产生国家赔偿责任的原因是国家机关及其工作人员在执行职务过程中的不法侵害行为;国家赔偿责任的主体是国家;国家赔偿责任的范围包括行政赔偿与刑事赔偿两部分。

2. 国家不承担赔偿责任的情形 根据《中华人民共和国国家赔偿法》的规定,具有下列情形之一的,国家不承担赔偿责任:因申请人申请保全有错误造成损害的;因申请人提供的执行标的物有错误造成损害的；人民法院工作人员与行使职权无关的个人行为；属于《中华人民共和国民事诉讼法》第二百一十四条规定情形的；被保全人、被执行人，或者人民法院依法指定的保管人员违法动用、隐匿、毁损、转移、变卖人民法院已经保全的财产的；因不可抗力造成损害后果的；依法不应由国家承担赔偿责任的其他情形。

二、行政救济

行政救济指公民、法人或其他组织认为执法主体的具体行政行为直接侵害其合法权益，请求有权国家机关给予补济的法律制度的总称。行政救济是一种事后对行政相对人权利的救济。目前我国现有的行政救济途径主要有行政复议、行政诉讼和行政赔偿。

（一）行政复议

1. 含义 行政复议是指行政相对人认为行政主体的具体行政行为侵犯其合法权益，依法向行政复议机关提出复查该具体行政行为的申请，行政复议机关依照法定程序对被申请的具体行政行为进行合法、适当性审查，并作出行政复议决定的一种法律制度。行政复议的目的是为了纠正行政主体作出的违法或不当的具体行政行为，以保护行政相对人的合法权益。

2. 标的 行政复议的标的主要是具体行政行为，对属于行政立法范畴的抽象行政行为则不能提起行政复议。行政复议是一种依申请的行政行为。没有行政相对人的申请，行政复议程序无法启动。

3. 一级复议 行政复议实行一级复议制度，行政争议经行政复议机关一次审理并作出裁决之后，申请人即使不服，也不得再向有关行政机关申请复议，只能向法院提起行政诉讼。行政复议只是给行政机关一个自我纠正的机会，而现代法治的一个基本命题是司法最终解决原则，所以，如果申请人不服行政复议决定，只能向法院提起行政诉讼。

4. 基本原则 行政复议的基本原则是指法律所确立的，反映行政复议的规律和特点，贯穿于行政复议始终，并对其具有普遍指导意义的原则。行政复议的原则主要有：合法原则、公正原则、公开原则、及时原则、便民原则。

（二）行政诉讼

1. 含义 行政诉讼是指公民、法人或者其他组织认为行政机关和法律法规授权的组织作出的具体行政行为侵犯其合法权益，依法定程序向人民法院起诉，人民法院在当事人及其他诉讼参与人的参加下，对具体行政行为的合法性进行审查并作出裁决的制度。

2. 标的 行政诉讼的标的主要是具体行政行为，并且主要对行政机关的具体行政行为进行合法性审查，而不审查合理性。行政诉讼期间，具体行政行为不停止执行。在行政诉讼中，人民法院审理行政案件不适用调解。

3. 基本原则 行政诉讼的原则是指反映行政诉讼基本特点和一般规律，贯穿于行政诉讼活动整个过程或主要过程，指导行政诉讼法律关系主体诉讼行为的重要准则。我国行政诉讼的原则主要有：人民法院独立行使审判权原则；以事实为根据，以法律为准绳原则；合议、回避、公开审判和两审终审原则；当事人在行政诉讼中的法律地位平等原则；使用本民族语言、文字进行行政诉讼原则；辩论原则；人民检察院有权对行政诉讼实行法律监督原则。

（三）行政赔偿

《中华人民共和国国家赔偿法》规定了行政赔偿和刑事赔偿两种国家赔偿，行政赔偿属于国家赔偿的范畴。

1. 含义 行政赔偿，是指行政机关及其工作人员违法行使职权，侵犯公民、法人和其他组织的合法权益并造成损害的，由国家承担赔偿责任的制度。

2. 赔偿范围 行政赔偿范围包括侵犯相对人人身权和侵犯相对人财产权。国家不承担赔偿责任的情形有:行政机关工作人员与行使职权无关的个人行为;因公民、法人和其他组织自己的行为致使损害发生的;法律规定的其他情形。

3.赔偿方式　根据《中华人民共和国国家赔偿法》规定,"国家赔偿以支付赔偿金为主要方式。""能够返还财产或者恢复原状的,予以返还财产或者恢复原状。"由此可见,我国行政赔偿立法采取的是以金钱赔偿为主,以返还财产或者恢复原状为辅的赔偿方式。

☞**考点提示**:法律责任的种类。

本章小结

　　护理法律法规是调整在护理活动过程中形成的各种社会关系的法律规范的总称。护理法规的渊源主要有:《宪法》、法律、行政法规和部门规章、地方性法规和政府规章、民族自治地方的自治条例和单行条例、国际条约及国际惯例等。护理法律法规的实施包括护理法律法规的遵守、护理法律法规的执行、护理法律法规的适用和护理法律法规的监督。违反护理法律法规所应当承担的法律责任可以分为行政责任、民事责任、刑事责任和国家赔偿责任。行政救济是一种事后对行政相对人权利的救济,目前我国现有的行政救济途径主要有行政复议、行政诉讼和行政赔偿。

（刘永记　魏　纳）

目标检测

参考答案

一、选择题

1.下列不属于我国护理法律法规的渊源的形式的是(　　)。
   A.《宪法》　　　　　　　　B.法律　　　　　　　　C.《护士条例》
   D.地方性法规和政府规章　　E.国际条约

2.关于护理法律法规的遵守,表述不正确的是(　　)。
   A.主体既包括一切国家机关、社会组织和全体公民,也包括在中国领域内活动的国际组织、外国组织、外国公民和无国籍人
   B.客体包括《宪法》、法律、护理行政法规和规章等
   C.内容包括义务和职责
   D.前提包括良法的存在,守法主体良好的法律意识,良好的法律环境
   E.公民守法,是现代法治社会的基本要求

3.下列不属于护理法律法规中执法行为的是(　　)。
   A.行政许可　　　　　　　　B.行政监督检查　　　　C.行政强制
   D.行政复议　　　　　　　　E.行政处罚

4.行政强制中不包括(　　)。
   A.警告　　　　　　　　　　B.排除妨碍　　　　　　C.限制公民人身自由
   D.冻结存款　　　　　　　　E.查封财物

5.行政处罚中不包括(　　)。
   A.警告　　　　　　　　　　B.罚款　　　　　　　　C.没收非法财物
   D.降职　　　　　　　　　　E.吊销许可证

6.民事责任不包括(　　)。
   A.赔偿损失　　　　　　　　B.停止侵害　　　　　　C.驱逐出境

D. 赔礼道歉　　　　　　　　E. 消除影响

7. 刑事责任不包括(　　)。

A. 管制　　　　　　　　B. 拘役　　　　　　　　C. 恢复名誉

D. 有期徒刑　　　　　　E. 没收财产

8. 下列关于行政复议的表述,不正确的是(　　)。

A. 对行政机关的具体行政行为提出复查

B. 对行政机关的具体行政行为进行合理性和合法性审查

C. 遵循合法原则、公正原则、公开原则、快速原则、便民原则

D. 没有行政相对人的申请,行政复议程序无法启动

E. 实行一级复议制度

9. 下列关于行政诉讼的表述,不正确的是(　　)。

A. 对行政机关的具体行政行为提起诉讼

B. 对行政机关的具体行政行为进行合理性和合法性审查

C. 遵循人民法院独立行使审判权原则

D. 行政诉讼期间,具体行政行为不停止执行

E. 在行政诉讼中,人民法院审理行政案件不适用调解

10. 下列关于国家赔偿的表述,不正确的是(　　)。

A. 由国家作为承担主体的赔偿责任

B. 产生的原因是国家机关及其工作人员的不法侵害行为

C. 包括行政赔偿与刑事赔偿两部分

D. 赔偿范围包括侵犯相对人人身权和侵犯相对人财产权

E. 以支付赔偿金为主要方式

二、简答题

1. 简述几种护理法律法规的主要渊源。

2. 简述护理法律法规实施的过程。

第八章　基本医疗卫生与健康促进法律制度

课件　微课

学习目标

素质目标:提高依法执业意识,提升医疗服务能力,依法保障人民健康权益。
知识目标:掌握立法的基本原则;熟悉医疗卫生服务体系相关制度;了解健康促进相关制度。
能力目标:能阐述《中华人民共和国基本医疗卫生与健康促进法》的基本原则、基本制度、重要机制。

案例导学

2019年12月4日,被告人孙某某及亲属将孙某某母亲送至民航总医院治疗。因孙某某不满医生杨某对其母的治疗,怀恨在心、意图报复。12月24日6时许,孙某某在抢救室内,持事先准备的尖刀反复切割、扎刺值班医生杨某颈部,致其死亡。孙某某作案后报警投案,被公安机关抓获。2020年1月16日,北京市第三中级人民法院依法公开审理被告人孙某某故意杀人一案,以故意杀人罪判处被告人孙某某死刑,剥夺政治权利终身。

请思考:
1. 法律如何保障医疗卫生人员安全?
2. 如何促进医疗卫生人员与患者的和谐?

案例导学解析

第一节　基本医疗卫生服务制度

2019年12月28日,第十三届全国人大常委会第十五次会议审议通过了《中华人民共和国基本医疗卫生与健康促进法》(以下简称《卫生健康法》),自2020年6月1日起施行。这是我国卫生健康领域的第一部基础性、综合性法律,对完善卫生健康法治体系,引领和推动卫生健康事业改革发展,加快推进健康中国建设,保障公民享有基本医疗服务,提升全民健康水平具有十分重大的意义。

一、概述

(一)基本医疗卫生服务的含义

基本医疗卫生服务,是指维护人体健康所必需、与经济社会发展水平相适应、公民可公平获得的,采用适宜药物、适宜技术、适宜设备提供的疾病预防、诊断、治疗、护理和康复等服务。

基本医疗卫生服务包括基本公共卫生服务和基本医疗卫生服务。基本公共卫生服务由国家免费提供。

(二)立法的基本原则

保障公民享有基本医疗卫生服务是《卫生健康法》的立法初心,也是立法的重中之重。立法中注重把握以下几点。

一是着力"保基本",从现阶段国情和实际出发,突出基本医疗卫生服务的必需性和可持续性,保障基本医疗卫生服务公平可及,既尽力而为,又量力而行,避免脱离实际、超越发展阶段。

二是着力"强基层",针对基层医疗卫生服务能力薄弱的现状,坚持以基层为重点,加强基层医疗卫生机构和人才队伍建设,提高基层医疗卫生服务能力,筑牢网底。

三是坚持"大健康",从以治病为中心向以人民健康为中心转变,强化健康教育、全民健身、食品安全、健康管理等健康促进措施,完善重点人群健康服务制度。

四是坚持"促改革",将医药卫生体制改革实践证明行之有效的分级诊疗、家庭医生签约服务、医联体建设等措施,上升为法律,增强制度刚性;加强"三医联动",形成制度合力。

五是把握"基础性",着眼医疗卫生与健康领域的基础性、综合性立法定位,突出规定关键性、骨干性和支撑性等重要制度,处理好与《中华人民共和国传染病防治法》《中华人民共和国药品管理法》等相关法律的关系,既相互衔接,又突出特点。

(三)立法的重要意义

我国《宪法》规定,国家发展医疗卫生事业,保护人民健康;公民在疾病等情况下,有从国家和社会获得物质帮助的权利;国家发展为公民享受这些权利所需要的社会保险、社会救济和医疗卫生事业。

我国卫生健康领域已制定十余部法律,如《中华人民共和国传染病防治法》《中华人民共和国国境卫生检疫法》《中华人民共和国母婴保健法》《中华人民共和国精神卫生法》《中华人民共和国献血法》《中华人民共和国药品管理法》等,《卫生健康法》作为一部基础性、综合性法律,它的颁布有利于落实《宪法》规定,加强顶层设计,确立基本医疗卫生与健康工作的基本原则、主要制度和保障促进措施,完善卫生健康法治体系,强化公共卫生法治保障。

《卫生健康法》是涉及民生领域的一项重要立法,与人民群众的健康密切相关。制定《卫生健康法》,回应社会关切,顺应民情民意,确立制度和要求、责任和义务,切实解决看病难、看病贵等问题,健全预防体系,加强健康管理,体现了以人民为中心的发展思想,有利于保障公民享有基本医疗卫生服务,提升全民健康水平和生活质量,切实增强人民群众的获得感、幸福感、安全感。

二、公共卫生服务的内容

公共卫生工作在健康中国建设中具有重要地位和作用。公共卫生服务包括面向所有人群和面向特殊人群两大类。

1.突发事件卫生应急和传染病防控　突发事件卫生应急包括突发自然灾害、事故灾难和社会安全事件应对中的卫生应急和因重大传染病疫情、群体性不明原因疾病、重大食物和职业中毒等引发的突发公共卫生事件,前者卫生应急主要是服务协助相关突发事件的处置,后者本身是应对的主体。我国已经制定了《传染病防治法》《突发公共卫生事件应急条例》等法律、行政法规。在此基础上,《卫生健康法》进一步明确了相关内容、制度和措施。

2.慢性病和职业病防治　据世界卫生组织统计,心脏病、中风、癌症、慢性呼吸系统疾病和糖尿病等慢性病是迄今世界上最主要的死因,占所有死亡的63%。在我国则更高,慢性非传染性疾病导致的死亡占总死亡的86.6%,导致的疾病负担超过总疾病负担的70%。因职业活动接触粉尘、放射性等有毒有害物质导致的各种疾病,是影响劳动者健康水平的重要因素。因此,必须加强对慢性病和职业病的干预。

3.重点人群保健　我国已经制定了《中华人民共和国母婴保健法》《中华人民共和国老年人权益保障法》《中华人民共和国残疾人保障法》等法律、行政法规,对相关人群的保健做了规定。在此基础上,《卫生健康法》进一步明确了相关制度、措施。

4.院前急救　院前急救即在突发疾病的患者被送到医疗机构救治前开展的,以现场抢救、转运途中紧急救治以及监护为主的急救活动。近年来,突发疾病患者因为没有得到及时的现场抢救而不幸离世的事件时有发生,引发舆论对院前急救的关注,比较突出的问题是公众急救知识和技能的不足以及公共场所急救设备的不足。

《卫生健康法》对建立健全院前急救体系,为急危重症患者提供及时、规范、有效的急救服务,加强急救知识宣传普及和急救设备配备提出了要求。针对实践中反映出的问题,《卫生健康法》还规定,急救中心(站)不得以未付费为由拒绝或者拖延为急危重症患者提供急救服务。

5. 精神卫生 精神卫生是与经济社会发展密切相关的重大公共卫生问题。随着经济发展和社会转型,焦虑症、抑郁症等常见精神障碍及心理行为问题逐年增多,严重精神障碍患者肇事肇祸案件时有发生,精神卫生工作面临挑战。为了解决这些问题,2012年我国制定了《中华人民共和国精神卫生法》。在此基础上,《卫生健康法》进一步明确了发展精神卫生事业,建设完善精神卫生服务体系的要求。

三、基本医疗服务改革

当前我国医疗服务存在的主要问题,已经不再是过去整体上"缺医少药"的问题,也不再是简单的"看病难,看病贵"的问题,而是医疗资源和看病就医过多集中于大医院的问题,导致患者就医不便,负担加重。解决这一问题,要合理配置医疗资源,使优质医疗资源下沉,实行分级诊疗。《卫生健康法》总结医改经验,规定国家采取以下措施,保障基本医疗服务的提供。

1. 推进基层首诊、双向转诊 引导非急诊患者首先到基层医疗卫生机构就诊,实行首诊负责制和转诊审核责任制,逐步建立基层首诊、双向转诊、急慢分治、上下联动的机制,并与基本医疗保险制度相衔接。考虑到基层实际,推进分级诊疗不能搞"一刀切",要通过资源下沉、优化服务,提高群众对基层医疗卫生机构和分级诊疗制度的认可度;通过医保等倾斜政策引导群众改变原有的就医习惯,合理选择就诊医疗机构。

2. 建立医联体等医疗服务合作机制 县级以上地方政府根据本行政区域医疗卫生需求,整合区域内政府举办的医疗卫生资源,因地制宜建立医联体等协同联动的医疗服务合作机制。医联体是医改的重要制度创新,有利于调整优化医疗资源结构布局,促进医疗卫生工作重心下移和资源下沉,提升基层服务能力,更好地实施分级诊疗。

目前,各地形成了多种形式的医联体组织模式:在城市主要组建医疗集团,在县域主要组建医共体,还有跨区域组建的专科联盟,以及在边远贫困地区发展的远程医疗协作网。因此,法律强调要"因地制宜"建立医疗服务合作机制。此外,《卫生健康法》规定,鼓励社会力量举办的医疗卫生机构提供基本医疗服务,参与医疗服务合作机制。

3. 推进家庭医生签约服务 推进基层医疗卫生机构实行家庭医生签约服务,建立家庭医生服务团队,与居民签订协议,根据居民健康状况和医疗需求提供基本医疗卫生服务。家庭医生主要在基层承担预防保健、常见病多发病诊疗和转诊、病人康复和慢性病管理、健康管理等一体化服务,不仅提供基本医疗服务,也提供基本公共卫生服务,是居民健康的"守门人"。实行家庭医生签约服务,是转变基层医疗卫生服务模式,强化基层服务网络功能,更好地维护人民群众健康的重要途径。要通过优化家庭医生服务团队配置,丰富签约服务内容,为居民提供有针对性的基本医疗卫生服务。

第二节 医疗卫生服务体系

经过长期发展,我国已经建立了由医院、基层医疗卫生机构、专业公共卫生机构等组成的覆盖城乡的医疗卫生服务体系。但是,医疗卫生资源总量不足、质量不高、结构与布局不合理、服务体系碎片化等问题依然突出。《卫生健康法》就进一步完善医疗卫生服务体系,加强医疗卫生队伍建设,提升医疗卫生服务质量,强化了相关制度性规定。

医疗卫生事业应当坚持公益性原则,这是我国医药卫生事业长期发展得出的最重要经验。《卫生健康法》明确规定,医疗卫生事业应当坚持公益性原则,并作为一项基本原则贯彻始终。

笔记

一、加强医疗卫生服务体系建设

（一）医疗卫生服务体系建设的总体要求和落实责任

1. 总体要求　《卫生健康法》规定，国家建立健全由基层医疗卫生机构、医院、专业公共卫生机构等组成的城乡全覆盖、功能互补、连续协同的医疗卫生服务体系；县级以上政府应当制定并落实医疗卫生服务体系规划，科学配置医疗卫生资源。

针对基层医疗卫生服务资源和能力不足的问题，《卫生健康法》规定，国家合理规划和配置医疗卫生资源，以基层为重点，采取多种措施优先支持县级以下医疗卫生机构发展，建立健全农村医疗卫生服务网络和城市社区卫生服务网络。优先支持县级以下医疗卫生机构发展，就是为了强基层、筑牢网底，提升基层医疗卫生服务能力。

2. 落实责任　保障公民享有基本医疗卫生服务，是政府的职责，在这一领域，政府要有所为，发挥主导作用。县级以上政府通过举办医疗卫生机构，为公民获得基本医疗卫生服务提供保障。政府举办医疗卫生机构，应当考虑本行政区域人口、经济社会发展状况、医疗卫生资源、健康危险因素、发病率、患病率以及紧急救治需求等情况，合理布局，科学设置。

（二）各类医疗卫生机构的功能

1. 基层医疗卫生机构　基层医疗卫生机构主要提供预防、保健、健康教育、疾病管理，为居民建立健康档案，常见病、多发病的诊疗以及部分疾病的康复、护理，接收医院转诊患者，向医院转诊超出自身服务能力的患者等基本医疗卫生服务。基层医疗卫生机构为居民提供综合性服务，既要提供基本公共卫生服务，也要承担基本医疗服务，两者都很重要，不可偏废。

医院主要提供疾病诊治，特别是急危重症和疑难病症的诊疗，突发事件医疗处置和救援以及健康教育等医疗卫生服务，并开展医学教育、医疗卫生人员培训、医学科学研究和对基层医疗卫生机构的业务指导等工作。

2. 专业公共卫生机构　专业公共卫生机构主要提供传染病、慢性非传染性疾病、职业病、地方病等疾病预防控制和健康教育、妇幼保健、精神卫生、院前急救、采供血、食品安全风险监测评估、出生缺陷防治等公共卫生服务。专业公共卫生机构担负着维护公众健康的重要职责，在疾病防控、突发公共卫生事件应对工作中发挥着关键作用，但是目前疾控中心等专业公共卫生机构基础设施落后、检测设备缺乏、队伍不稳定等问题比较突出。

知识链接

3. 国家医学中心和国家、省级区域性医疗中心　各级医疗中心的主要功能是诊治疑难重症，研究攻克重大医学难题，培养高层次医疗卫生人才。由于不同区域医疗服务水平存在较大差异，我国患者跨区域就诊现象较为突出。设置国家医学中心和区域性医疗中心，有利于促进优质医疗资源纵向和横向流动，有利于缓解肿瘤、心血管和神经等重大疾病优质医疗资源分布不均以及儿科、妇产科和精神科等专业医疗资源短缺问题，让患者就近看好病、少受奔波之苦。

《卫生健康法》规定，国家以建成的医疗卫生机构为基础，合理规划与设置国家医学中心和国家、省级区域性医疗中心。为避免重复建设，现有医疗卫生机构符合规划和设置标准的，可直接设置为相应类别的国家医学中心或区域性医疗中心;符合规划但尚不达标的,可比照标准建设,达标后再予以认可。

总而言之,各级各类医疗卫生机构应当分工协作,特别是要推动公共卫生与医疗服务高效协同、无缝衔接。各级政府还应当采取措施支持医疗卫生机构与养老机构、儿童福利机构、社区组织建立协作机制,为老年人、孤残儿童提供安全、便捷的医疗和健康服务。

(三)医疗卫生机构的设立和管理

1. 医疗卫生机构的设立 除设立中医诊所采取备案制外,设立各级各类医疗机构,都应当经过审批,取得执业许可证。禁止伪造、变造、买卖、出租、出借医疗机构执业许可证。医疗卫生机构实行分类管理,分为非营利性和营利性两类,并对两类医疗卫生机构的界定及相应的管理制度、享受的法律待遇做了明确。

2. 医疗卫生机构的管理

(1)公立医院:《卫生健康法》已经明确规定,政府办医疗卫生机构应当按照规划合理设置并控制规模。通过举债建设,超出规划不合理扩大规模,不符合法律的精神。

(2)社会办医:社会办医作为医疗服务体系的重要组成部分。在非基本医疗卫生服务领域,市场要有活力。党中央、国务院高度重视发展社会办医,近年来出台了一系列政策措施,取得了积极成效。社会办医的床位、人员、诊疗量占比均持续增长。

目前国家对社会办医的政策措施和管理制度都已经非常明确,关键是要抓好落实,使各项政策措施真正落地,使出资人、举办者切实感受到政策红利。同时,也要加强监管,对打着非营利性的旗号营利、分配或者变相分配收益等违法行为要依法处理。只有两方面双管齐下,才能促进社会办医持续健康规范发展。

二、加强医疗卫生队伍建设

医疗卫生人才是医疗卫生服务体系最重要的构成要素,是建设健康中国的重要支撑。近年来,我国医疗卫生人才工作取得显著成效,人才队伍规模不断扩大,但是也存在人才结构和分布不合理与基层、公共卫生人才短缺等问题,有必要进一步加强医疗卫生队伍建设,大力培养和合理配置医疗卫生人才。

(一)人才培养培训

国家大力培养医疗卫生人才,建立规模适宜、结构合理、分布均衡的医疗卫生队伍。

1. 培养规划 国家制定医疗卫生人员培养规划,建立适应行业特点和社会需求的医疗卫生人员培养机制和供需平衡机制。为此,要加强医教协同,在高校大力推行 1 + X 证书,适应社会需要。例如,随着老龄化和人口政策的调整,康复、老年护理、妇幼保健、儿科等方面的人才需求将大幅增加,要及时调整培养规划,加大培养力度。又如,随着分级诊疗制度的推进,对全科医生等基层急需的人才要加强培养和使用。

2. 医学教育 国家发展医学教育,完善医学院校教育、毕业后教育和继续教育体系。

在法律实施中,要把握稳妥推进、逐步完善的原则,注重总结经验,不断完善住院医师、专科医师规范化培训制度。

(二)完善执业注册和人事、薪酬、奖励制度

《卫生健康法》在医疗卫生人员管理和保障方面做了以下规定。

1. 执业制度 医疗卫生人员应当依法取得相应的职业资格,并依法实行执业注册制度。

2. 人事、薪酬、奖励制度 建立健全符合医疗卫生行业特点的人事、薪酬、奖励制度,体现医疗卫生人员职业特点和技术劳动价值。医疗卫生行业人才培养周期长、职业风险高、技术难度大、责任担当重,建立符合医疗卫生行业特点的人事、薪酬、奖励制度,是深化医药卫生体制改革的重要内容,有利于体现医疗卫生人员的知识价值,调动其积极性、主动性、创造性。

3. 特殊岗位 对从事传染病防治、放射医学和精神卫生工作以及其他在特殊岗位工作的医疗卫

生人员,按照国家规定给予适当的津贴,并且津贴标准应当定期调整。对参与突发事件卫生应急处置、医疗救治的致病、致残、死亡人员,按照规定给予工伤或者抚恤、烈士褒扬等相关待遇。

(三)加强基层和艰苦边远地区医疗卫生队伍建设

1.建立医疗卫生人员定期到基层和艰苦边远地区从事医疗卫生工作制度 明确执业医师晋升为副高级技术职称的,应当有累计一年以上在县级以下或者对口支援的医疗卫生机构提供医疗卫生服务的经历。这是在现有政策基础上,为加强基层和艰苦边远地区医疗卫生队伍建设,有针对性地作出的规定。

2.采取定向免费培养、对口支援、退休返聘等措施 加强基层和艰苦边远地区医疗卫生队伍建设。对在基层和艰苦边远地区工作的医疗卫生人员,在薪酬津贴、职称评定、职业发展、教育培训和表彰奖励等方面实行优惠待遇。

3.加强乡村医疗卫生队伍建设 建立县乡村上下贯通的职业发展机制,完善对乡村医疗卫生人员的服务收入多渠道补助机制和养老政策。乡村医疗卫生队伍是最贴近亿万农村居民的健康守护者,为加强乡村医疗卫生队伍建设,国务院出台了相关文件,各地也有很多好的做法,包括县聘乡用、乡聘村用等县乡村上下贯通的职业发展机制,政府购买服务、医保基金支付、基本药物补助等多渠道补助机制,参加职工或者城乡居民基本养老保险等养老政策,等等。

(四)提升医疗卫生服务质量

构建和谐医患关系是全社会共同的责任,全社会应当关心、尊重医疗卫生人员,维护良好安全的医疗卫生服务秩序,共同构建和谐医患关系。完善服务体系、加强队伍建设是基础,最终的目的是提升医疗卫生服务质量,构建和谐医患关系。

1.规范医疗卫生服务 医疗卫生机构应当建立健全内部质量管理和控制制度,加强医疗卫生安全风险防范,优化服务流程。医疗卫生人员应当遵守有关临床诊疗技术规范、操作规范、伦理规范,合理诊疗,因病施治。

对医疗卫生技术的临床应用进行分类管理,对技术难度大、医疗风险高、人员服务能力专业技术水平要求较高的医疗卫生技术实行严格管理。医疗卫生机构开展医疗卫生技术临床应用,应当与其功能任务相适应,遵循科学、安全、规范、有效、经济的原则,并符合伦理。

医疗卫生人员应当弘扬敬佑生命、救死扶伤、甘于奉献、大爱无疆的崇高职业精神,遵守行业规范,恪守医德,关心爱护、平等对待患者,不得过度实施医疗,不得利用职务之便索要、非法收受财物或者牟取其他不正当利益。医疗卫生行业组织、医疗卫生机构、医学院校应当加强对医疗卫生人员的医德医风教育。

2.遵守秩序,尊重人员 医疗卫生机构执业场所是提供医疗卫生服务的公共场所,任何组织或者个人不得扰乱其秩序。医疗卫生人员的人身安全、人格尊严不受侵犯,其合法权益受法律保护。禁止任何组织或者个人威胁、危害医疗卫生人员的人身安全,侵犯其人格尊严。违反上述规定,构成违反治安管理行为的,依法给予治安管理处罚;构成犯罪的,依法追究刑事责任;造成人身、财产损害的,依法承担民事责任。

(五)保障患者权利

1.知情同意 医疗卫生机构、人员应当尊重患者人格尊严,保护患者隐私,保障知情同意的权利。一是需要实施手术、特殊检查、特殊治疗的,医疗卫生人员应当及时向患者说明医疗风险、替代医疗方案等情况,并取得其同意;不能或者不宜向患者说明的,应当向患者的近亲属说明,并取得其同意。因抢救生命垂危的患者等紧急情况,不能取得患者或者其近亲属意见的,经医疗机构负责人或者授权的负责人批准,可以立即实施相应的医疗措施。二是开展药物、医疗器械临床试验和其他医学研究,应当遵守医学伦理规范,依法通过伦理审查,取得知情同意。

2.医学伦理 《卫生健康法》对日常诊疗活动、医疗卫生技术临床应用、医学研究等强化了伦理要求。医疗卫生、教育科研等机构应当依法完善伦理规范,严格执行伦理审查,加强对本单位人员及活动的管理,防止违反伦理规范的行为发生。违反医学伦理规范的,依法承担法律责任。

3. 信息安全 针对公民健康信息泄露问题,《卫生健康法》规定,国家保护公民个人健康信息,确保公民个人健康信息安全。任何组织或者个人不得非法收集、使用、加工、传输公民个人健康信息,不得非法买卖、提供或者公开公民个人健康信息。

(六)发展医疗卫生技术

1. 加强医学基础科学研究 鼓励医学科学技术创新,支持临床医学发展,促进医学科技成果的转化和应用,推进医疗卫生与信息技术融合发展,推广医疗卫生适宜技术。

2. 鼓励改进 鼓励医疗卫生机构不断改进医疗卫生相关技术、设备与服务,支持开发适合基层和边远地区应用的医疗卫生技术。

3. 推进全民健康信息化 推动健康医疗大数据、人工智能等的应用发展,促进优质医疗卫生资源的普及与共享。推进医疗卫生机构应用信息技术开展远程医疗服务,构建线上线下一体化医疗服务模式。

(七)建立医疗纠纷预防和处理机制,完善风险分担机制

《卫生健康法》明确规定,国家建立医疗纠纷预防和处理机制,妥善处理医疗纠纷,维护医疗秩序。国务院已经专门制定了医疗纠纷预防和处理条例,对此做了具体规定。《卫生健康法》还规定,国家完善医疗风险分担机制,鼓励医疗机构参加医疗责任保险或者建立医疗风险基金,鼓励患者参加医疗意外保险。通过建立和完善医疗纠纷预防处理、风险分担机制,尽可能地预防和化解医疗纠纷,减少医患矛盾。

第三节 健康促进

《卫生健康法》贯彻预防为主的要求,在强化疾病预防等公共卫生服务的基础上,进一步完善了健康促进措施。

一、明确责任,建立制度

明确政府、社会、个人责任,建立健康相关监测、评估制度。

(一)明确责任

1. 政府 各级政府应当将健康理念融入各项政策,完善健康促进工作体系,组织实施健康促进的规划和行动。

2. 社会 《卫生健康法》明确了医疗卫生、教育、体育、宣传等机构、基层群众性自治组织、社会组织、公共场所经营单位、用人单位等在健康促进中的责任。其中,用人单位应当为职工创造有益于健康的环境和条件,严格执行劳动安全卫生等相关规定,积极组织职工开展健身活动,保护职工健康。

3. 个人 习近平总书记在全国卫生与健康大会上提出,要倡导"每个人是自己健康第一责任人"的理念。最好的医生是自己,健康既是一种权利,也是一种责任。需要说明的是,强调公民是自己健康的第一责任人,并不免除或者减轻政府、用人单位等主体对公民、职工健康负有的责任,更不免除或者减轻其他主体违法造成公民健康损害时的侵权责任。

(二)建立健康相关监测、评估制度

为了使与健康有关的决策建立在充分调查和科学分析的基础上,《卫生健康法》规定了三种与健康有关的监测、评估制度。

1. 健康影响评估 各级政府应当将健康理念融入各项政策,建立健康影响评估制度。按照《"健康中国 2030"规划纲要》,健康影响评估是为了系统评估各项经济社会发展规划和政策、重大工程项

目对健康的影响。只有在科学评估的基础上才能作出正确的决策,才能把健康理念、健康考虑融入各项政策,扩大各项政策对健康的积极影响,减少不利影响。

2. 居民健康状况调查、体质监测和健康绩效评估 国家组织居民健康状况调查和统计,开展体质监测,对健康绩效进行评估,并根据评估结果制定、完善与健康相关的法律、法规、政策和规划,把健康绩效和有关制度完善紧密联系起来,发挥健康绩效的导向作用。

3. 疾病和健康危险因素监测、调查和风险评估 国家建立疾病和健康危险因素监测、调查和风险评估制度。这是一项涉及面很广的制度,涵盖了多部法律法规中的相关制度,如《卫生健康法》规定的慢性非传染性疾病及其致病危险因素监测调查、《中华人民共和国传染病防治法》规定的传染病监测、《中华人民共和国职业病防治法》规定的职业病监测和职业健康风险评估、《中华人民共和国食品安全法》规定的食品安全风险监测和评估、《中华人民共和国环境保护法》规定的环境与健康监测调查和风险评估等。

二、全方位干预健康影响因素

为全方位干预健康影响因素,维护全生命周期健康,《卫生健康法》规定了以下健康促进措施。

(一)建立健康教育制度,普及健康知识和技能

国家建立健康教育制度,保障公民获得健康教育的权利,提高公民的健康素养。

1. 政府 明确各级政府应当加强健康教育工作及其专业人才培养,建立健康知识和技能核心信息发布制度,普及健康科学知识,向公众提供科学、准确的健康信息。

2. 其他机构 明确医疗卫生、教育、体育、宣传等机构、基层群众性自治组织和社会组织应当开展健康知识的宣传和普及。特别是医疗卫生人员在提供医疗卫生服务时,应当对患者开展健康教育;新闻媒体应当开展健康知识的公益宣传。

(二)建立营养状况监测制度,倡导健康饮食习惯

国家建立营养状况监测制度,实施经济欠发达地区、重点人群营养干预计划,开展未成年人和老年人营养改善行动,倡导健康饮食习惯,减少不健康饮食引起的疾病风险。国家建立科学、严格的食品、饮用水安全监督管理制度,提高安全水平。

(三)推进全民健身,加强健身指导

生命在于运动,运动需要科学。《卫生健康法》一方面规定,国家发展全民健身事业,完善覆盖城乡的全民健身公共服务体系,加强公共体育设施建设,鼓励单位的体育场地设施向公众开放,组织开展和支持全民健身活动;另一方面也规定,加强全民健身指导服务,普及科学健身知识和方法。

(四)实施控烟措施,减少吸烟危害

吸烟严重危害人体健康。根据《"健康中国2030"规划纲要》的精神,《卫生健康法》对控烟作了原则规定:①国家采取措施,减少吸烟对公民健康的危害。②公共场所控制吸烟,强化监督执法。③烟草制品包装应当印制带有说明吸烟危害的警示。④禁止向未成年人出售烟酒。

(五)建设健康环境,预防与环境问题有关的疾病

良好的环境是健康的保障。为建设健康环境,针对环境污染和城乡环境卫生、酒店等公共场所卫生存在的问题,《卫生健康法》作出以下规定。

1. 加强治理 加强影响健康的环境问题预防和治理,采取措施预防和控制与环境问题有关的疾病。

2. 大力开展爱国卫生运动 鼓励和支持开展爱国卫生月等群众性卫生与健康活动,建设健康城市、健康村镇、健康社区。

3. 完善公共场所卫生管理制度 卫生健康部门应当加强对公共场所的卫生监督。公共场所卫生监督信息应当依法向社会公开。

(六)促进学生身体健康

学生特别是中小学生处于成长发育的关键阶段,形成良好生活方式,对促进学生身体健康至关重要。《卫生健康法》作出以下规定。

(1)国家将健康教育纳入国民教育体系。学校应当利用多种形式实施健康教育,普及健康知识,培养学生良好的卫生习惯和健康的行为习惯,减少、改善学生近视、肥胖等不良健康状况。

(2)学校应当按照规定开设体育与健康课程,组织学生开展广播体操、眼保健操、体能锻炼等活动。

(3)学校按照规定配备校医,建立和完善卫生室、保健室。

(4)教育部门应当按照规定将学生体质健康水平纳入学校考核体系。

第四节　保障与监督

落实医疗卫生服务和健康促进举措,提高公民健康水平,是一项关联性很强的系统工程,必须完善药品、资金等保障体系,加强监督管理。

一、完善药品供应保障

药品供应保障体系是医药卫生四大体系之一,是"三医联动"的重点领域。《卫生健康法》在《药品管理法》《疫苗管理法》《医疗器械监督管理条例》等基础上,进一步完善药品供应保障制度,建立工作协调机制,保障药品安全、有效、可及。

药品供应保障的基础性制度是基本药物制度。基本药物,是指满足疾病防治基本用药需求,适应现阶段基本国情和保障能力,剂型适宜,价格合理,能够保障供应,可公平获得的药品。实际运行中,基本药物的生产、流通、使用、支付等环节还存在一些问题,有关方面提出了进一步完善的建议。

2018 年国办印发《关于完善国家基本药物制度的意见》。根据实践情况和各方面意见,《卫生健康法》规定:国家实施基本药物制度,遴选适当数量的基本药物品种,满足疾病防治基本用药需求;国家公布基本药物目录并动态调整,按照规定优先纳入基本医保药品目录;国家提高基本药物的供给能力,强化基本药物质量监管。基本药物制度对基本医疗服务、医保支付和药物生产研发都具有十分重要的导向功能。

二、完善资金保障

医疗卫生与健康事业需要从财政、医保、社会捐赠等多渠道筹集资金,提供保障,其中政府投入是医疗卫生资金最重要的来源。《卫生健康法》对财政保障作了两方面规定。

(1)各级政府应当切实履行发展卫生健康事业的职责,建立与经济社会发展、财政状况和健康指标相适应的投入机制,将卫生健康经费纳入本级政府预算,按照规定主要用于保障基本医疗服务、公共卫生服务、基本医疗保障和政府举办的医疗卫生机构建设和运行发展。

(2)国家加大对卫生健康事业的财政投入,通过增加转移支付等方式重点扶持革命老区、民族地区、边疆地区和经济欠发达地区发展卫生健康事业。

三、加强监督管理

《卫生健康法》规定,国家建立健全机构自治、行业自律、政府监管、社会监督相结合的医疗卫生综合监督管理体系。机构自治就是医疗机构作为独立的法人主体,在医疗服务活动中是内生因素,要主动提高服务质量,通过制定章程,建立和完善法人治理结构,提高医疗卫生服务能力和运行效率。医疗卫生行业专业性很强,要培育发展行业组织,参与行业管理规范、技术标准制定和医疗卫生评价、评估、评审等工作,加强行业自律。

1.社会监督 是将医疗卫生机构、人员、行业组织和主管部门置于社会公众监督之下,让公民、法人和其他组织,特别是医疗活动利益相关人,通过法定渠道和手段,包括投诉、举报等,维护自身权利,促进医疗卫生服务活动依法依规,不断提高质量。

2.政府监管 政府监管是最具刚性的,《卫生健康法》明确各部门工作职责,确立协作机制,推进"三医联动":卫生健康部门负责统筹协调医疗卫生与健康促进工作,对医疗卫生行业实行属地化、全行业监督管理;其他有关部门在各自职责范围内负责有关的医疗卫生与健康促进工作。

其中,医保部门应当对纳入基本医保基金支付范围的医疗服务行为和医疗费用加强监督管理,确保基金合理使用、安全可控。县级以上政府应当组织卫健、医保、药监、发改、财政等部门建立沟通协商机制,加强制度衔接和工作配合,提高医疗卫生资源使用效率和保障水平。

3.监督执法 《卫生健康法》规定,地方卫生健康部门及其委托的卫生健康监督机构,依法开展本行政区域医疗卫生等行政执法工作。这里明确了卫生健康部门与监督机构在执法时的委托关系。根据《行政处罚法》的规定,监督机构应当在委托范围内以卫生健康部门的名义实施行政处罚;不得再委托其他任何组织或者个人实施行政处罚。卫生健康部门应当加强对监督机构执法行为的监督,并对其行为后果承担法律责任。

本章小结

《基本医疗卫生与健康促进法》揭开了我国卫生健康法治建设的新篇章。医疗卫生服务体系包括加强医疗卫生服务体系建设、加强医疗卫生队伍建设;建立健全健康教育体系,需要明确政府、社会、个人责任,建立健康相关监测、评估制度;全方位干预健康影响因素。落实医疗卫生服务和健康促进举措是一项关联性很强的系统工程,必须完善药品、资金等保障体系,加强监督管理。

（王名铭）

目标检测

参考答案

一、选择题

1.《基本医疗卫生与健康促进法》立法的基本原则是(   )。
   A. 保基本、强基层、大健康、促改革、基础性
   B. 强基本、保基层、大健康、促改革、基础性
   C. 强基本、强基层、大健康、促改革、基础性
   D. 保基本、保基层、大健康、促改革、基础性
   E. 强基本、强基层、大健康、促改革、基础性

2.《基本医疗卫生与健康促进法》实施日期为(   )。
   A. 2019 年 12 月 28 日　　　　B. 2020 年 6 月 1 日　　　　C. 2019 年 6 月 1 日
   D. 2020 年 12 月 28 日　　　　E. 2021 年 12 月 28 日

3. 保障公民享有基本医疗卫生服务是政府的职责,在这一领域,政府要有所为,发挥(   )作用。
   A. 辅助　　　　　　　　　B. 引导　　　　　　　　　C. 指导
   D. 主导　　　　　　　　　E. 主体

4.《卫生健康法》规定,国家建立健全医疗卫生综合监督管理体系,需要(   )。
   A. 机构自律、行业自治、政府监管、社会监督相结合
   B. 机构自治、行业自律、政府监管、社会监督相结合
   C. 机构监管、行业自治、政府自律、社会监督相结合
   D. 机构监督、行业自律、政府监管、社会自治相结合

E.机构自治、行业自律、政府监督、社会监管相结合

5.医疗卫生机构开展医疗卫生技术临床应用,应当与其功能任务相适应,遵循的原则为(　　)。

A.伦理、安全、规范、有效、经济

B.科学、安全、规范、有益、经济

C.科学、安全、规范、有效、高效

D.科学、安全、规范、有益、高效

E.科学、安全、规范、有效、经济

6.在生物医学模式以及现代社会背景下,医患关系呈现的倾向正确的是(　　)。

A.利益化　　　　　　　　　B.法律化　　　　　　　　　C.行为化

D.模式化　　　　　　　　　E.表面化

7.医德的维系手段是(　　)。

A.强制性力量　　　　　　　B.非强制性力量　　　　　　C.卫生法纪

D.经济奖惩　　　　　　　　E.法律

8.关于我国《基本医疗卫生与健康促进法》的认识,下列说法错误的是(　　)。

A.具有基础性、综合性的立法地位

B.并没有明确提出公民享有健康权

C.提出了"公民是自己健康第一责任人"的观念

D.坚持了健康权的实质平等保护

E.提出进一步完善药品供应保障制度

9.甲医疗机构将医疗机构执业许可证出借给乙单位,乙单位每年交给甲医疗机构10万元,刚1年时就被卫生监督部门发现。关于行政处罚,下列说法错误的是(　　)。

A.可以责令甲医疗机构改正

B.没收甲医疗机构的违法所得10万元

C.除没收甲医疗机构的违法所得10万元外,又罚了甲医疗机构20万元

D.如果后来执法时发现情节严重,可以吊销甲医疗机构的执业许可证

E.进行行政处罚

10.一家医疗机构没有取得医疗机构执业许可证就开业。关于行政处罚,下列错误的是(　　)。

A.可以责令停止执业活动

B.可以没收违法所得和药品、医疗器械

C.违法所得不足一万元的,按实际违法所得计算

D.处违法所得五倍以上二十倍以下的罚款

E.以上选项皆正确

二、简答题

1.简述《中华人民共和国基本医疗卫生与健康促进法》立法的基本原则。

2.简述如何全方位干预健康影响因素,维护全生命周期健康。

第九章　医疗机构管理法律制度

学习目标

课件　微课

素质目标:自觉遵守法律规定,确保医疗服务的高效和质量,同时促进医疗卫生事业的发展,保障公民健康。
知识目标:掌握医疗机构的执业规则;熟悉医疗机构的类别;了解医疗机构的设置、登记、校验和监管。
能力目标:能自觉遵守医疗机构的设置、登记和校验等管理制度。

案例导学

2010年5月15日,据群众举报:某职工医院使用王某、何某助理医师单独执业及中医执业医师尹某某未变更执业地址擅自在该院执业。两名监督员具体承办该案,经查,该院使用非卫生技术人员从事诊疗活动的违法事实确立,群众举报属实,有现场检查笔录、询问笔录、医师(助理)执业证书、处方笺、现场照片、职工花名册等为证。

请思考:

1. 该医院的行为违反了哪些规定?
2. 该医院的行为应当给予何种处罚?

案例导学解析

第一节　概　述

一、医疗机构的概念

(一)含义

医疗机构是指依法设立的从事疾病诊断、治疗活动的医院、卫生院、疗养院、门诊部、诊所、卫生所(室)以及急救站等机构的总称。

医疗机构以救死扶伤,防病治病,为公民的健康服务为宗旨。

(二)特征

1. **医疗机构必须是依法设立的卫生机构**　所谓依法设立是指依据国务院《医疗机构管理条例》及其实施细则的规定设立和登记。只有依法设立并领取《医疗机构执业许可证》的单位或者个人才能开展相应的诊疗活动。

2. **医疗机构是从事疾病诊断、治疗活动的卫生机构**　我国将卫生机构依其设立目的分为医疗机构和防疫机构等。前者以开展疾病诊断、治疗活动为主,后者以开展疾病预防、控制活动为主。

3. **医疗机构是从事疾病诊断、治疗活动的卫生机构的总称**　我国的医疗机构是由一系列开展疾病的诊断、治疗活动的卫生机构组成的。医院、卫生院是其主体。

二、医疗机构的类别

国家扶持医疗机构的发展,鼓励多种形式兴办医疗机构,《医疗机构管理条例实施细则》将医疗机构分为以下类别:①综合医院、中医医院、中西医结合医院、民族医医院、专科医院、康复医院;②妇幼保健院、妇幼保健计划生育服务中心;③社区卫生服务中心、社区卫生服务站;④中心卫生院、乡(镇)卫生院、街道卫生院;⑤疗养院;⑥综合门诊部、专科门诊部、中医门诊部、中西医结合门诊部、民族医门诊部;⑦诊所、中医诊所、民族医诊所、卫生所、医务室、卫生保健所、卫生站;⑧村卫生室(所);⑨急救中心、急救站;⑩临床检验中心;⑪专科疾病防治院、专科疾病防治所、专科疾病防治站;⑫护理院、护理站;⑬医学检验实验室、病理诊断中心、医学影像诊断中心、血液透析中心、安宁疗护中心;⑭其他诊疗机构。

三、法制建设

医疗机构管理是复杂的系统工程,其发展方向和重要环节是法治化。医疗机构的管理必须体现依法治国的精神和现代法治理念。医疗机构管理法制化的程度标志着一个国家医疗机构管理的完善程度。我国医疗机构管理立法经历了不同的阶段,逐渐走向成熟和完善。

20世纪80年代后期到90年代初,是我国经济迅猛发展的时期。与此同时,医疗机构的急骤增长和人民群众对医疗服务质量的要求的提高,对加强医疗机构的管理及立法提出了更高的要求。为了加强对医疗机构的管理,稳定正常工作秩序,保证医疗质量,促进医疗卫生事业的发展,保障公民健康,国务院于1994年2月26日发布了《医疗机构管理条例》,自同年9月1日起施行,2016年2月6日国务院令第666号修改后施行。1994年8月29日,卫生部颁布了《医疗机构管理条例实施细则》,自2006年11月1日正式实施,并于2017年2月3日经国家卫生计生委委主任会议讨论通过修改,修改后的《医疗机构管理条例实施细则》自2017年4月1日起施行。2022年,国务院令第752号《国务院关于修改和废止部分行政法规的决定》对《医疗机构管理条例》的部分条款予以修改,决定自2022年5月1日起施行。

知识链接

《医疗机构管理条例》和《医疗机构管理条例实施细则》的修订

《医疗机构管理条例》是为加强对医疗机构的管理,促进医疗卫生事业的发展,保障公民健康而制定的,由国务院于1994年2月26日发布,自1994年9月1日起施行。为了依法推进简政放权、放管结合、优化服务改革,国务院对取消和调整行政审批项目、价格改革和实施普遍性降费措施涉及的行政法规进行了清理。经过清理,国务院决定对部分行政法规的部分条款予以修改,并于2016年1月13日国务院第119次常务会议通过了《国务院关于修改部分行政法规的决定》,于2016年2月6日予以公布,自公布之日起施行。2022年,国务院令第752号《国务院关于修改和废止部分行政法规的决定》对《医疗机构管理条例》的部分条款予以修改,决定自2022年5月1日起施行。

《医疗机构管理条例实施细则》是根据《医疗机构管理条例》制定的细则。《国家卫生计生委关于修改〈医疗机构管理条例实施细则〉的决定》已于2017年2月3日经国家卫生计生委主任会议讨论通过,自2017年4月1日起施行。

第二节　医疗机构的设置

一、医疗机构设置原则和设置规划

医疗机构设置规划是以区域内居民实际医疗服务需求为依据,以合理配置、利用医疗卫生资源,公平、可及地向全体居民提供安全、有效的基本医疗服务为目的,将各级各类、不同隶属关系、不同所有制形式的医疗机构统一规划、设置和布局,有利于引导医疗卫生资源合理配置,充分发挥有限资源的最大效率和效益,建立结构合理、覆盖城乡,适应我国国情、人口政策和具有中国特色的医疗服务体系,为人民群众提供安全、有效、方便、价廉的基本医疗卫生服务。

(一)基本原则

根据国家卫生健康委员会制定的《医疗机构设置规划指导原则(2021—2025年)》,医疗机构设置的基本原则包括以下几方面。

1.坚持需求导向原则　坚持以人民健康为中心,以人民群众就医需求为导向,围绕新时期卫生与健康工作方针,增加医疗资源,优化卫生资源要素配比,以国家医学中心、国家和省级区域医疗中心(均含中医,下同)、县级公立医院建设为重点,以临床专科能力和人才队伍建设为抓手,推进优质医疗资源扩容和区域均衡布局,优化基层医疗卫生机构布局,实现医疗机构高质量发展,满足人民群众多层次、多样化的医疗服务需求。

2.区域统筹规划原则　各级各类医疗机构应当符合属地卫生健康事业发展需求和医疗机构设置规划。地方各级卫生健康行政部门(含中医药主管部门)在同级人民政府领导下负责《规划》的制定和组织实施。通过统筹医疗资源总量、结构、布局,补短板、强弱项,完善城乡医疗服务体系,不断提高医疗资源整体效能,增强重大疫情应对等公共卫生服务能力。合理配置区域综合和专科医疗资源,促进康复、护理、医养结合、居家医疗等接续性医疗服务快速发展。

3.科学布局原则　明确和落实各级各类医疗机构的功能和任务,根据人口数量、分布、年龄结构以及交通条件、诊疗需求等,实行中心控制、周边发展,合理配置各区域医疗机构数量,鼓励新增医疗机构在中心城区周边居民集中居住区设置,推动各区域医疗资源均衡布局、同质化发展。

4.协同创新原则　合理规划发展紧密型城市医疗集团和县域医共体,充分发挥信息化的支撑作用,加强医防融合、平急结合、医养结合,推动区域医疗资源融合共享。政府对社会办医区域总量和空间不做规划限制,鼓励社会力量在康复、护理等短缺专科领域举办非营利性医疗机构,鼓励社会力量举办的医疗机构牵头成立或加入医疗联合体。大力发展互联网诊疗服务,将互联网医院纳入医疗机构设置规划,形成线上线下一体化服务模式,提高医疗服务体系整体效能。

5.中西医并重原则　遵循新时期卫生与健康工作方针,中西医并重,促进中医药传承创新发展,保障中医、中西医结合、少数民族医医疗机构的合理布局和资源配置,充分发挥中医防病治病的独特优势和作用。

(二)设置规划

县级以上地方人民政府卫生行政部门应当根据本行政区域的人口、医疗资源、医疗需求和现有医疗机构的分布状况,制订本行政区域医疗机构设置规划。机关、企业和事业单位可以根据需要设置医疗机构,并纳入当地医疗机构的设置规划。县级以上地方人民政府应当把医疗机构设置规划纳入当地的区域卫生发展规划和城乡建设发展总体规划。设置医疗机构应当符合医疗机构设置规划和医疗机构基本标准。

各省、自治区、直辖市应当按照当地《医疗机构设置规划》合理配置和合理利用医疗资源。《医疗机构设置规划》由县级以上地方卫生计生行政部门依据《医疗机构设置规划指导原则》制定,经上一级卫生计生行政部门审核,报同级人民政府批准,在本行政区域内发布实施。医疗机构不分类别、所有制形式、隶属关系、服务对象,其设置必须符合当地《医疗机构设置规划》。

二、设置申请审批

单位或者个人设置医疗机构,必须经县级以上地方人民政府卫生行政部门审查批准,并取得设置医疗机构批准书。

(一)申请

申请设置医疗机构,应当提交下列文件:设置申请书;设置可行性研究报告;选址报告和建筑设计平面图。

1.有下列情形之一的,不得申请设置医疗机构

(1)不能独立承担民事责任的单位。

(2)正在服刑或者不具有完全民事行为能力的个人。

(3)发生二级以上医疗事故未满五年的医务人员。

(4)因违反有关法律、法规和规章,已被吊销执业证书的医务人员。

(5)被吊销《医疗机构执业许可证》的医疗机构法定代表人或者主要负责人。

(6)省、自治区、直辖市政府卫生计生行政部门规定的其他情形。

有前款第(2)、(3)、(4)、(5)项所列情形之一者,不得充任医疗机构的法定代表人或者主要负责人。

2.在城市设置诊所的个人,必须同时具备下列条件

(1)经医师执业技术考核合格,取得医师执业证书。

(2)取得医师执业证书或者医师职称后,从事五年以上同一专业的临床工作。

(3)省、自治区、直辖市卫生计生行政部门规定的其他条件。医师执业技术标准另行制定。

在乡镇和村设置诊所的个人的条件,由省、自治区、直辖市卫生计生行政部门规定。

3.申请设置医疗机构有下列情形之一的,不予批准

(1)不符合当地《医疗机构设置规划》。

(2)设置人不符合规定的条件。

(3)不能提供满足投资总额的资信证明。

(4)投资总额不能满足各项预算开支。

(5)医疗机构选址不合理。

(6)污水、污物、粪便处理方案不合理。

(7)省、自治区、直辖市卫生计生行政部门规定的其他情形。

(二)审批

1.审批权限　床位在一百张以上的综合医院、中医医院、中西医结合医院、民族医医院以及专科医院、疗养院、康复医院、妇幼保健院、急救中心、临床检验中心和专科疾病防治机构的设置审批权限的划分,由省、自治区、直辖市卫生计生行政部门规定;其他医疗机构的设置,由县级卫生计生行政部门负责审批。

医学检验实验室、病理诊断中心、医学影像诊断中心、血液透析中心、安宁疗护中心的设置审批权限另行规定。

2.审批时限　县级以上地方人民政府卫生行政部门应当自受理设置申请之日起30日内,作出批准或者不批准的书面答复;批准设置的,发给设置医疗机构批准书。

申请的受理时间,自申请人提供规定的全部材料之日算起。

3.监管 卫生计生行政部门应当在核发设置医疗机构批准书的同时,向上一级卫生计生行政部门备案。

上级卫生计生行政部门有权在接到备案报告之日起三十日内纠正或者撤销下级卫生计生行政部门作出的不符合当地《医疗机构设置规划》的设置审批。

第三节 登记和校验

一、登记

医疗机构执业,必须进行登记,领取医疗机构执业许可证。任何单位或者个人,未取得医疗机构执业许可证,不得开展诊疗活动。

(一)条件

1.申请医疗机构执业登记,应当具备下列条件

(1)有设置医疗机构的批准书。

(2)符合医疗机构的基本标准。

(3)有适合的名称、组织机构和场所。

(4)有与其开展的业务相适应的经费、设施、设备和专业卫生技术人员。

(5)有相应的规章制度。

(6)能够独立承担民事责任。

2.申请医疗机构执业登记有下列情形之一的,不予登记

(1)不符合设置医疗机构批准书核准的事项。

(2)不符合《医疗机构基本标准》。

(3)投资不到位。

(4)医疗机构用房不能满足诊疗服务功能。

(5)通讯、供电、上下水道等公共设施不能满足医疗机构正常运转。

(6)医疗机构规章制度不符合要求。

(7)消毒、隔离和无菌操作等基本知识和技能的现场抽查考核不合格。

(8)省、自治区、直辖市卫生计生行政部门规定的其他情形。

(二)程序

1.医疗机构执业登记的主要事项 类别、名称、地址、法定代表人或者主要负责人;所有制形式;注册资金(资本);服务方式;诊疗科目;房屋建筑面积、床位(牙椅);服务对象;职工人数;执业许可证登记号(医疗机构代码);省、自治区、直辖市卫生计生行政部门规定的其他登记事项。门诊部、诊所、卫生所、医务室、卫生保健所、卫生站除登记前款所列事项外,还应当核准登记附设药房(柜)的药品种类。

2.审批 医疗机构的执业登记,由批准其设置的人民政府卫生行政部门办理。国家统一规划的医疗机构设置,由批准其设置的人民政府卫生行政部门办理。机关、企业和事业单位设置的为内部职工服务的门诊部、诊所、卫生所(室)的执业登记,由所在地的县级人民政府卫生行政部门办理。

县级以上地方人民政府卫生行政部门自受理执业登记申请之日起45日内,根据《医疗机构管理条例》和医疗机构基本标准进行审核。审核合格的,予以登记,发给医疗机构执业许可证;审核不合格的,将审核结果以书面形式通知申请人。

(三) 变更注销登记

医疗机构改变名称、场所、主要负责人、诊疗科目、床位,必须向原登记机关办理变更登记。医疗机构歇业,必须向原登记机关办理注销登记。经登记机关核准后,收缴医疗机构执业许可证。医疗机构非因改建、扩建、迁建原因停业超过 1 年的,视为歇业。

因分立或者合并而保留的医疗机构应当申请变更登记;因分立或者合并而新设置的医疗机构应当申请设置许可证和执业登记;因合并而终止的医疗机构应当申请注销登记。

机关、企业和事业单位设置的为内部职工服务的医疗机构向社会开放,必须按照规定申请办理变更登记。未经许可和变更登记不得向社会开放。

医疗机构停业,必须经登记机关批准。除改建、扩建、迁建原因,医疗机构停业不得超过 1 年。

登记机关在受理变更登记申请后,依据有关规定以及当地《医疗机构设置规划》进行审核,按照登记程序或者简化程序办理变更登记,并作出核准变更登记或者不予变更登记的决定。

医疗机构被吊销或者注销执业许可证后,不得继续开展诊疗活动。

二、校验

床位在一百张以上的综合医院、中医医院、中西医结合医院、民族医医院以及专科医院、疗养院、康复医院、妇幼保健院、急救中心、临床检验中心和专科疾病防治机构的校验期为三年;其他医疗机构的校验期为一年。

医疗机构应当于校验期满前三个月向登记机关申请办理校验手续。校验应当交验医疗机构执业许可证,医疗机构校验申请书,医疗机构执业许可证副本,省、自治区、直辖市卫生计生行政部门规定提交的其他材料。卫生计生行政部门应当在受理校验申请后的三十日内完成校验。

医疗机构有下列情形之一的,登记机关可以根据情况,给予一至六个月的暂缓校验期:不符合《医疗机构基本标准》;限期改正期间;省、自治区、直辖市卫生计生行政部门规定的其他情形。

不设床位的医疗机构在暂缓校验期内不得执业。暂缓校验期满仍不能通过校验的,由登记机关注销其《医疗机构执业许可证》。

第四节　执业和监管

一、执业

(一) 依法执业

《医疗机构管理条例》规定,医疗机构执业,必须遵守有关法律、法规和医疗技术规范。

医疗机构必须将医疗机构执业许可证、诊疗科目、诊疗时间和收费标准悬挂于明显处所。医疗机构必须按照核准登记的诊疗科目开展诊疗活动。

(二) 人员管理

医疗机构应当加强对医务人员的医德教育。应当组织医务人员学习医德规范和有关教材,督促医务人员恪守职业道德。

医疗机构不得使用非卫生技术人员从事医疗卫生技术工作。工作人员上岗工作,必须佩戴载有本人姓名、职务或者职称的标牌。

医疗机构应当经常对医务人员进行"基础理论、基本知识、基本技能"的训练与考核,把"严格要求、严密组织、严谨态度"落实到各项工作中。

（三）资料管理

医疗机构的门诊病历的保存期不得少于十五年；住院病历的保存期不得少于三十年。医疗机构标识的票据和病历本册以及处方笺、各种检查的申请单、报告单、证明文书单、药品分装袋、制剂标签等不得买卖、出借和转让。

医疗机构不得冒用标有其他医疗机构标识的票据和病历本册以及处方笺、各种检查的申请单、报告单、证明文书单、药品分装袋、制剂标签等。

（四）规范诊疗

医疗机构对危重病人应当立即抢救。对限于设备或者技术条件不能诊治的病人，应当及时转诊。

未经医师（士）亲自诊查病人，医疗机构不得出具疾病诊断书、健康证明书或者死亡证明文件；未经医师（士）、助产人员亲自接产，医疗机构不得出具出生证明书或者死产报告书。医疗机构为死因不明者出具的《死亡医学证明书》，只作是否死亡的诊断，不作死亡原因的诊断。如有关方面要求进行死亡原因诊断的，医疗机构必须指派医生对尸体进行解剖和有关死因检查后方能作出死因诊断。

医疗机构施行手术、特殊检查或者特殊治疗时，必须征得患者同意，并应当取得其家属或者关系人同意并签字；无法取得患者意见时，应当取得家属或者关系人同意并签字；无法取得患者意见又无家属或者关系人在场，或者遇到其他特殊情况时，经治医师应当提出医疗处置方案，在取得医疗机构负责人或者被授权负责人员的批准后实施。

医疗机构在诊疗活动中，应当对患者实行保护性医疗措施，并取得患者家属和有关人员的配合。医疗机构应当尊重患者对自己的病情、诊断、治疗的知情权利。在实施手术、特殊检查、特殊治疗时，应当向患者做必要的解释。因实施保护性医疗措施不宜向患者说明情况的，应当将有关情况通知患者家属。

（五）内部管理

医疗机构应当按照卫生计生行政部门的有关规定、标准加强医疗质量管理，实施医疗质量保证方案，确保医疗安全和服务质量，不断提高服务水平。医疗机构发生医疗事故，按照国家有关规定处理。

医疗机构对传染病、精神病、职业病等患者的特殊诊治和处理，应当按照国家有关法律、法规的规定办理。

医疗机构应当严格执行无菌消毒、隔离制度，采取科学有效的措施处理污水和废弃物，预防和减少医院感染。

医疗机构必须按照有关药品管理的法律、法规加强药品管理。不得使用假劣药品、过期和失效药品以及违禁药品。

医疗机构必须按照人民政府或者物价部门的有关规定收取医疗费用，详列细项，并出具收据。

医疗机构必须承担相应的预防保健工作，承担县级以上人民政府卫生行政部门委托的支援农村、指导基层医疗卫生工作等任务。发生重大灾害、事故、疾病流行或者其他意外情况时，医疗机构及其卫生技术人员必须服从县级以上人民政府卫生行政部门的调遣。

医疗机构应当定期检查、考核各项规章制度和各级各类人员岗位责任制的执行和落实情况。

☞ **考点提示：** 医疗机构的执业规定。

二、监督管理

(一)机构设置

国务院卫生行政部门负责全国医疗机构的监督管理工作。县级以上地方人民政府卫生行政部门负责本行政区域内医疗机构的监督管理工作。中国人民解放军卫生主管部门负责对军队的医疗机构实施监督管理。

县级以上卫生计生行政部门设立医疗机构监督管理办公室。各级医疗机构监督管理办公室在同级卫生计生行政部门的领导下开展工作。在监督管理工作中,要充分发挥医院管理学会和卫生工作者协会等学术性和行业性社会团体的作用。

县级以上卫生计生行政部门设医疗机构监督员,履行规定的监督管理职责。医疗机构监督员由同级卫生计生行政部门聘任。医疗机构监督员应当严格执行国家有关法律、法规和规章,医疗机构监督员有权对医疗机构进行现场检查,无偿索取有关资料,医疗机构不得拒绝、隐匿或者隐瞒。医疗机构监督员在履行职责时应当佩戴证章、出示证件。

(二)监督管理职权

县级以上人民政府卫生行政部门行使下列监督管理职权:负责医疗机构的设置审批、执业登记和校验;负责组织对医疗机构的评审;对违反本条例的行为给予处罚。

各级卫生计生行政部门对医疗机构的执业活动检查、指导主要包括:执行国家有关法律、法规、规章和标准情况;执行医疗机构内部各项规章制度和各级各类人员岗位责任制情况;医德医风情况;服务质量和服务水平情况;执行医疗收费标准情况;组织管理情况;人员任用情况;省、自治区、直辖市卫生计生行政部门规定的其他检查、指导项目。

(三)医疗机构评审制度

国家实行医疗机构评审制度,由专家组成的评审委员会按照医疗机构评审办法和评审标准对医疗机构的基本标准、服务质量、技术水平、管理水平等进行综合评价。

县级以上卫生计生行政部门负责医疗机构评审的组织和管理;各级医疗机构评审委员会负责医疗机构评审的具体实施。县级以上中医(药)行政管理部门成立医疗机构评审委员会,负责中医、中西医结合和民族医医疗机构的评审。

医疗机构评审委员会由医院管理、医学教育、医疗、医技、护理和财务等有关专家组成。评审委员会成员由县级以上地方人民政府卫生行政部门聘任。

县级以上地方人民政府卫生行政部门根据评审委员会的评审意见,对达到评审标准的医疗机构,发给评审合格证书;对未达到评审标准的医疗机构,提出处理意见。

医疗机构评审包括周期性评审、不定期重点检查。

第五节 法律责任

医疗机构违反《医疗机构管理条例》时,医疗机构本身及其直接责任人员都应承担一定的法律责任。《医疗机构管理条例》规定均为行政责任,主要是由医疗机构本身来承担,形式是行政处罚。

一、罚则

对未取得医疗机构执业许可证擅自执业的,责令其停止执业活动,没收非法所得和药品、器械,并处以三千元以下的罚款。有下列情形之一的,责令其停止执业活动,没收非法所得和药品、器械,处以三千元以上一万元以下的罚款:因擅自执业曾受过卫生计生行政部门处罚;擅自执业的人员为非卫生技术专业人员;擅自执业时间在三个月以上;给患者造成伤害;使用假药、劣药蒙骗患者;以行医为名骗取患者钱物;省、自治区、直辖市卫生计生行政部门规定的其他情形。

对不按期办理校验医疗机构执业许可证又不停止诊疗活动的,责令其限期补办校验手续;在限期内仍不办理校验的,吊销其医疗机构执业许可证。

转让、出借医疗机构执业许可证的,没收其非法所得,并处以三千元以下的罚款。有下列情形之一的,没收其非法所得,处以三千元以上五千元以下的罚款,并吊销医疗机构执业许可证:出卖医疗机构执业许可证;转让或者出借医疗机构执业许可证是以营利为目的;受让方或者承借方给患者造成伤害;转让、出借医疗机构执业许可证给非卫生技术专业人员;省、自治区、直辖市卫生计生行政部门规定的其他情形。

除急诊和急救外,医疗机构诊疗活动超出登记的诊疗科目范围,情节轻微的,处以警告。有下列情形之一的,责令其限期改正,并可处以三千元以下罚款:超出登记的诊疗科目范围的诊疗活动累计收入在三千元以下;给患者造成伤害。有下列情形之一的,处以三千元罚款,并吊销医疗机构执业许可证:超出登记的诊疗科目范围的诊疗活动累计收入在三千元以上;给患者造成伤害;省、自治区、直辖市卫生计生行政部门规定的其他情形。

任用非卫生技术人员从事医疗卫生技术工作的,责令其立即改正,并可处以三千元以下罚款。有下列情形之一的,处以三千元以上五千元以下罚款,并可以吊销其医疗机构执业许可证:任用两名以上非卫生技术人员从事诊疗活动;任用的非卫生技术人员给患者造成伤害。医疗机构使用卫生技术人员从事本专业以外的诊疗活动的,按使用非卫生技术人员处理。

出具虚假证明文件,情节轻微的,给予警告,并可处以五百元以下的罚款。有下列情形之一的,处以五百元以上一千元以下的罚款:出具虚假证明文件造成延误诊治的;出具虚假证明文件给患者精神造成伤害的;造成其他危害后果的。对直接责任人员由所在单位或者上级机关给予行政处分。

医疗机构有下列情形之一的,登记机关可以责令其限期改正:发生重大医疗事故;连续发生同类医疗事故,不采取有效防范措施;连续发生原因不明的同类患者死亡事件,同时存在管理不善因素;管理混乱,有严重事故隐患,可能直接影响医疗安全;省、自治区、直辖市卫生计生行政部门规定的其他情形。

二、救济

当事人对行政处罚决定不服的,可以在接到《行政处罚决定通知书》之日起十五日内向作出行政处罚的上一级卫生计生行政部门申请复议。上级卫生计生行政部门应当在接到申请书之日起三十日内作出书面答复。

当事人对行政处罚决定不服的,也可以在接到《行政处罚决定通知书》之日起十五日内直接向人民法院提起行政诉讼。

逾期不申请复议、不起诉又不履行处罚决定的,由作出行政处罚决定的卫生计生行政部门填写《行政处罚强制执行申请书》,向人民法院申请强制执行。

本章小结

《医疗机构管理条例》的发布与完善标志着一个国家医疗机构管理的完善程度,包含医疗机构的设置原则和设置规划、设置申请审批、登记和校验、执业和监管以及法律责任。医疗机构设置的基本原则包括坚持需求导向原则、区域统筹规划原则、科学布局原则、协同创新原则、中西医并重原则;登记包括条件、程序和变更注销登记;执业包括依法执业、人员管理、资料管理、规范诊疗、内部管理;法律责任包括罚则和救济。

(王名铭 黄小梅)

目标检测

参考答案

一、选择题

1. 机关、企业和事业单位设置的为内部职工服务的门诊部、诊所、卫生所(室)的执业登记,办理单位为( )。

A. 所在地的县级人民政府卫生行政部门

B. 批准其设置的人民政府卫生行政部门

C. 省级人民政府卫生行政部门

D. 所在地的市级人民政府卫生行政部门

E. 所在地的省级人民政府卫生行政部门

2.《医疗机构管理条例》规定,医疗机构执业,必须遵守有关法律、法规和( )。

A. 医疗技术规范　　　　　　B. 医院规章制度　　　　　　C. 护理技术规范

D. 行业规则　　　　　　　　E. 社会公序良俗

3. 医疗机构执业许可证每年校验1次的医疗机构的床位数是( )。

A. 50 张以内　　　　　　　　B. 100 张以内　　　　　　　C. 150 张以内

D. 200 张以内　　　　　　　E. 250 张以内

4. 以下说法正确的是( )。

A. 医疗机构工作人员上岗工作,必须佩戴载有本人姓名、职务或职称的标牌,新上岗人员除外

B. 医疗机构对危重病人应当立即抢救。对限于设备或者技术条件不能诊治的病人,应当及时转诊

C. 发生重大灾害、事故、疾病流行或者其他意外情况时,医疗机构及其卫生技术人员必须服从县级以上人民政府卫生行政部门的调遣

D. 医疗机构的特殊性可以不按照物价部门的有关规定收费,但要出具收据

E. 医疗机构的门诊病历和住院病历的保存期不得少于十五年

5. 国务院令第752号《国务院关于修改和废止部分行政法规的决定》对《医疗机构管理条例》的部分条款予以修改,决定施行日期为( )。

A. 2019 年 5 月 1 日　　　　B. 2020 年 5 月 1 日　　　　C. 2021 年 5 月 1 日

D. 2022 年 5 月 1 日　　　　E. 2023 年 5 月 1 日

二、简答题

1. 简述医疗机构设置的基本原则。

2. 简述医疗机构如何进行依法执业。

第十章　卫生技术人员管理法律制度

课件　微课

学习目标

素质目标:具有良好的职业道德情感与法律思维。

知识目标:掌握护士的考试、注册条件和程序、护士的权利和义务。熟悉执业医师、执业药师的执业规则。了解违反卫生技术人员管理法律制度的法律责任。

能力目标:学会运用卫生技术人员管理法律制度,解决工作中的实际问题。

案例导学

护士按医嘱准备给甲床位的患者张某注射青霉素针剂。不巧的是,此时坐在甲床位上的是另外一位患者李某。护士没有认真核对患者的姓名,自认为坐在甲床上的患者就是张某,于是给他注射了青霉素,结果导致李某因青霉素过敏死亡。

请思考:

本案例中的护士为什么会引发重大医疗事故?

案例导学解析

第一节　医师管理法律制度

一、医师的概念及法制建设

医师,是指依法取得医师资格,经注册在医疗卫生机构中执业的专业医务人员,包括执业医师和执业助理医师。

医师应当坚持人民至上、生命至上,发扬人道主义精神,弘扬敬佑生命、救死扶伤、甘于奉献、大爱无疆的崇高职业精神,恪守职业道德,遵守执业规范,提高执业水平,履行防病治病、保护人民健康的神圣职责。医师依法执业,受法律保护。医师的人格尊严、人身安全不受侵犯。

1998 年 6 月 26 日,第九届全国人大常委会第三次会议通过了《中华人民共和国执业医师法》(以下简称《执业医师法》),自 1999 年 5 月 1 日起施行。为了贯彻实施《执业医师法》,1999 年卫生部成立了国家医师资格考试委员会,发布了《医师资格考试暂行办法》《医师执业注册暂行办法》《关于医师执业注册中执业范围的暂行规定》等配套规章制度,我国的执业医师管理走上了法制化、规范化的道路。2021 年 8 月 20 日,中华人民共和国第十三届全国人民代表大会常务委员会第三十次会议通过《中华人民共和国医师法》并予以公布,自 2022 年 3 月 1 日起施行,《执业医师法》同时废止。《中华人民共和国医师法》的宗旨是为了保障医师合法权益,规范医师执业行为,加强医师队伍建设,保护人民健康,推进健康中国建设。

二、考试和注册

国家实行医师资格考试制度。医师资格考试分为执业医师资格考试和执业助理医师资格考试。医师资格考试由省级以上人民政府卫生健康主管部门组织实施。医师资格考试的类别和具体办法,由国务院卫生健康主管部门制定。医师资格考试成绩合格,取得执业医师资格或者执业助理医师资格,发给医师资格证书。

(一)考试

1. 执业助理医师报考条件 具有高等学校相关医学专业专科以上学历,在执业医师指导下,在医疗卫生机构中参加医学专业工作实践满一年的,可以参加执业助理医师资格考试。

2. 执业医师报考条件

(1)具有高等学校相关医学专业本科以上学历,在执业医师指导下,在医疗卫生机构中参加医学专业工作实践满一年。

(2)具有高等学校相关医学专业专科学历,取得执业助理医师执业证书后,在医疗卫生机构中执业满二年。

3. 传统医学师承和确有专长人员参加医师资格考试的条件 以师承方式学习中医满三年,或者经多年实践医术确有专长的,经县级以上人民政府卫生健康主管部门委托的中医药专业组织或者医疗卫生机构考核合格并推荐,可以参加中医医师资格考试。

以师承方式学习中医或者经多年实践医术确有专长的,由至少二名中医医师推荐,经省级人民政府中医药主管部门组织实践技能和效果考核合格后,即可取得中医医师资格及相应的资格证书。

(二)注册

1. 申请注册 取得医师资格的,可以向所在地县级以上地方人民政府卫生健康主管部门申请注册。医疗卫生机构可以为本机构中的申请人集体办理注册手续。除有规定不予注册的情形外,卫生健康主管部门应当自受理申请之日起二十个工作日内准予注册,将注册信息录入国家信息平台,并发给医师执业证书。未注册取得医师执业证书,不得从事医师执业活动。

医师经注册后,可以在医疗卫生机构中按照注册的执业地点、执业类别、执业范围执业,从事相应的医疗卫生服务。中医、中西医结合医师可以在医疗机构中的中医科、中西医结合科或者其他临床科室按照注册的执业类别、执业范围执业。医师经相关专业培训和考核合格,可以增加执业范围。法律、行政法规对医师从事特定范围执业活动的资质条件有规定的,从其规定。经考试取得医师资格的中医医师按照国家有关规定,经培训和考核合格,在执业活动中可以采用与其专业相关的西医药技术方法。西医医师按照国家有关规定,经培训和考核合格,在执业活动中可以采用与其专业相关的中医药技术方法。

2. 不予注册 凡取得执业医师资格或者执业助理医师资格的,均可申请医师执业注册。有下列情形之一的,不予注册:①无民事行为能力或者限制民事行为能力;②受刑事处罚,刑罚执行完毕不满二年或者被依法禁止从事医师职业的期限未满;③被吊销医师执业证书不满二年;④因医师定期考核不合格被注销注册不满一年;⑤法律、行政法规规定不得从事医疗卫生服务的其他情形。

3. 注销注册 医师注册后有下列情形之一的,注销注册,废止医师执业证书:①死亡;②受刑事处罚;③被吊销医师执业证书;④医师定期考核不合格,暂停执业活动期满,再次考核仍不合格;⑤中止医师执业活动满二年;⑥法律、行政法规规定不得从事医疗卫生服务或者应当办理注销手续的其他情形。

4. 变更注册 医师变更执业地点、执业类别、执业范围等注册事项的,应当依照本法规定到准予注册的卫生健康主管部门办理变更注册手续。

医师从事下列活动的,可以不办理相关变更注册手续:参加规范化培训、进修、对口支援、会诊、突发事件医疗救援、慈善或者其他公益性医疗、义诊;承担国家任务或者参加政府组织的重要活动等;在医疗联合体内的医疗机构中执业。

5. 重新注册　中止医师执业活动二年以上或者不予注册的情形消失,申请重新执业的,应当由县级以上人民政府卫生健康主管部门或者其委托的医疗卫生机构、行业组织考核合格,并依照规定重新注册。

三、执业规则

1. 医师在执业活动中的权利

(1)在注册的执业范围内,按照有关规范进行医学诊查、疾病调查、医学处置、出具相应的医学证明文件,选择合理的医疗、预防、保健方案。

(2)获取劳动报酬,享受国家规定的福利待遇,按照规定参加社会保险并享受相应待遇。

(3)获得符合国家规定标准的执业基本条件和职业防护装备。

(4)从事医学教育、研究、学术交流。

(5)参加专业培训,接受继续医学教育。

(6)对所在医疗卫生机构和卫生健康主管部门的工作提出意见和建议,依法参与所在机构的民主管理。

(7)法律、法规规定的其他权利。

2. 医师在执业活动中的义务

(1)树立敬业精神,恪守职业道德,履行医师职责,尽职尽责救治患者,执行疫情防控等公共卫生措施。

(2)遵循临床诊疗指南,遵守临床技术操作规范和医学伦理规范等。

(3)尊重、关心、爱护患者,依法保护患者隐私和个人信息。

(4)努力钻研业务,更新知识,提高医学专业技术能力和水平,提升医疗卫生服务质量。

(5)宣传推广与岗位相适应的健康科普知识,对患者及公众进行健康教育和健康指导。

(6)法律、法规规定的其他义务。

3. 其他执业规则　医师实施医疗、预防、保健措施,签署有关医学证明文件,必须亲自诊查、调查,并按照规定及时填写病历等医学文书,不得隐匿、伪造、篡改或者擅自销毁病历等医学文书及有关资料。医师不得出具虚假医学证明文件以及与自己执业范围无关或者与执业类别不相符的医学证明文件。

医师在诊疗活动中应当向患者说明病情、医疗措施和其他需要告知的事项。需要实施手术、特殊检查、特殊治疗的,医师应当及时向患者具体说明医疗风险、替代医疗方案等情况,并取得其明确同意;不能或者不宜向患者说明的,应当向患者的近亲属说明,并取得其明确同意。

医师开展药物、医疗器械临床试验和其他医学临床研究应当符合国家有关规定,遵守医学伦理规范,依法通过伦理审查,取得书面知情同意。

对需要紧急救治的患者,医师应当采取紧急措施进行诊治,不得拒绝急救处置。因抢救生命垂危的患者等紧急情况,不能取得患者或者其近亲属意见的,经医疗机构负责人或者授权的负责人批准,可以立即实施相应的医疗措施。国家鼓励医师积极参与公共交通工具等公共场所急救服务;医师因自愿实施急救造成受助人损害的,不承担民事责任。

医师应当使用经依法批准或者备案的药品、消毒药剂、医疗器械,采用合法、合规、科学的诊疗方法。除按照规范用于诊断治疗外,不得使用麻醉药品、医疗用毒性药品、精神药品、放射性药品等。医师应当坚持安全有效、经济合理的用药原则,遵循药品临床应用指导原则、临床诊疗指南和药品说明书等合理用药。在尚无有效或者更好治疗手段等特殊情况下,医师取得患者明确知情同意后,可以采用药品说明书中未明确但具有循证医学证据的药品用法实施治疗。医疗机构应当建立管理制度,对医师处方、用药医嘱的适宜性进行审核,严格规范医师用药行为。

医师不得利用职务之便,索要、非法收受财物或者牟取其他不正当利益;不得对患者实施不必要的检查、治疗。

遇有自然灾害、事故灾难、公共卫生事件和社会安全事件等严重威胁人民生命健康的突发事件时,县级以上人民政府卫生健康主管部门根据需要组织医师参与卫生应急处置和医疗救治,医师应当服从调遣。

在执业活动中有下列情形之一的,医师应当按照有关规定及时向所在医疗卫生机构或者有关部门、机构报告:发现传染病、突发不明原因疾病或者异常健康事件;发生或者发现医疗事故;发现可能与药品、医疗器械有关的不良反应或者不良事件;发现假药或者劣药;发现患者涉嫌伤害事件或者非正常死亡;法律、法规规定的其他情形。

执业助理医师应当在执业医师的指导下,在医疗卫生机构中按照注册的执业类别、执业范围执业。在乡、民族乡、镇和村医疗卫生机构以及艰苦边远地区县级医疗卫生机构中执业的执业助理医师,可以根据医疗卫生服务情况和本人实践经验,独立从事一般的执业活动。

四、法律责任

在医师资格考试中有违反考试纪律等行为,情节严重的,一至三年内禁止参加医师资格考试。以不正当手段取得医师资格证书或者医师执业证书的,由发给证书的卫生健康主管部门予以撤销,三年内不受理其相应申请。伪造、变造、买卖、出租、出借医师执业证书的,由县级以上人民政府卫生健康主管部门责令改正,没收违法所得,并处违法所得二倍以上五倍以下的罚款,违法所得不足一万元的按一万元计算;情节严重的,吊销医师执业证书。

医师在执业活动中有下列行为之一的,由县级以上人民政府卫生健康主管部门责令改正,给予警告;情节严重的,责令暂停六个月以上一年以下执业活动直至吊销医师执业证书:在提供医疗卫生服务或者开展医学临床研究中,未按照规定履行告知义务或者取得知情同意;对需要紧急救治的患者,拒绝急救处置,或者由于不负责任延误诊治;遇有自然灾害、事故灾难、公共卫生事件和社会安全事件等严重威胁人民生命健康的突发事件时,不服从卫生健康主管部门调遣;未按照规定报告有关情形;违反法律、法规、规章或者执业规范,造成医疗事故或者其他严重后果。

医师在执业活动中有下列行为之一的,由县级以上人民政府卫生健康主管部门责令改正,给予警告,没收违法所得,并处一万元以上三万元以下的罚款;情节严重的,责令暂停六个月以上一年以下执业活动直至吊销医师执业证书:泄露患者隐私或者个人信息;出具虚假医学证明文件,或者未经亲自诊查、调查,签署诊断、治疗、流行病学等证明文件或者有关出生、死亡等证明文件;隐匿、伪造、篡改或者擅自销毁病历等医学文书及有关资料;未按照规定使用麻醉药品、医疗用毒性药品、精神药品、放射性药品等;利用职务之便,索要、非法收受财物或者牟取其他不正当利益,或者违反诊疗规范,对患者实施不必要的检查、治疗造成不良后果;开展禁止类医疗技术临床应用。

医师未按照注册的执业地点、执业类别、执业范围执业的,由县级以上人民政府卫生健康主管部门或者中医药主管部门责令改正,给予警告,没收违法所得,并处一万元以上三万元以下的罚款;情节严重的,责令暂停六个月以上一年以下执业活动直至吊销医师执业证书。

严重违反医师职业道德、医学伦理规范,造成恶劣社会影响的,由省级以上人民政府卫生健康主管部门吊销医师执业证书或者责令停止非法执业活动,五年直至终身禁止从事医疗卫生服务或者医学临床研究。

非医师行医的,由县级以上人民政府卫生健康主管部门责令停止非法执业活动,没收违法所得和药品、医疗器械,并处违法所得二倍以上十倍以下的罚款,违法所得不足一万元的按一万元计算。

阻碍医师依法执业,干扰医师正常工作、生活,或者通过侮辱、诽谤、威胁、殴打等方式,侵犯医师人格尊严、人身安全,构成违反治安管理行为的,依法给予治安管理处罚。

医疗卫生机构未履行报告职责,造成严重后果的,由县级以上人民政府卫生健康主管部门给予警告,对直接负责的主管人员和其他直接责任人员依法给予处分。

卫生健康主管部门和其他有关部门工作人员或者医疗卫生机构工作人员弄虚作假、滥用职权、玩忽职守、徇私舞弊的,依法给予处分。

素质拓展

杏林春暖

我国东汉时期的名医董奉,为人忠厚,医术高超,治愈了许多疑难病症。被医好的患者要以银两感谢,董奉说:"倘若你们一定要谢我,就请在山上种几棵杏树吧。"于是,患者就在山上种了杏树。后来,凡找董奉看病,重症治愈者,每人种杏树5株,轻病治愈者,每人种杏树1株。几年过去了,杏树蔚然成林。董奉除留一些杏子食用入药外,大部分都分给了邻里。

为了感激董奉,有人写了"杏林春暖"的条幅挂在他家门口,从此,许多中药店挂上了"杏林春暖"的匾额。杏林文化包含了亲、善、诚、信、中、和等丰富的内涵,其灵魂是"道"与"德",凡习医药者欲成为"杏林中人",必推崇"杏林精神"。

第二节　执业药师管理法律制度

一、执业药师的概念和法制建设

(一)执业药师的概念

执业药师是指经全国统一考试合格,取得中华人民共和国执业药师资格证书并经注册登记,在药品生产、经营、使用和其他需要提供药学服务的单位中执业的药学技术人员。

(二)法制建设

2019年3月,为加强对药学技术人员的职业准入管理,进一步规范执业药师的管理权责,促进执业药师队伍建设和发展,根据《中华人民共和国药品管理法》《国家职业资格目录》等有关规定,国家药品监督管理局、人力资源社会保障部在原执业药师资格制度基础上,制定了《执业药师职业资格制度规定》和《执业药师职业资格考试实施办法》,自2019年3月5日印发之日起施行。

二、考试和注册

人事部、国家药品监督管理局共同负责执业药师资格考试工作,日常管理工作由国家药品监督管理局负责。执业药师资格考试日期定为每年10月,报名时间定为每年3月。

(一)考试

1.报考条件　凡中华人民共和国公民和获准在我国境内就业的外籍人员,具备以下条件之一者,均可申请参加执业药师职业资格考试:取得药学类、中药学类专业大专学历,在药学或中药学岗位工作满 5 年;取得药学类、中药学类专业大学本科学历或学士学位,在药学或中药学岗位工作满 3 年;取得药学类、中药学类专业第二学士学位、研究生班毕业或硕士学位,在药学或中药学岗位工作满 1 年;取得药学类、中药学类专业博士学位;取得药学类、中药学类相关专业相应学历或学位的人员,在药学或中药学岗位工作的年限相应增加 1 年。

知识链接

执业药师资格制度的建立与完善

我国的执业药师资格制度建立于 1994 年。2019 年 3 月 20 日,国家药品监督管理局、人社部联合发布了《执业药师职业资格制度规定》和《执业药师职业资格考试实施办法》。据相关负责人介绍,与原有制度相比,其提高了执业药师学历准入门槛,将最低学历要求从中专调整为大专,并适当提高相关专业考生从事药学(中药学)岗位的工作年限。

2. 免试条件 按照国家有关规定评聘为高级专业技术职务,并具备下列条件之一者,可免试药学(或中药学)专业知识(一)、药学(或中药学)专业知识(二)两个科目,只参加药事管理与法规、综合知识与技能两个科目的考试:中药学徒、药学或中药学专业中专毕业,连续从事药学或中药学专业工作满 20 年。取得药学、中药学专业或相关专业大专以上学历,连续从事药学或中药学专业工作满 15 年。

3. 单位审核 报名参加考试者,由本人提出申请,所在单位审核同意,并携带有关证明材料到当地考试管理机构办理报名手续。

(二)注册

持有中华人民共和国执业药师职业资格证书的人员,经注册取得中华人民共和国执业药师注册证后,方可以执业药师身份执业。

1. 注册条件 申请人通过全国执业药师注册管理信息系统向执业所在地省、自治区、直辖市药品监督管理部门申请注册。执业药师注册申请人(以下简称申请人),必须具备下列条件:

(1)取得执业药师职业资格证书。

(2)遵纪守法,遵守执业药师职业道德。

(3)身体健康,能坚持在执业药师岗位工作。

(4)经执业单位同意。

(5)按规定参加继续教育学习。

执业药师注册有效期为五年。

2. 变更注册 申请人要求变更执业地区、执业类别、执业范围、执业单位的,应当向拟申请执业所在地的省、自治区、直辖市药品监督管理部门申请办理变更注册手续。

药品监督管理部门应当自受理变更注册申请之日起七个工作日内作出准予变更注册的决定。

3. 延续注册 需要延续注册的,申请人应当在注册有效期满之日三十日前,向执业所在地省、自治区、直辖市药品监督管理部门提出延续注册申请。

药品监督管理部门准予延续注册的,注册有效期从期满之日次日起重新计算五年。药品监督管理部门准予变更注册的,注册有效期不变;但在有效期满之日前三十日内申请变更注册,符合要求的,注册有效期自旧证期满之日次日起重新计算五年。

4. 注销注册 有下列情形之一的,中华人民共和国执业药师注册证由药品监督管理部门注销,并予以公告:

(1)注册有效期满未延续的。

（2）执业药师注册证被依法撤销或者吊销的。

（3）法律法规规定的应当注销注册的其他情形。

有下列情形之一的，执业药师本人或者其执业单位，应当自知晓或者应当知晓之日起三十个工作日内向药品监督管理部门申请办理注销注册，并填写执业药师注销注册申请表。药品监督管理部门经核实后依法注销注册。

（1）本人主动申请注销注册的。

（2）执业药师身体健康状况不适宜继续执业的。

（3）执业药师无正当理由不在执业单位执业，超过一个月的。

（4）执业药师死亡或者被宣告失踪的。

（5）执业药师丧失完全民事行为能力的。

（6）执业药师受刑事处罚的。

三、执业规则

执业药师依法负责药品管理、处方审核和调配、合理用药指导等工作。

执业药师在执业范围内应当对执业单位的药品质量和药学服务活动进行监督，保证药品管理过程持续符合法定要求，对执业单位违反有关法律、法规、部门规章和专业技术规范的行为或者决定，提出劝告、制止或者拒绝执行，并向药品监督管理部门报告。

执业药师享有下列权利：以执业药师的名义从事相关业务，保障公众用药安全和合法权益，保护和促进公众健康；在执业范围内，开展药品质量管理，制定和实施药品质量管理制度，提供药学服务；参加执业培训，接受继续教育；在执业活动中，人格尊严、人身安全不受侵犯；对执业单位的工作提出意见和建议；按照有关规定获得表彰和奖励；法律、法规规定的其他权利。

执业药师应当履行下列义务：严格遵守《中华人民共和国药品管理法》及国家有关药品生产、经营、使用等各项法律、法规、部门规章及政策；遵守执业标准和业务规范，恪守职业道德；廉洁自律，维护执业药师职业荣誉和尊严；维护国家、公众的利益和执业单位的合法权益；按要求参加突发重大公共事件的药事管理与药学服务；法律、法规规定的其他义务。

四、监督管理

负责药品监督管理的部门按照有关法律法规和规章的规定，对执业药师配备情况及其执业活动实施监督检查。

监督检查时应当查验执业药师注册证、处方审核记录、执业药师挂牌明示、执业药师在岗服务等事项。

执业单位和执业药师应当对负责药品监督管理的部门的监督检查予以协助、配合，不得拒绝、阻挠。

执业药师有下列情形之一的，县级以上人力资源社会保障部门与负责药品监督管理的部门按规定对其给予表彰和奖励：在执业活动中，职业道德高尚，事迹突出的；对药学工作做出显著贡献的；向患者提供药学服务表现突出的；长期在边远贫困地区基层单位工作且表现突出的。

建立执业药师个人诚信记录，对其执业活动实行信用管理。执业药师的违法违规行为、接受表彰奖励及处分等，作为个人诚信信息由负责药品监督管理的部门及时记入全国执业药师注册管理信息系统；执业药师的继续教育学分，由继续教育管理机构及时记入全国执业药师注册管理信息系统。

五、法律责任

对未按规定配备执业药师的单位，由所在地县级以上负责药品监督管理的部门责令限期配备，并按照相关法律法规给予处罚。

对以不正当手段取得执业药师职业资格证书的,按照国家专业技术人员资格考试违纪违规行为处理规定处理;构成犯罪的,依法追究刑事责任。

以欺骗、贿赂等不正当手段取得执业药师注册证的,由发证部门撤销执业药师注册证,三年内不予执业药师注册;构成犯罪的,依法追究刑事责任。

严禁执业药师注册证挂靠,持证人注册单位与实际工作单位不符的,由发证部门撤销执业药师注册证,并作为个人不良信息由负责药品监督管理的部门记入全国执业药师注册管理信息系统。买卖、租借执业药师注册证的单位,按照相关法律法规给予处罚。

执业药师违反本规定有关条款的,所在单位应当如实上报,由负责药品监督管理的部门根据情况予以处理。

执业药师在执业期间违反《中华人民共和国药品管理法》及其他法律法规构成犯罪的,由司法机关依法追究责任。

☞考点提示:执业药师的执业规则。

第三节　执业护士管理法律制度

一、护士的概念和法制建设

(一)护士的概念

护士,是指经执业注册取得护士执业证书,依照《护士条例》规定从事护理活动,履行保护生命、减轻痛苦、增进健康职责的卫生技术人员。护士人格尊严、人身安全不受侵犯。护士依法履行职责,受法律保护。全社会应当尊重护士。

(二)法制建设

为了维护护士的合法权益,规范护理行为,促进护理事业发展,保障医疗安全和人体健康,2008年1月23日,国务院审议通过了《护士条例》并于2008年5月12日起施行。《护士条例》的颁布实施填补了我国护士立法空白,对于保障护士合法权益、强化医疗卫生机构管理职责、规范护士行为、促进护理事业发展具有重要意义。为了更好地贯彻实施《护士条例》,规范护士执业注册管理,根据《护士条例》,卫生部于2008年5月4日经部务会议讨论通过了《护士执业注册管理办法》,并自2008年5月12日起施行。随后,为规范全国护士执业资格考试工作,加强护理专业队伍建设,卫生部、人力资源社会保障部联合审议通过了《护士执业资格考试办法》,经国务院同意后发布,自2010年7月1日起施行,2020年3月27日根据《国务院关于修改和废止部分行政法规的决定》进行了修订。这一系列行政法规和部门规章的实施,标志着我国执业护士管理法律制度的一大进步。

二、护士执业注册

(一)主管部门

国务院卫生主管部门负责全国的护士监督管理工作。县级以上地方人民政府卫生主管部门负责本行政区域的护士监督管理工作。

国务院有关部门、县级以上地方人民政府及其有关部门以及乡(镇)人民政府应当采取措施,改善护士的工作条件,保障护士待遇,加强护士队伍建设,促进护理事业健康发展。国务院有关部门和县级以上地方人民政府应当采取措施,鼓励护士到农村、基层医疗卫生机构工作。

省、自治区、直辖市人民政府卫生行政部门是护士执业注册的主管部门,负责本行政区域的护士执业注册管理工作。省、自治区、直辖市人民政府卫生行政部门结合本行政区域的实际情况,制定护士执业注册工作的具体办法,并报国家卫生健康委员会备案。

(二)申请条件

护士执业,应当经执业注册取得护士执业证书。护士经执业注册取得护士执业证书后,方可按照注册的执业地点从事护理工作。未经执业注册取得护士执业证书者,不得从事诊疗技术规范规定的护理活动。

护士执业注册申请需满足以下条件:具有完全民事行为能力;中等职业学校、高等学校完成教育部和国家卫生健康委员会规定的普通全日制3年以上的护理、助产专业课程学习,包括在教学、综合医院完成8个月以上护理临床实习,并取得相应学历证书;通过国家卫生健康委员会组织的护士执业资格考试;符合下列健康标准:无精神病史,无色盲、色弱、双耳听力障碍,无影响履行护理职责的疾病、残疾或者功能障碍。

(三)申请程序

1. 申请期限 护士执业注册申请,应当自通过护士执业资格考试之日起3年内提出;逾期提出申请的,除应具备护士执业注册申请的条件外,还应当提交在省、自治区、直辖市人民政府卫生行政部门规定的教学、综合医院接受3个月临床护理培训并考核合格的证明。

2. 受理部门 申请护士执业注册的,应当向批准设立拟执业医疗机构或者为该医疗机构备案的卫生主管部门提出申请。收到申请的卫生主管部门应当自收到申请之日起20个工作日内作出决定,对具备规定条件的准予注册,并发给护士执业证书;对不具备规定条件的不予注册,并书面说明理由。

护士执业注册有效期为5年。

> ☞**考点提示:**护士执业注册的有效期。

(四)延续注册

1. 程序 护士执业注册有效期届满需要继续执业的,应当在护士执业注册有效期届满前30日向批准设立执业医疗机构或者为该医疗机构备案的卫生主管部门申请延续注册。收到申请的卫生主管部门对具备规定条件的准予延续,延续执业注册有效期为5年;对不具备规定条件的不予延续,并书面说明理由。

2. 不予延续注册情形 有下列情形之一的,不予延续注册:①有精神病史;②色盲、色弱、双耳听力障碍;③有影响履行护理职责的疾病、残疾或者功能障碍;④被处暂停执业活动处罚期限未满的。

(五)重新注册

1. 重新申请注册的情形 有下列情形之一的,拟在医疗卫生机构执业时,应当重新申请注册:注册有效期届满未延续注册的;受吊销护士执业证书处罚,自吊销之日起满2年的。

2. 程序 重新申请注册的,应具备护士执业注册申请的条件;中断护理执业活动超过3年的,还应当提交在省、自治区、直辖市人民政府卫生行政部门规定的教学、综合医院接受3个月临床护理培训并考核合格的证明。

(六)变更注册

1. 变更注册的情形 护士在其执业注册有效期内变更执业地点等注册项目,应当办理变更注册。但承担卫生行政部门交办或者批准的任务以及履行医疗卫生机构职责的护理活动,包括经医疗卫生机构批准的进修、学术交流等除外。

2. 程序 护士在其执业注册有效期内变更执业地点的,应当向批准设立拟执业医疗机构或者为该医疗机构备案的卫生主管部门报告。收到报告的卫生主管部门应当自收到报告之日起7个工作日内为其办理变更手续。护士跨省、自治区、直辖市变更执业地点的,收到报告的卫生主管部门还应当向其原注册部门通报。

(七)注销注册

护士执业注册后有下列情形之一的,原注册部门办理注销执业注册:注册有效期届满未延续注册;受吊销护士执业证书处罚;护士死亡或者丧失民事行为能力。

📖 **知识链接**

护士的职称

职称是指专业技术人员的专业技术水平、能力以及成就的等级称号,是反映专业技术人员的技术水平、工作能力的指标。护士属于专业技术人员,职称分为主任护师、副主任护师、主管护师和护师(护士)四级。

主任护师是护理人员的高级技术职称,副主任护师是护理人员的副高级技术职称,主管护师是护理人员的中级技术职称,护师(护士)是护理人员的初级技术职称。取得护士执业资格证书后即为初级职称,即护士,其后可依照规定逐步晋升。

三、护士的执业权利与义务

为了保证护士安心工作,鼓励人们从事护理工作,满足人民群众对护理服务的需求,《护士条例》强调了政府的职责,规定:国务院有关部门、县级以上地方人民政府及其有关部门以及乡(镇)人民政府应当采取措施,改善护士的工作条件,保障护士待遇,加强护士队伍建设,促进护理事业健康发展。

(一)护士的权利

法律依法保障护士的权利。

1.享有获得合法报酬及特殊工作津贴的权利 护士执业,有按照国家有关规定获取工资报酬、享受福利待遇、参加社会保险的权利。任何单位或者个人不得克扣护士工资,降低或者取消护士福利等待遇。

2.享有安全执业的权利 护士执业,有获得与其所从事的护理工作相适应的卫生防护、医疗保健服务的权利。从事直接接触有毒有害物质、有感染传染病危险工作的护士,有依照有关法律、行政法规的规定接受职业健康监护的权利;患职业病的,有依照有关法律、行政法规的规定获得赔偿的权利。

3.享有学习、培训的权利 护士有按照国家有关规定获得与本人业务能力和学术水平相应的专业技术职务、职称的权利;有参加专业培训、从事学术研究和交流、参加行业协会和专业学术团体的权利。

4.享有获得履行职责相关的权利 护士有获得疾病诊疗、护理相关信息的权利和其他与履行护理职责相关的权利,可以对医疗卫生机构和卫生主管部门的工作提出意见和建议。

5.享有获得表彰、奖励的权利 国务院有关部门对在护理工作中做出杰出贡献的护士,应当授予全国卫生系统先进工作者荣誉称号或者颁发白求恩奖章,受到表彰、奖励的护士享受省部级劳动模范、先进工作者待遇;对长期从事护理工作的护士应当颁发荣誉证书。具体办法由国务院有关部门制订。县级以上地方人民政府及其有关部门对本行政区域内做出突出贡献的护士,按照省、自治区、直辖市人民政府的有关规定给予表彰、奖励。

6.享有人格尊严和人身安全不受侵犯的权利 扰乱医疗秩序,阻碍护士依法开展执业活动,侮辱、威胁、殴打护士,或有其他侵犯护士合法权益行为的,由公安机关依照《中华人民共和国治安管理处罚法》的规定给予处罚;构成犯罪的,依法追究刑事责任。

（二）护士的义务

规范护士执业行为、提高护理质量,是保障医疗安全、防范医疗事故、改善护患关系的重要方面。《护士条例》明确规定护士应当承担以下义务。

1. **守法义务**　护士执业,应当遵守法律法规、规章和诊疗技术规范的规定。

2. **通知义务**　护士在执业活动中,发现患者病情危急,应当立即通知医师;在紧急情况下为抢救垂危患者生命,应当先行实施必要的紧急救护。护士发现医嘱违反法律法规、规章或者诊疗技术规范规定的,应当及时向开具医嘱的医师提出;必要时,应当向该医师所在科室的负责人或者医疗卫生机构负责医疗服务管理的人员报告。

3. **道德义务**　护士应当尊重、关心、爱护患者,保护患者的隐私。

4. **护士有义务参与公共卫生和疾病预防控制工作**　发生自然灾害、公共卫生事件等严重威胁公众生命健康的突发事件,护士应当服从县级以上人民政府卫生主管部门或者所在医疗卫生机构的安排,参加医疗救护。

四、医疗卫生机构的职责

（一）依法配备护士

1. **人数法定**　医疗卫生机构配备护士的数量不得低于国务院卫生主管部门规定的护士配备标准。

2. **资格法定**　医疗卫生机构不得允许下列人员在本机构从事诊疗技术规范规定的护理活动:未取得护士执业证书的人员;未按规定办理执业地点变更手续的护士;护士执业注册有效期届满未延续执业注册的护士。在教学、综合医院进行护理临床实习的人员应当在护士指导下开展有关工作。

（二）依法保障护士权益

1. **提供卫生防护用品**　医疗卫生机构应当为护士提供卫生防护用品,并采取有效的卫生防护措施和医疗保健措施。

2. **给予合法报酬及特殊工作津贴**　医疗卫生机构应当执行国家有关工资、福利待遇等规定,按照国家有关规定为在本机构从事护理工作的护士足额缴纳社会保险费用,保障护士的合法权益。

对在艰苦边远地区工作,或者从事直接接触有毒有害物质、有感染传染病危险工作的护士,所在医疗卫生机构应当按照国家有关规定给予津贴。

3. **开展护士培训**　医疗卫生机构应制定、实施本机构护士在职培训计划,并保证护士接受培训。护士培训应当注重新知识、新技术的应用;根据临床专科护理发展和专科护理岗位的需要,开展对护士的专科护理培训。

（三）依法管理护士

1. **设置专职管理人员**　医疗卫生机构应当按照国务院卫生主管部门的规定,设置专门机构或者配备专(兼)职人员负责护理管理工作。

2. **建立岗位责任制**　医疗卫生机构应当建立护士岗位责任制并进行监督检查。

3. **投诉与处理**　护士因不履行职责或者违反职业道德受到投诉的,其所在医疗卫生机构应当进行调查。经查证属实的,医疗卫生机构应当对护士做出处理,并将调查处理情况告知投诉人。

（四）依法管理护士执业信息

1. **管理部门**　县级以上地方人民政府卫生主管部门应当建立本行政区域的护士执业良好记录和不良记录,并将该记录记入护士执业信息系统。

2. **记录内容**　护士执业良好记录包括护士受到的表彰、奖励以及完成政府指令性任务的情况等内容。护士执业不良记录包括护士因违反《护士条例》以及其他卫生管理法律法规、规章或者诊疗技术规范的规定受到行政处罚、处分的情况等内容。

👁 **考点提示**：护士的权利和义务。

五、法律责任

(一)卫生主管部门的法律责任

卫生主管部门的工作人员未依照《护士条例》规定履行职责,在护士监督管理工作中滥用职权、徇私舞弊,或者有其他失职、渎职行为的,依法给予处分;构成犯罪的,依法追究刑事责任。

(二)医疗卫生机构的法律责任

医疗卫生机构有下列情形之一的,由县级以上地方人民政府卫生主管部门依据职责分工责令限期改正,给予警告;逾期不改正的,根据国务院卫生主管部门规定的护士配备标准和在医疗卫生机构合法执业的护士数量核减其诊疗科目,或者暂停其6个月以上1年以下执业活动;国家举办的医疗卫生机构有下列情形之一、情节严重的,还应当对负有责任的主管人员和其他直接责任人员依法给予处分:违反《护士条例》规定,护士的配备数量低于国务院卫生主管部门规定的护士配备标准的;允许未取得护士执业证书的人员或者允许未按《护士条例》规定办理执业地点变更手续、延续执业注册有效期的护士在本机构从事诊疗技术规范规定的护理活动的。

医疗卫生机构有下列情形之一的,依照有关法律、行政法规的规定给予处罚;国家举办的医疗卫生机构有下列情形之一、情节严重的,还应当对负有责任的主管人员和其他直接责任人员依法给予处分:未执行国家有关工资、福利待遇等规定的;对在本机构从事护理工作的护士,未按照国家有关规定足额缴纳社会保险费用的;未为护士提供卫生防护用品,或者未采取有效的卫生防护措施、医疗保健措施的;对在艰苦边远地区工作,或者从事直接接触有毒有害物质、有感染传染病危险工作的护士,未按照国家有关规定给予津贴的。

医疗卫生机构有下列情形之一的,由县级以上地方人民政府卫生主管部门依据职责分工责令限期改正,给予警告:未制定、实施本机构护士在职培训计划或者未保证护士接受培训的;未依照《护士条例》规定履行护士管理职责的。

(三)护士的法律责任

护士在执业活动中有下列情形之一的,由县级以上地方人民政府卫生主管部门依据职责分工责令改正,给予警告;情节严重的,暂停其6个月以上1年以下执业活动,直至由原发证部门吊销其护士执业证书:发现患者病情危急未立即通知医师的;发现医嘱违反法律法规、规章或者诊疗技术规范的规定,未依照《护士条例》第十七条的规定提出或者报告的;泄露患者隐私的;发生自然灾害、公共卫生事件等严重威胁公众生命健康的突发事件,不服从安排参加医疗救护的。

护士被吊销执业证书的,自执业证书被吊销之日起2年内不得申请执业注册。

护士在执业活动中造成医疗事故的,依照医疗事故处理的有关规定承担法律责任。

👁 **考点提示**：护士执业中的法律责任。

第四节　医疗机构从业人员行为规范

一、手卫生规范

大量流行病学资料表明,医院感染多为直接或间接通过手接触传播。有效洗手是防止医务人员因操作引起外源性医院感染的最基本、最简便易行的重要措施,对降低医院感染起着重要作用。专家提出,医务人员严格按规范洗手,可降低医院50%的交叉感染率。

《医院感染管理办法》《消毒技术规范》《消毒管理办法》以及《医务人员手卫生规范》都对医务人员手卫生方法与效果监测进行了规定。卫生部于2009年颁布的《医务人员手卫生规范》中规定了医务人员手卫生的管理与基本要求、手卫生设施、一般手卫生方法、外科手消毒方法、手卫生效果的监测等。

(一)相关概念

1.手卫生 是医务人员洗手、卫生手消毒和外科手消毒的总称。

2.洗手 医务人员用肥皂(皂液)和流动水洗手,去除手部皮肤污垢、碎屑和部分致病菌的过程。

3.卫生手消毒 医务人员用速干手消毒剂揉搓双手,以减少手部暂居菌的过程。

4.外科手消毒 外科手术前医务人员用肥皂(皂液)和流动水洗手,再用手消毒剂清除或者杀灭手部暂居菌和减少常居菌的过程。使用的手消毒剂可具有持续抗菌活性。

5.手消毒剂 用于手部皮肤消毒,以减少手部皮肤细菌的消毒剂,如乙醇、异丙醇、氯己定、碘伏等。

6.速干手消毒剂 含有醇类和护肤成分的手消毒剂,包括水剂、凝胶和泡沫型。

(二)管理要求

1.管理制度 制定并落实医务人员手卫生管理制度。

2.人员培训 定期开展手卫生的全员培训,医务人员应掌握手卫生知识和正确的手卫生方法,保障洗手与手消毒的效果。医疗机构应当加强对医务人员手卫生工作的指导与监督,加强医务人员手卫生的观念。

(三)手消毒效果要求

卫生手消毒,监测的细菌菌落总数应≤10cfu/cm²;外科手消毒,监测的细菌菌落总数应≤5cfu/cm²。

手卫生设施有以下要求。

(1)设置流动水洗手设施。

(2)手术室、产房、导管室、层流洁净病房、骨髓移植病房、器官移植病房、重症监护病房、新生儿室、母婴室、血液透析病房、烧伤病房、感染疾病科、口腔科、消毒供应中心等重点部门应配备非手触式水龙头。

(3)肥皂应保持清洁与干燥。盛放皂液的容器宜为一次性使用,重复使用的容器应每周清洁与消毒。皂液浑浊或变色时及时更换,并清洁、消毒容器。

(4)应配备干手物品或者设施,避免二次污染。

(5)应配备合格的速干手消毒剂。

(6)手卫生设施的位置应当方便医务人员使用。

(四)手消毒剂的选择原则

手消毒剂的选择应遵循以下原则。

(1)选用的手消毒剂应当符合国家有关规定。

(2)医务人员对选用的手消毒剂应有良好的接受性,手消毒剂无异味、刺激性小。

(3)宜使用一次性包装。

(五)洗手与卫生手消毒

1.洗手与卫生手消毒应遵循的原则

(1)当手部有血液或其他体液等肉眼可见的污染时,应用肥皂(皂液)和流动水洗手。

（2）手部没有肉眼可见的污染时,宜使用速干手消毒剂消毒双手代替洗手。

2.下列情况下应当洗手或使用速干手消毒剂

（1）直接接触患者前后,从同一患者身体的污染部位移动到清洁部位时。

（2）接触患者黏膜、破损皮肤或伤口前后,接触患者的血液、体液、分泌物、排泄物、伤口敷料等之后。

（3）穿、脱隔离衣前后,摘手套后。

（4）进行无菌操作、接触清洁无菌物品之前。

（5）接触患者周围环境及物品后。

（6）处理药物或配餐前。

3.下列情况下应当先洗手,然后进行卫生手消毒

（1）接触患者的血液、体液和分泌物以及被传染性致病微生物污染的物品后。

（2）直接为传染病患者进行检查、治疗、护理或处理传染病患者污物之后。

☞**考点提示:**洗手或使用速干手消毒剂的情况。

二、消毒灭菌中的规范

(一)责任主体

消毒灭菌是护理工作的重要组成部分,严格做好物品的消毒灭菌,为病人提供符合国家卫生要求的物品是护理人员的职责。供应室护理人员和临床病房护理人员在医院物品的消毒灭菌工作中负有主要责任。

(二)消毒灭菌的范畴

医院消毒灭菌的范畴主要包括手术器械和用品的灭菌、输液器材的灭菌、内镜的消毒灭菌、一般诊疗用品的消毒、医务人员手的消毒、皮肤与黏膜的消毒、医院内空气的消毒、餐具和卫生洁具的消毒、物体和环境表面的消毒、口腔诊疗器具与环境的消毒与灭菌、污物的消毒处理等。

(三)消毒灭菌的卫生要求

卫生部于2012年3月颁布的《医疗机构消毒技术规范》中规定,医疗机构使用的诊疗器械、器具与物品应符合以下要求:进入人体无菌组织、器官、腔隙,或接触人体破损皮肤、破损黏膜、破损组织的诊疗器械、器具和物品应进行灭菌;接触完整皮肤、完整黏膜的诊疗器械、器具和物品应进行消毒。

(四)消毒灭菌效果的监测

感染监测是感染管理护士的重要职责。感染控制护士须对空气、物体表面、紫外线强度、医务人员的手、使用中消毒液等消毒灭菌效果进行监测。感染控制护士须掌握监测的指标、监测的频率、采样方法与时间、监测指标的正常范围,发现结果异常时须及时对结果进行原因分析,采取措施进行改进并重新监测。发现可疑情况立即上报,不得迟报、瞒报。

三、医疗废物处理的法律法规

医疗废物中含有大量致病微生物、寄生虫等有害物质,具有传染疾病的危险性。医疗废物的合理分类和处理对控制医院感染、减少社会环境污染具有重要的意义。临床护理人员是做好医疗废物分类和处理的关键,同时也对实习人员和保洁人员负有培训的职责。护理人员应当严格实施《医疗废物管理条例》,对医疗废物严格分类放置,严防医疗废物流失、泄漏、扩散,并对医疗废物进行严格登记。

(一)主要法规

《医疗废物管理条例》(2003年6月16日,国务院令第380号)是我国对医疗废物处理的主要法规,该条例对医疗废物的收集、运送、贮存、处置以及监督管理进行了相关规定。此外,《中华人民共和国传染病防治法》《麻醉药品和精神药品管理条例》等规范也对医疗废物处理做了相应规定。

(二)医疗废物的概念与分类

1.概念 医疗废物是指医疗卫生机构在医疗、预防、保健以及其他相关活动中产生的具有直接或间接感染性、毒性以及其他危害性废物。

2.分类 医疗废物分为以下几类。

(1)感染性废物:指携带病原微生物,具有引发感染性疾病传播危险的医疗废物。

(2)病理性废物:指诊疗过程中产生的人体废弃物和医学实验动物尸体等。

(3)损伤性废物:指能够刺伤或者割伤人体的废弃医用锐器。

(4)药物性废物:指过期、淘汰、变质或者被污染的废弃药品。

(5)化学性废物:指具有毒性、腐蚀性、易燃易爆性的废弃的化学物品。

☞**考点提示:**医疗废物的分类。

(三)医疗废物的登记

医疗卫生机构和医疗废物集中处置单位应当对医疗废物进行登记,登记内容应当包括医疗废物的来源、种类、重量或者数量、交接时间、处置方法、最终去向以及经办人签名等项目。

登记资料至少保存3年。

(四)医疗废物的放置与处理

根据《医疗废物管理条例》,医疗卫生机构应当及时收集本单位产生的医疗废物,并按照类别分置于防渗漏、防锐器穿透的专用包装物或者密闭的容器内。医疗废物专用包装物、容器应当有明显的警示标识和警示说明。

医疗机构应当建立医疗废物的暂时贮存设施、设备,不得露天存放医疗废物;医疗废物暂时贮存的时间不得超过2天。医疗废物的暂时贮存设施、设备,应当远离医疗区、食品加工区和人员活动区以及生活垃圾存放场所,并设置明显的警示标识和防渗漏、防鼠、防蚊蝇、防蟑螂、防盗以及预防儿童接触等安全措施。医疗废物的暂时贮存设施、设备应当定期消毒和清洁。

医疗卫生机构应当根据就近集中处置的原则,及时将医疗废物交由医疗废物集中处置单位处置。医疗废物中病原体的培养基、标本和菌种、毒种保存液等高危险废物,在交医疗废物集中处置单位处置前应当就地消毒。

医疗机构产生的污水、传染病病人或者疑似传染病病人的排泄物,应当按照国家规定严格消毒;达到国家规定的排放标准后,方可排入污水处理系统。

(五)医疗废物管理的法律责任

禁止任何单位和个人转让、买卖医疗废物。禁止在运送过程中丢弃医疗废物;禁止在非贮存地点倾倒、堆放医疗废物或者将医疗废物混入其他废物和生活垃圾。

1.“三查七对” 查对制度中病人身份确认是极为重要的一环,为保证给药的准确性,护理人员在给药过程中必须严格遵守查对制度。目前我国给药查对制度规范主要包括“三查七对”。“三查”即操作前查、操作中查和操作后查。“七对”指核对住院号、姓名、药名、浓度、剂量、时间、用法。在国外,给药核对中提出“五对”,即将正确的药物按正确的剂量、正确的途径,在正确的时间给正确的病人。

三查七对制度由我国护理前辈黎秀芳经过临床实践总结得出,在全国推广沿用至今,一直是我国护理工作的主要制度。这一制度的实行,很大程度上减少了护理差错的发生,保证了护理质量。

☞**考点提示:**给药的查对制度。

2.“三读五对” 三读五对是护理人员发药给病患时的标准程序,以避免给药错误。

三读内容包括:一读,拿起药瓶看标签;二读,取药前看标签;三读,放回药柜前再看标签。

五对(5R)内容包括:确认药物的剂量正确,核对处方确认药物名称正确,给药时正确辨识患者身份,确认正确的给药途径,确认正确的用药时间。

3.无菌原则 护士在进行侵入性操作时应当遵守无菌原则。《医院感染管理办法》第十二条规定,医疗机构应当严格执行医疗器械、器具的消毒技术规范,并达到以下要求:进入人体组织、无菌器官的医疗器械、器具和物品必须达到灭菌水平。静脉给药、注射给药等给药护理操作时,护理人员须保证所使用的注射器、输液器、药物等在灭菌有效期内。

四、静脉输血规范

静脉输血相关法律法规主要有《临床输血技术规范》,对输血风险的告知、输血中的查对、输血医疗文书的保管以及发生纠纷时血液的封存做出了相应的规定。

(一)输血风险的告知

受当前科学技术水平的限制,病毒检测存在一定的漏检率,静脉输血存在可能经由输血传播某些传染病的风险。《临床输血技术规范》第六条规定,决定输血治疗前,经治医师应向病人或其家属说明输同种异体血的不良反应和经血传播疾病的可能性,征得病人或家属的同意,并在输血治疗同意书上签字。输血治疗同意书入病历。无家属签字的无自主意识病人的紧急输血,应报医院职能部门或主管领导同意、备案,并记入病历。输血前告知是医生的职责,护士在为病人输血前须确认病人已经签署输血治疗同意书,否则不予输注。此外,护士在输血前须告知病人输血的程序,以及病人输血过程中如果发生不适要立即告诉医生和护士。

(二)输血中的查对

输血中的查对包括采血时查对、取血时查对和输血时查对,根据《临床输血技术规范》,护士在静脉输血过程中应当做好以下查对工作。

1.采血时查对 确定输血后,医护人员持输血申请单和贴好标签的试管,当面核对病人的姓名、性别、年龄、病案号、病室/门急诊、床号、血型和诊断,采集血样。第十三条规定,由医护人员或专门人员将受血者血样与输血申请单送往输血科(血库),双方进行逐项核对。

2.取血时查对 配血合格后,由医护人员到输血科(血库)取血。第二十五条规定,取血与发血的双方必须共同查对病人姓名、性别、病案号、门急诊/病室、床号、血型、血液有效期及配血试验结果,以及保存血的外观等,准确无误时,双方共同签字后方可发出。

3.输血时查对 输血前由两名医护人员核对交叉配血报告单及血袋标签各项内容,检查血袋有无破损渗漏,血液颜色是否正常。准确无误方可输血。第三十条规定,输血时,由两名医护人员带着病历共同到病人床旁核对病人姓名、性别、年龄、病案号、门急诊/病室、床号、血型等,确认与配血报告相符,再次核对血液后,用符合标准的输血器进行输血。

(三)输血的实施

1.输血操作规范 《临床输血技术规范》第三十一条规定,取回的血应尽快输用,不得自行贮血。输用前将血袋内的成分轻轻混匀,避免剧烈震荡。血液内不得加入其他药物,如需稀释只能用静脉注射生理盐水。第三十二条规定,输血前后用静脉注射生理盐水冲洗输血管道。连续输用不同供血者的血液时,前一袋血输尽后,用静脉注射生理盐水冲洗输血器,再接下一袋血继续输注。第三十三条规定,输血过程应先慢后快,再根据病情和年龄调整输注速度,并严密观察受血者有无输血不良反应。

2.输血反应的处理

(1)输血过程中出现异常情况的处理:①减慢或停止输血,用静脉注射生理盐水维护静脉通路。②立即通知值班医师和输血科(血库)值班人员,及时检查、治疗和抢救,并查找原因,做好记录。

（2）溶血反应的处理：疑为溶血性或细菌污染性输血反应，应立即停止输血，用静脉注射生理盐水维护静脉通路，及时报告上级医师，在积极治疗抢救的同时，做以下核对检查：①核对用血申请单、血袋标签、交叉配血试验记录。②核对受血者及供血者 ABO 血型、Rh（D）血型。用保存于冰箱中的受血者与供血者血样、新采集的受血者血样，重测 ABO 血型、Rh（D）血型、不规则抗体筛选及交叉配血试验（包括盐水相和非盐水相试验）。③立即抽取受血者血液加肝素抗凝剂，分离血浆，观察血浆颜色，测定血浆游离血红蛋白含量。④立即抽取受血者血液，检测血清胆红素含量、血浆游离血红蛋白含量、血浆结合珠蛋白测定、直接抗人球蛋白试验并检测相关抗体效价，如发现特殊抗体，应做进一步鉴定。⑤如怀疑细菌污染性输血反应，抽取血袋中血液做细菌学检验。⑥尽早检测血常规、尿常规及尿血红蛋白。⑦必要时，溶血反应发生后 5～7 小时测血清胆红素含量。

（四）输血文书的保管

根据《临床输血技术规范》的规定，需在病历中保管的输血文书有输血治疗同意书、交叉配血报告单、血袋标签和各种输血护理记录的登记签字。血袋标签是证明血液献血者和血液质量的直接依据，可使每袋血液从病人追溯到献血者，有助于发现和解决以后可能产生的问题。护士在为病人输血后，须从血袋上取下标签（输血反应者待查清原因后）贴在病人病历中，完整而规范的保存。

（五）发生纠纷时血液的封存

《医疗事故处理条例》第十七条规定，疑似输液、输血、注射、药物等引起不良后果的，医患双方应当共同对现场实物进行封存和启封，封存的现场实物由医疗机构保管；需要检验的，应当由双方共同指定的、依法具有检验资格的检验机构进行检验；双方无法共同指定的，由卫生行政部门指定。疑似输血引起不良后果，需要对血液进行封存保留的，医疗机构应当通知提供该血液的采供血机构派员到场。

五、护理文件书写规范

病历是指医务人员在医疗活动过程中形成的文字、符号、图表、影像、切片等资料的总和，包括门（急）诊病历和住院病历。病历中由护士负责书写的部分称为护理文书或护理记录。护理文书记录了病人在院期间的医疗护理全过程，是病人个体的健康资料，反映了医疗护理工作的实际情况，可用于判断医务人员的技术水平和行为是非，可作为制订护理计划和连续护理的依据、评价护理质量的资料来源、业务学习及科研和教学资料的来源。同时，护理文书也是重要的举证资料，是判定法律责任的重要依据。

规范护理文书写作的主要规范文件是《病历书写基本规范》。

（一）种类

护理文件包括体温单、医嘱单、病人入院护理评估单和护理记录单。体温单用于记录病人的体温、脉搏、呼吸以及血压、体重、大便、小便、出入水量、入院、手术、分娩、转科、出院或死亡时间。医嘱单是医生开写医嘱所用，分长期医嘱单和临时医嘱单。入院护理评估单是病人入院时护士对其进行评估时记录信息的单据。护理记录单是护士在进行护理活动过程中，对病人生命体征等病情的反映、各项医疗措施的执行情况以及护理措施落实情况的具体记录及其结果的记录。

（二）病历书写原则及基本要求

病历书写应当客观、真实、准确、及时、完整。病历书写应当使用蓝黑墨水、碳素墨水，需复写的病历资料可以使用蓝或黑色油水的圆珠笔。计算机打印的病历应当符合病历保存的要求。病历书写应当使用中文和医学术语，通用的外文缩写和无正式中文译名的症状、体征、疾病名称等可以使用外文。病历书写应规范使用医学术语，文字工整，字迹清晰，表述准确，语句通顺，标点正确。

(三)对既往病历的要求

病历书写过程中出现错字时,应当用双线划在错字上,保留原记录清楚、可辨,并注明修改时间,修改人签名。不得采用刮、粘、涂等方法掩盖或去除原来的字迹。上级医务人员有审查修改下级医务人员书写的病历的责任。

(四)书写签名的要求

病历应当按照规定的内容书写,并由相应医务人员签名。实习医务人员、试用期医务人员书写的病历,应当经过本医疗机构注册的医务人员审阅、修改并签名。进修医务人员由医疗机构根据其胜任本专业工作实际情况认定后书写病历。病历书写一律使用阿拉伯数字书写日期和时间,采用24小时制记录。

对需取得患者书面同意方可进行的医疗活动,应当由患者本人签署知情同意书。患者不具备完全民事行为能力时,应当由其法定代理人签字;患者因病无法签字时,应当由其授权的人员签字;为抢救患者,在法定代理人或被授权人无法及时签字的情况下,可由医疗机构负责人或者授权的负责人签字。因实施保护性医疗措施不宜向患者说明情况的,应当将有关情况告知患者近亲属,由患者近亲属签署知情同意书,并及时记录。患者无近亲属的或者患者近亲属无法签署同意书的,由患者的法定代理人或者关系人签署同意书。

(五)危重病人抢救护理记录书写

因抢救急危病人,未能及时书写病历的,有关医务人员应当在抢救结束后6小时内据实补记,并加以注明。在抢救危重病人的时候,护士可以将医生的医嘱及时间用专门小本记录下来。

(六)门(急)诊病历书写要求及内容

抢救危重病人时,应当书写抢救记录。对收入急诊室观察的病人,应当书写留观期间的观察记录。这些记录可以写在门(急)诊病历上。

本章小结

卫生技术人员管理法律制度是国家为了规范卫生技术人员的执业行为,保障卫生技术人员的合法权益,维护医疗卫生服务秩序而制定的一系列法律法规和政策。本章节重点介绍了卫生技术人员的资格认证、注册管理、行为规范以及相关法律责任等方面的内容。通过不断完善相关法律法规和政策,加强卫生技术人员的培训和管理,提高其专业素养和服务质量,为人民群众提供更加优质的医疗卫生服务。

(夏 季)

目标检测

一、选择题

1.下列选项说法正确的是(　　)。

A.具有高等学校相关医学专业本科以上学历,在执业医师指导下,在医疗卫生机构中参加医学专业工作实践满一年,可以报考执业医师

B.具有高等学校相关医学专业专科学历,取得执业助理医师执业证书后,在医疗卫生机构中执业满一年,可以报考执业医师

C.具有高等学校相关医学专业本科以上学历,在执业医师指导下,在医疗卫生机构中参加医学专业工作实践满

参考答案

二年,可以报考执业医师

    D. 具有高等学校相关医学专业专科以上学历,在执业医师指导下,在医疗卫生机构中参加医学专业工作实践满二年的,可以报考执业助理医师

    E. 以师承方式学习中医满二年,或者经多年实践医术确有专长的,经县级以上人民政府卫生健康主管部门委托的中医药专业组织或者医疗卫生机构考核合格并推荐,可以参加中医医师资格考试

2. 下列关于执业药师的报考条件,不正确的是(　　)。

    A. 取得药学类、中药学类专业大专学历,在药学或中药学岗位工作满5年

    B. 取得药学类、中药学类专业大学本科学历或学士学位,在药学或中药学岗位工作满3年

    C. 取得药学类、中药学类专业第二学士学位、研究生班毕业或硕士学位,在药学或中药学岗位工作满1年

    D. 取得药学类、中药学类专业博士学位,在药学或中药学岗位工作满1年

    E. 取得药学类、中药学类相关专业相应学历或学位的人员,在药学或中药学岗位工作的年限相应增加1年

3. 关于执业药师注册证的有效期,以下说法正确的是(　　)。

    A. 1年有效　　　　　　　　　　B. 2年有效　　　　　　　　　　C. 5年有效

    D. 10年有效　　　　　　　　　　E. 永久有效

4. 护理专业应届毕业生甲已经完成了国务院教育主管部门和卫生主管部门规定的全日制4年护理专业课程学习,本人拟申请护理执业资格注册。从事护理活动唯一合法的凭证是(　　)。

    A. 在校成绩单　　　　　　　　　B. 实习证明　　　　　　　　　　C. 护理专业学历证书

    D. 护士执业资格考试成绩合格证明　　E. 护士执业资格证明

5. 关于护士的职责,以下不是必须履行的职责的是(　　)。

    A. 协助医生进行诊疗工作　　　　B. 为病人提供护理服务　　　　　C. 负责药品的发放和管理

    D. 参与医院管理和决策　　　　　E. 保护生命、减轻痛苦、增进健康

6. 关于护士的执业资格,以下说法错误的是(　　)。

    A. 只要取得护士专业学历证书,即可申请护士执业资格注册

    B. 受吊销护士执业证书处罚,自吊销之日起满2年可以申请重新注册

    C. 护士职业资格分为初级、中级、高级三个级别

    D. 护士职业资格的有效期为5年,到期需要重新注册

    E. 护士经执业注册取得护士执业证书后,方可按照注册的执业地点从事护理工作

7. 《护士条例》实施的宗旨之一是(　　)。

    A. 为了维护护士的合法权益　　　B. 为了维护医生的合法权益　　　C. 为了维护病人的合法权益

    D. 为了维护医院的合法权益　　　E. 为了维护家属的合法权益

8. 关于护士的执业权利与义务,以下描述错误的是(　　)。

    A. 护士有义务提供优质的护理服务

    B. 护士有权利获得与其工作相关的培训和进修机会

    C. 护士没有义务参与医院的管理和决策

    D. 护士有义务保护患者的隐私和个人信息

    E. 护士享有人格尊严和人身安全不受侵犯的权利

9. 关于医疗废物的处理方式,以下错误的是(　　)。

    A. 禁止任何单位和个人转让、买卖医疗废物

    B. 应当对医疗废物进行登记,登记资料至少保存3年

    C. 医疗机构产生的污水不可排入污水处理系统

    D. 不得露天存放医疗废物

    E. 对医疗废物严格分类放置

10. 关于静脉输血,以下描述错误的是(　　)。

    A. 输血前应进行严格的配血试验

    B. 输血时应根据患者的病情和医生的建议进行

C.输血速度可以随意调整,以加快输血速度

D.输血过程中应严密观察患者的反应

E.当发现静脉给药错误时,应立即将输液瓶及执行单封存,待质量安全控制委员会督查处理

二、简答题

1."三查七对"分别指什么?

2.护士执业证书不予延续注册的情形是什么?

第十一章 医疗纠纷与医疗事故法律制度

课件　微课

学习目标

素质目标:树立法治观念,形成严谨求实的工作作风和对病人高度负责的工作态度。

知识目标:掌握医疗纠纷的预防措施和处理途径、医疗事故的构成要件与处置途径;了解医疗事故的赔偿标准。

能力目标:在执业过程中知法、守法、用法,学会与患者交流,减少医患之间的纠纷。

案例导学

一名6个月大的婴儿到医院住院治疗腹泻。上午10时,该院护士给孩子输液扎针,由于操作不便,护士把婴儿抱到另外一个小床上进行。给婴儿扎完针后,护士忘记取下止血带。因为天气寒冷,晚上孩子睡觉并未脱秋衣,直至第二天下午7时,止血带才被家长发现,婴儿半截胳膊已经发黑,面临截肢风险。其间,孩子一直哭闹,家长以为是腹泻所致。后经多次转院和手术,婴儿病情开始向良性方向发展直到痊愈。

请思考:

1. 你认为这起事件是否构成医疗事故?

2. 如属于医疗事故,案例中的赔偿问题如何处理?

案例导学解析

随着我国公民法律意识的提高,医疗纠纷也呈现增加的趋势,严重影响和干扰了医疗活动的进行,如何预防医疗纠纷和减少医疗事故的发生,已成为一项重要的课题。建立医疗纠纷与医疗事故法律制度,对于保护患者和医疗机构及其医务人员的合法权益、维护医疗秩序、保障医疗安全、促进医学学科的发展有着重要的作用。

第一节 医疗纠纷的预防

一、医疗纠纷的概念和法制建设

医疗纠纷,是指医患双方因诊疗活动引发的争议。

1987年6月29日,国务院发布《医疗事故处理办法》,作为专门处理医患关系的首则规定。2002年4月4日,为更好地处理医患纠纷,国务院发布《医疗事故处理条例》,自2002年9月1日起施行,同时废止了《医疗事故处理办法》。2009年12月26日,十一届全国人大常委会第十二次会议审议并通过了《中华人民共和国侵权责任法》(以下简称《侵权责任法》),自2010年7月1日起实施,其中包含对医疗损害责任的法律规定。患者在诊疗活动中受到损害,医疗机构及其医务人员有过错的,均可据此依法向人民法院主张由医疗机构承担赔偿责任。2020年5月28日,十三届全国人大三次会议表决通过了《民法典》,于2021年1月1日起施行,《侵权责任法》同时废止。为了将医疗纠纷预防和处理工作全面纳入法治化轨道,保护医患双方合法权益,维护医疗秩序,保障医疗安全,《医疗纠纷预防和处理条例》于2018年6月20日国务院第13次常务会议通过,自2018年10月1日起施行。《医疗事故处理办法》《医疗纠纷预防和处理条例》《民法典》是处理医疗纠纷和医疗事故的主要法律依据。

知识链接

《医疗纠纷预防和处理条例》的变革历程

我国的医疗纠纷相关处理法规经过了三次重大变革。1987年6月29日,国务院发布实施了《医疗事故处理办法》。15年后,2002年4月4日,国务院发布《医疗事故处理条例》,自2002年9月1日起施行。自此,《医疗事故处理办法》被《医疗事故处理条例》所代替。2018年7月31日,《医疗纠纷预防和处理条例》(以下简称《条例》)公布,自2018年10月1日起施行。《条例》的实施表明,只有经过了法定程序的鉴定,才能确定一起"医疗纠纷"是否是"医疗事故"。《条例》的颁布实施,是对《医疗事故处理条例》的补充,完善了我国医疗纠纷领域的法律制度。值得一提的是,《条例》的颁布实施并没有将2002年的《医疗事故处理条例》同时废止,目前,这两部都属于现行有效的法规,部分内容存在不同的规定,按照法律适用中"新法优于旧法"的原则,对于两部法规内出现不同的规定,《医疗纠纷预防和处理条例》优先适用。

二、政府职责

县级以上人民政府应当加强对医疗纠纷预防和处理工作的领导、协调,将其纳入社会治安综合治理体系,建立部门分工协作机制,督促部门依法履行职责。

卫生主管部门负责指导、监督医疗机构做好医疗纠纷的预防和处理工作,引导医患双方依法解决医疗纠纷。

司法行政部门负责指导医疗纠纷人民调解工作。

公安机关依法维护医疗机构治安秩序,查处、打击侵害患者和医务人员合法权益以及扰乱医疗秩序等违法犯罪行为。

财政、民政、保险监督管理等部门和机构按照各自职责做好医疗纠纷预防和处理的有关工作。

三、预防措施

(一)加强医疗质量安全的日常管理

1. 遵守法律、法规　医疗机构及其医务人员在诊疗活动中应当以患者为中心,加强人文关怀,严格遵守医疗卫生法律、法规、规章和诊疗相关规范、常规,恪守职业道德。

医疗机构应当对其医务人员进行医疗卫生法律、法规、规章和诊疗相关规范、常规的培训,并加强职业道德教育。

2. 医疗质量安全管理　医疗机构应当制定并实施医疗质量安全管理制度,设置医疗服务质量监控部门或者配备专(兼)职人员,加强对诊断、治疗、护理、药事、检查等工作的规范化管理,优化服务流程,提高服务水平。

卫生主管部门应当督促医疗机构落实医疗质量安全管理制度,组织开展医疗质量安全评估,分析医疗质量安全信息,针对发现的风险制定防范措施。

3. 医疗风险管理　医疗机构应当加强医疗风险管理,完善医疗风险的识别、评估和防控措施,定期检查措施落实情况,及时消除隐患。

开展手术、特殊检查、特殊治疗等具有较高医疗风险的诊疗活动,医疗机构应当提前预备应对方案,主动防范突发风险。

(二)强化医疗服务关键环节和领域的风险防控

1. 医疗技术服务 医疗机构应当按照国务院卫生主管部门制定的医疗技术临床应用管理规定,开展与其技术能力相适应的医疗技术服务,保障临床应用安全,降低医疗风险;采用医疗新技术的,应当开展技术评估和伦理审查,确保安全有效、符合伦理。

2. 依法执业 医疗机构应当依照有关法律、法规的规定,严格执行药品、医疗器械、消毒药剂、血液等的进货查验、保管等制度。禁止使用无合格证明文件、过期等不合格的药品、医疗器械、消毒药剂、血液等。

3. 患者知情同意 医务人员在诊疗活动中应当向患者说明病情和医疗措施。需要实施手术,或者开展临床试验等存在一定危险性、可能产生不良后果的特殊检查、特殊治疗的,医务人员应当及时向患者说明医疗风险、替代医疗方案等情况,并取得其书面同意;在患者处于昏迷等无法自主作出决定的状态或者病情不宜向患者说明等情形下,应当向患者的近亲属说明,并取得其书面同意。

紧急情况下不能取得患者或者其近亲属意见的,经医疗机构负责人或者授权的负责人批准,可以立即实施相应的医疗措施。

(三)加强医疗服务中的医患沟通

1. 查阅、复制病历资料 患者有权查阅、复制其门诊病历、住院志、体温单、医嘱单、化验单(检验报告)、医学影像检查资料、特殊检查同意书、手术同意书、手术及麻醉记录、病理资料、护理记录、医疗费用以及国务院卫生主管部门规定的其他属于病历的全部资料。

患者要求复制病历资料的,医疗机构应当提供复制服务,并在复制的病历资料上加盖证明印记。复制病历资料时,应当有患者或者其近亲属在场。医疗机构应患者的要求为其复制病历资料,可以收取工本费,收费标准应当公开。

患者死亡的,其近亲属可以依照本条例的规定,查阅、复制病历资料。

素质拓展

《医疗纠纷预防和处理条例》公布　首次明确患者有权复印全部病历

《医疗纠纷预防和处理条例》对于病历复印做出了大胆的突破性规定。病历记录了患者就诊全真实过程,也可作为患者医保报销、商业保险报销或者解决其他问题的证据。患者有权了解自己的病情。尽管 2010 年《侵权责任法》中对患者复印病历资料的范围规定不限于《医疗事故处理条例》第十条规定内容,但是依然对主观病历、客观病历进行了区分,例如病程记录、会诊意见等一些病历资料,在死亡病历讨论、疑难病例讨论等涉及医生之间对病情交流、讨论并发表个人意见的资料。《医疗纠纷预防和处理条例》中病历不再区分主、客观,充分体现了立法机关对患者知情权的扩大,进一步加强保护了患者合法权益。

2. 医患沟通机制 医疗机构应当建立健全医患沟通机制,对患者在诊疗过程中提出的咨询、意见和建议,应当耐心解释、说明,并按照规定进行处理;对患者就诊疗行为提出的疑问,应当及时予以核实、自查,并指定有关人员与患者或者其近亲属沟通,如实说明情况。

3. 投诉接待制度 医疗机构应当建立健全投诉接待制度,设置统一的投诉管理部门或者配备专(兼)职人员,在医疗机构显著位置公布医疗纠纷解决途径、程序和联系方式等,方便患者投诉或者咨询。

（四）病历管理

医疗机构及其医务人员应当按照国务院卫生主管部门的规定,填写并妥善保管病历资料。因紧急抢救未能及时填写病历的,医务人员应当在抢救结束后6小时内据实补记,并加以注明。任何单位和个人不得篡改、伪造、隐匿、毁灭或者抢夺病历资料。

☞**考点提示:**医疗纠纷的预防措施。

第二节　医疗纠纷的处理

处理医疗纠纷,应当遵循公平、公正、及时的原则,实事求是,依法处理。

发生医疗纠纷,医患双方可以通过下列途径解决:双方自愿协商;申请人民调解;申请行政调解;向人民法院提起诉讼;法律、法规规定的其他途径。

一、证据保存

发生医疗纠纷,医疗机构应当告知患者或者其近亲属下列事项:解决医疗纠纷的合法途径;有关病历资料、现场实物封存和启封的规定;有关病历资料查阅、复制的规定。患者死亡的,还应当告知其近亲属有关尸检的规定。

（一）病历资料封存

发生医疗纠纷需要封存、启封病历资料的,应当在医患双方在场的情况下进行。封存的病历资料可以是原件,也可以是复制件,由医疗机构保管。病历尚未完成、需要封存的,对已完成病历先行封存;病历按照规定完成后,再对后续完成部分进行封存。

医疗机构应当对封存的病历开列封存清单,由医患双方签字或者盖章,各执一份。

病历资料封存后医疗纠纷已经解决,或者患者在病历资料封存满3年未再提出解决医疗纠纷要求的,医疗机构可以自行启封。

（二）实物封存

疑似输液、输血、注射、用药等引起不良后果的,医患双方应当共同对现场实物进行封存、启封,封存的现场实物由医疗机构保管。需要检验的,应当由双方共同委托依法具有检验资格的检验机构进行检验;双方无法共同委托的,由医疗机构所在地县级人民政府卫生主管部门指定。

疑似输血引起不良后果,需要对血液进行封存保留的,医疗机构应当通知提供该血液的血站派员到场。

现场实物封存后医疗纠纷已经解决,或者患者在现场实物封存满3年未再提出解决医疗纠纷要求的,医疗机构可以自行启封。

（三）尸体

患者死亡,医患双方对死因有异议的,应当在患者死亡后48小时内进行尸检;具备尸体冻存条件的,可以延长至7日。尸检应当经死者近亲属同意并签字,拒绝签字的,视为死者近亲属不同意进行尸检。不同意或者拖延尸检,超过规定时间,影响对死因判定的,由不同意或者拖延的一方承担责任。

尸检应当由按照国家有关规定取得相应资格的机构和专业技术人员进行。医患双方可以委派代表观察尸检过程。

患者在医疗机构内死亡的,尸体应当立即移放太平间或者指定的场所,死者尸体存放时间一般不得超过14日。逾期不处理的尸体,由医疗机构在向所在地县级人民政府卫生主管部门和公安机关报告后,按照规定处理。

二、双方自愿协商

发生医疗纠纷,医患双方可以通过下列途径解决:双方自愿协商;申请人民调解;申请行政调解;向人民法院提起诉讼;法律、法规规定的其他途径。

医患双方选择协商解决医疗纠纷的,应当在专门场所协商,不得影响正常医疗秩序。医患双方人数较多的,应当推举代表进行协商,每方代表人数不超过5人。协商解决医疗纠纷应当坚持自愿、合法、平等的原则,不得有违法行为。对分歧较大或者索赔数额较高的医疗纠纷,鼓励医患双方通过人民调解的途径解决。

医患双方经协商达成一致的,应当签署书面和解协议书。医疗事故争议由双方当事人自行协商解决的,医疗机构应当自协商解决之日起7日内向所在地卫生行政部门作出书面报告,并附具协议书。

三、医疗纠纷人民调解

(一)调解启动

1. **申请人** 申请医疗纠纷人民调解的,由医患双方共同向医疗纠纷人民调解委员会提出申请;一方申请调解的,医疗纠纷人民调解委员会在征得另一方同意后进行调解。

2. **申请方式** 申请人可以以书面或者口头形式申请调解。书面申请的,申请书应当载明申请人的基本情况、申请调解的争议事项和理由等;口头申请的,医疗纠纷人民调解员应当当场记录申请人的基本情况、申请调解的争议事项和理由等,并经申请人签字确认。

医疗纠纷人民调解委员会获悉医疗机构内发生重大医疗纠纷,可以主动开展工作,引导医患双方申请调解。

3. **医疗纠纷人民调解员** 医疗纠纷人民调解委员会应当根据具体情况,聘任一定数量的具有医学、法学等专业知识且热心调解工作的人员担任专(兼)职医疗纠纷人民调解员。

(二)咨询与鉴定

1. **咨询** 医疗纠纷人民调解委员会调解医疗纠纷时,可以根据需要咨询专家,并可以从医疗损害鉴定专家库中选取专家。

2. **鉴定** 医疗纠纷人民调解委员会调解医疗纠纷,需要进行医疗损害鉴定以明确责任的,由医患双方共同委托医学会或者司法鉴定机构进行鉴定,也可以经医患双方同意,由医疗纠纷人民调解委员会委托鉴定。

医学会或者司法鉴定机构接受委托从事医疗损害鉴定,应当由鉴定事项所涉专业的临床医学、法医学等专业人员进行鉴定;医学会或者司法鉴定机构没有相关专业人员的,应当从医疗损害鉴定专家库中抽取相关专业专家进行鉴定。

鉴定费预先向医患双方收取,最终按照责任比例承担。

(三)医疗损害鉴定专家库

医疗损害鉴定专家库由设区的市级以上人民政府卫生、司法行政部门共同设立。专家库应当包含医学、法学、法医学等领域的专家。聘请专家进入专家库,不受行政区域的限制。

(四)回避

咨询专家、鉴定人员有下列情形之一的,应当回避,当事人也可以以口头或者书面形式申请其回避:是医疗纠纷当事人或者当事人的近亲属;与医疗纠纷有利害关系;与医疗纠纷当事人有其他关系,可能影响医疗纠纷公正处理。

(五)调解程序

1. **工作时限**　医疗纠纷人民调解委员会应当自受理之日起30个工作日内完成调解。需要鉴定的,鉴定时间不计入调解期限。因特殊情况需要延长调解期限的,医疗纠纷人民调解委员会和医患双方可以约定延长调解期限。超过调解期限未达成调解协议的,视为调解不成。

当事人已经向人民法院提起诉讼并且已被受理,或者已经申请卫生主管部门调解并且已被受理的,医疗纠纷人民调解委员会不予受理;已经受理的,终止调解。

2. **鉴定意见**　医学会、司法鉴定机构作出的医疗损害鉴定意见应当载明并详细论述下列内容:①是否存在医疗损害以及损害程度;②是否存在医疗过错;③医疗过错与医疗损害是否存在因果关系;④医疗过错在医疗损害中的责任程度。

3. **调解协议书**　医患双方经人民调解达成一致的,医疗纠纷人民调解委员会应制作调解协议书,经医患双方签字或盖章,人民调解员签字并加盖医疗纠纷人民调解委员会印章后生效。

达成调解协议的,医疗纠纷人民调解委员会应告知医患双方可以依法向人民法院申请司法确认。

4. **费用**　医疗纠纷人民调解委员会调解医疗纠纷,不得收取费用。

5. **保密原则**　医疗纠纷人民调解委员会及其人民调解员应当对医患双方的个人隐私等事项予以保密。未经医患双方同意,医疗纠纷人民调解委员会不得公开进行调解,也不得公开调解协议的内容。

四、医疗纠纷行政调解

(一)调解启动

1. **申请人**　申请医疗纠纷行政调解的,由医患双方共同向医疗纠纷发生地县级人民政府卫生主管部门提出申请;一方申请调解的,医疗纠纷发生地县级人民政府卫生主管部门在征得另一方同意后进行调解。

2. **申请方式**　申请人可以以书面或者口头形式申请调解。书面申请的,申请书应当载明申请人的基本情况、申请调解的争议事项和理由等;口头申请的,医疗纠纷发生地县级人民政府卫生主管部门应当当场记录申请人的基本情况、申请调解的争议事项和理由等,并经申请人签字确认。

(二)咨询与鉴定

卫生主管部门调解医疗纠纷需要进行专家咨询的,可以从医疗损害鉴定专家库中抽取专家。

医患双方认为需要进行医疗损害鉴定以明确责任的,参照医疗纠纷人民调解委员会的规定进行鉴定。

(三)调解程序

1. **工作时限**　卫生主管部门应当自收到申请之日起5个工作日内作出是否受理的决定。

当事人已经向人民法院提起诉讼并且已被受理,或者已经申请医疗纠纷人民调解委员会调解并且已被受理的,卫生主管部门不予受理;已经受理的,终止调解。

卫生主管部门应当自受理之日起30个工作日内完成调解。需要鉴定的,鉴定时间不计入调解期限。超过调解期限未达成调解协议的,视为调解不成。

2. **调解协议书**　医患双方经卫生主管部门调解达成一致的,应当签署调解协议书。

3. **保密原则**　卫生主管部门及其工作人员应当对医患双方的个人隐私等事项予以保密。未经医患双方同意,卫生主管部门不得公开进行调解,也不得公开调解协议的内容。

五、诉讼

发生医疗纠纷,当事人协商、调解不成的,可以依法向人民法院提起诉讼。当事人也可以直接向人民法院提起诉讼。

医疗事故争议经人民法院调解或者判决解决的,医疗机构应当自收到生效的人民法院的调解书或者判决书之日起 7 日内向所在地卫生行政部门作出书面报告,并附具调解书或者判决书。

☞ **考点提示:** 医疗纠纷的处理途径。

第三节　医疗事故的构成及处置

一、医疗事故的基本概念

医疗事故是指医疗机构及其医务人员在医疗活动中,违反医疗卫生管理法律、行政法规、部门规章和诊疗护理规范、常规,过失造成患者人身损害的事故。

二、医疗事故的构成要件

(一)医疗事故的主体

医疗事故的主体是合法的医疗机构及其医务人员,即依法取得执业许可或者执业资格的医疗机构或者医务人员在其合法医疗活动中发生的事故。

(二)行为的违法性

医疗机构及其医务人员违反了医疗卫生管理法律、法规和诊疗护理规范、常规。因此,医疗机构和医务人员在自己的相关业务活动中应当掌握相应的规定并遵守规定,以确保其行为合法。

(三)过失造成患者人身损害

"过失造成患者人身损害"说的是违法行为的后果。这里有两点应当注意:一是"过失造成",即医务人员的过失行为,而不是有伤害患者的主观故意。故意和过失最大的区别在于对结果的态度,过失是不希望结果发生的,而故意是希望或者持无所谓态度(即直接与间接故意);二是对患者有"人身损害"后果。

(四)过失行为与后果之间存在因果关系

这是判定是否属于医疗事故的一个重要方面。虽然存在过失行为,但是并没有给患者造成伤害后果,这种情况不应该被视为医疗事故;虽然存在损害后果,但是医疗机构和医务人员并没有过失行为,也不能被判定为医疗事故。

☞ **考点提示:** 医疗事故的构成要件。

三、医疗事故的分级

根据对患者人身造成的损害程度,医疗事故分为四级,每一级又分为不同的等级。
一级医疗事故:造成患者死亡、重度残疾的;
二级医疗事故:造成患者中度残疾、器官组织损伤导致严重功能障碍的;
三级医疗事故:造成患者轻度残疾、器官组织损伤导致一般功能障碍的;
四级医疗事故:造成患者明显人身损害的其他后果的。
具体分级标准由国务院卫生行政部门制定。

☞ **考点提示:** 医疗事故的分级标准。

知识链接

医疗事故分级标准

为了科学划分医疗事故等级,正确处理医疗事故争议,保护患者和医疗机构及其医务人员的合法权益,根据《医疗事故处理条例》,制订医疗事故分级标准。本标准中医疗事故一级乙等至三级戊等对应伤残等级一至十级。一级甲等医疗事故:死亡;一级乙等医疗事故:重要器官缺失或功能完全丧失,其他器官不能代偿,存在特殊医疗依赖,生活完全不能自理;二级甲等医疗事故:器官缺失或功能完全丧失,其他器官不能代偿,可能存在特殊医疗依赖,或生活大部分不能自理;二级乙等医疗事故:存在器官缺失、严重缺损、严重畸形情形之一,有严重功能障碍,可能存在特殊医疗依赖,或生活大部分不能自理;二级丙等医疗事故:存在器官缺失、严重缺损、明显畸形情形之一,有严重功能障碍,可能存在特殊医疗依赖,或生活部分不能自理;二级丁等医疗事故:存在器官缺失、大部分缺损、畸形情形之一,有严重功能障碍,可能存在一般医疗依赖,生活能自理;三级甲等医疗事故:存在器官缺失、大部分缺损、畸形情形之一,有较重功能障碍,可能存在一般医疗依赖,生活能自理;三级乙等医疗事故:器官大部分缺损或畸形,有中度功能障碍,可能存在一般医疗依赖,生活能自理;三级丙等医疗事故:器官大部分缺损或畸形,有轻度功能障碍,可能存在一般医疗依赖,生活能自理;三级丁等医疗事故:器官部分缺损或畸形,有轻度功能障碍,无医疗依赖,生活能自理;三级戊等医疗事故:器官部分缺损或畸形,有轻微功能障碍,无医疗依赖,生活能自理;四级事故,不分等。

四、不属于医疗事故的情形

《医疗事故处理条例》第三十三条规定,有下列情形之一的,不属于医疗事故:①在紧急情况下为抢救垂危患者生命而采取紧急医学措施造成不良后果的;②在医疗活动中由于患者病情异常或者患者体质特殊而发生医疗意外的;③在现有医学科学技术条件下,发生无法预料或者不能防范的不良后果的;④无过错输血感染造成不良后果的;⑤因患方原因延误诊疗导致不良后果的;⑥因不可抗力造成不良后果的。

有以上情形之一的,不属于医疗事故。此外,在许多科研、教学医院,经常有经过国家有关部门批准用于临床试验的药物、试剂、治疗仪器等在病人身上试用,但试用必须按试验性的有关规定进行,必须说明使用的目的及可能会产生的不良后果或副作用,必须征得患者本人同意,并签订协议书。患者签字同意进行试验诊疗的,发生不良后果的,医护人员不承担医疗事故责任。

五、医疗事故的处置

(一)内部报告制度

(1)医务人员在医疗活动中发生或者发现医疗事故、可能引起医疗事故的医疗过失行为或者发生医疗事故争议的,应当立即向所在科室负责人报告。这里提到的医务人员,不仅是直接相关人员,医疗机构每一位医务人员都负有报告的责任。

(2)科室负责人应当及时向本医疗机构负责医疗服务质量监控的部门或者专(兼)职人员报告,同时,组织最强的技术力量及时采取积极有效措施,防止损害后果的扩大,减少患者损失。

(3)负责医疗服务质量监控的部门或者专(兼)职人员接到报告后,应当立即进行调查、核实,将有关情况如实向本医疗机构的负责人报告,并向患者通报、解释。

(二)向卫生行政部门的报告

发生医疗事故的,医疗机构应当按照规定向所在地卫生行政部门报告。如果发生下列重大医疗过失行为的,医疗机构应当在12小时内向所在地卫生行政部门报告:导致患者死亡或者可能为二级以上的医疗事故;导致3人以上人身损害后果;国务院卫生行政部门和省、自治区、直辖市人民政府卫生行政部门规定的其他情形。

医疗机构向卫生行政部门报告的内容包括:报告单位、报告时间;事故发生的时间、地点、经过、后果(死亡、残废、器官损伤、功能障碍以及其他人身损害后果等);医患双方当事人的情况;死亡患者是否尸检、尸检结果;初步处理意见等。医疗机构可以在医疗事故发生后及时报告,也可以年度报告。

(三)防止损害扩大

发生或者发现医疗过失行为,医疗机构及其医务人员应当立即采取有效措施,避免或者减轻对患者身体健康的损害,防止损害扩大。医疗机构有责任采取及时有效的措施避免和防止对患者身体健康造成的损害,并防止损害的扩大,力争把损害程度降到最低点。医疗机构采取的及时有效措施包括为确认过失行为造成的损害程度而进行必要的辅助检查,为减轻损害后果而采取必要的药物、手术等治疗方法,也包括为了避免医疗事故争议而采取的其他措施。

第四节　医疗事故的行政处理与监督

一、医疗事故的行政处理

卫生行政部门应当依照《医疗事故处理条例》和有关法律、行政法规、部门规章的规定,对发生医疗事故的医疗机构和医务人员作出行政处理。

卫生行政部门对医疗机构和医务人员具有监督管理的职责,医疗机构和医务人员发生违法违规行为时,卫生行政部门可以依法给予行政处理,包括行政处罚或行政处分。

(一)行政处分

行政处分属于行政责任的实现方式之一,是由国家行政机关或者其他组织依照行政隶属关系,对违法失职的国家公务员或者所属人员所实施的惩戒措施,包括警告、记过、记大过、降级、撤职和开除。卫生行政部门应根据以下因素进行综合判定后作出对医疗机构或医务人员予以行政处分的决定:医疗事故等级、医方责任程度等。

(二)行政处罚

行政处罚是由行政机关对实施违法行为的直接责任者所做的具有惩戒性的行政行为。行政处罚由国家主管机关执行,也可以申请人民法院强制执行。

1.行政处罚的特征　行政处罚适用于所有的公民和组织;行政处罚适用于违反某种特定法律或特定行政管理法规的违法行为;实施行政处罚的机关一般是法律规定的国家行政主管机关,这些行政主管机关根据地域管辖或职能管辖对违法者实施处罚。

2.行政处罚形式　有以下几种:①警告;②罚款;③没收违法所得、没收非法财物;④责令停产停业;⑤暂扣或者吊销许可证、暂扣或者吊销执照;⑥行政拘留;⑦法律、行政法规规定的其他行政处罚。

3.行政处罚的方式　对发生医疗事故的医疗机构,卫生行政部门可以根据情节轻重,依法给予警告、罚款、停业整顿直至吊销医疗机构执业许可证的行政处罚。对发生医疗事故的医务人员,卫生行政部门可以根据情节轻重,依法给予警告、暂停6个月以上1年以下执业活动的行政处罚;情节特别严重的,给予吊销其执业证书的行政处罚。

二、重大医疗过失的处理

(一)重大医疗过失的调查

卫生行政部门接到医疗机构关于重大医疗过失行为的报告后,除责令医疗机构及时采取必要的医疗救治措施,防止损害后果扩大外,应当组织调查,判定是否属于医疗事故;对不能判定是否属于医疗事故的,应当依照有关规定交由负责医疗事故技术鉴定工作的医学会或者司法鉴定机构组织鉴定。

(二)医疗事故争议处理申请

发生医疗事故争议,当事人申请卫生行政部门处理的,应当提出书面申请。申请书应当载明申请人的基本情况、有关事实、具体请求及理由等。

1.时限　当事人自知道或者应当知道其身体健康受到损害之日起 1 年内,可以向卫生行政部门提出医疗事故争议处理申请。

2.内容　当事人向卫生行政部门提请医疗事故争议处理的申请书应当载明以下内容。

(1)申请人的基本情况:申请人是患者一方,应包括患者和申请人的姓名、性别、年龄、民族、住址、工作单位、身份证号码,申请人与患者关系,申请时间;申请人是医疗机构,应包括医疗机构名称、地址、医疗机构执业许可证复印件;申请人是医务人员,应包括申请人姓名、性别、年龄、工作单位、身份证号码、专业、专业技术任职资格、具备合法执业资格的证书。

(2)有关事实:申请人要在尊重事实、尊重科学的基础上,详细、具体地写明事件经过,特别是与医疗事故争议有关的诊疗过程要做到事实清楚,证据确凿,有理有据。

(3)具体请求:对诊疗过程的质疑,是否属于医疗事故,对过错方进行处理等。

(4)理由:申请人要阐明具体请求的法律依据和医学原理。

(三)受理申请的权限划分

发生医疗事故争议,当事人申请卫生行政部门处理的,由医疗机构所在地的县级人民政府卫生行政部门受理。医疗机构所在地是直辖市的,由医疗机构所在地的区、县人民政府卫生行政部门受理。

有下列情形之一的,县级人民政府卫生行政部门应当自接到医疗机构的报告或者当事人提出医疗事故争议处理申请之日起 7 日内移送上一级人民政府卫生行政部门处理:患者死亡;可能为二级以上的医疗事故;国务院卫生行政部门和省、自治区、直辖市人民政府卫生行政部门规定的其他情形。

(四)申请的审查和受理

卫生行政部门应当自收到医疗事故争议处理申请之日起 10 日内进行审查,作出是否受理的决定。对符合条例规定,予以受理,需要进行医疗事故技术鉴定的,应当自作出受理决定之日起 5 日内将有关材料交由负责医疗事故技术鉴定工作的医学会或者司法鉴定机构组织鉴定并书面通知申请人;对不符合条例规定,不予受理的,应当书面通知申请人并说明理由。

当事人对首次医疗事故技术鉴定结论有异议,申请再次鉴定的,卫生行政部门应当自收到申请之日起 7 日内交由省、自治区、直辖市地方医学会组织再次鉴定。

(五)行政处理与诉讼

当事人既向卫生行政部门提出医疗事故争议处理申请,又向人民法院提起诉讼的,卫生行政部门不予受理;卫生行政部门已经受理的,应当终止处理。

对医疗事故争议行政处理和人民法院对医疗事故争议的审理裁决,都是解决医疗事故争议的途径,是医疗事故受害方获得救济的方式。行政处理是行政机关通过调解方式,解决医疗事故争议使医疗事故受害方获得相应的救济;民事诉讼是人民法院依据民事诉讼法的规定,通过司法程序进行审理、裁决,解决医疗事故争议,使医疗事故受害方得到民事救济和权利保护。二者存在相互衔接和如何处理不同途径之间的关系问题。行政处理程序和民事处理程序不能同时进行,医疗事故争议的当事人不能同时启动两种程序、同时在两种途径中解决医疗事故争议问题。

笔记

三、医疗事故的监督

(一)鉴定结论的审核

卫生行政部门收到负责组织医疗事故技术鉴定工作的医学会或鉴定组织出具的医疗事故技术鉴定书后,应当对参加鉴定的人员资格和专业类别、鉴定程序进行审核;必要时,可以组织调查,听取医疗事故争议双方当事人的意见。

(二)鉴定结论的处理

卫生行政部门经审核,对符合规定作出的医疗事故技术鉴定结论,应当作为对发生医疗事故的医疗机构和医务人员作出行政处理以及进行医疗事故赔偿调解的依据;经审核,发现医疗事故技术鉴定不符合规定的,应当要求重新鉴定。

(三)各级医疗事故情况报告

1.责任部门 县级以上地方人民政府卫生行政部门应当按照规定,逐级将当地发生的医疗事故以及依法对发生医疗事故的医疗机构和医务人员作出行政处理的情况,上报国务院卫生行政部门。

2.内容 卫生行政部门报告的内容为:

(1)本行政区域内医疗事故发生的情况。如医患双方当事人协商解决、卫生行政部门调解解决和人民法院调解或者判决解决的医疗事故情况,医疗事故等级,医疗事故赔偿的数额等。

(2)卫生行政部门对发生医疗事故的医疗机构和医务人员作出行政处理的情况。

3.程序 报告按照行政隶属关系,一般从县级卫生行政部门开始,首先由县级卫生行政部门将本行政区域内的情况报告设区的市级卫生行政部门,设区的市级卫生行政部门将报告省、自治区、直辖市卫生行政部门,省、自治区、直辖市卫生行政部门将本行政区域内的医疗事故情况汇总后报告国务院卫生行政部门。

4.为了保证报告制度的落实,对不履行报告责任的卫生行政部门进行处理 由卫生行政部门责令改正;情节严重的,对负有责任的主管人员和其他直接责任人员依法给予行政处分或者纪律处分。

☞考点提示:医疗事故的处置制度。

第五节 医疗事故的赔偿

一、确定赔偿数额的原则

医疗事故赔偿,应当考虑下列因素,确定具体赔偿数额:医疗事故等级;医疗过失行为在医疗事故损害后果中的责任程度;医疗事故损害后果与患者原有疾病状况之间的关系。

不属于医疗事故的,医疗机构不承担赔偿责任。

二、赔偿项目和标准

医疗事故赔偿,按照下列项目和标准计算。

1.医疗费 按照医疗事故对患者造成的人身损害进行治疗所发生的医疗费用计算,凭据支付,但不包括原发病医疗费用。结案后确实需要继续治疗的,按照基本医疗费用支付。

2.误工费 患者有固定收入的,按照本人因误工减少的固定收入计算,对收入高于医疗事故发生地上一年度职工年平均工资3倍以上的,按照3倍计算;无固定收入的,按照医疗事故发生地上一年度职工年平均工资计算。

3. **住院伙食补助费**　按照医疗事故发生地国家机关一般工作人员的出差伙食补助标准计算。

4. **陪护费**　患者住院期间需要专人陪护的,按照医疗事故发生地上一年度职工年平均工资计算。

5. **残疾生活补助费**　根据伤残等级,按照医疗事故发生地居民年平均生活费计算,自定残之月起最长赔偿 30 年;但是,60 周岁以上的,不超过 15 年;70 周岁以上的,不超过 5 年。

6. **残疾用具费**　因残疾需要配置补偿功能器具的,凭医疗机构证明,按照普及型器具的费用计算。

7. **丧葬费**　按照医疗事故发生地规定的丧葬费补助标准计算。

8. **被抚养人生活费**　以死者生前或者残疾者丧失劳动能力前实际抚养且没有劳动能力的人为限,按照其户籍所在地或者居所地居民最低生活保障标准计算。对不满 16 周岁的,抚养到 16 周岁。对年满 16 周岁但无劳动能力的,抚养 20 年。但是,60 周岁以上的,不超过 15 年;70 周岁以上的,不超过 5 年。

9. **交通费**　按照患者实际必需的交通费用计算,凭据支付。

10. **住宿费**　按照医疗事故发生地国家机关一般工作人员的出差住宿补助标准计算,凭据支付。

11. **精神损害抚慰金**　按照医疗事故发生地居民年平均生活费计算。造成患者死亡的,赔偿年限最长不超过 6 年;造成患者残疾的,赔偿年限最长不超过 3 年。

三、患者亲属损失赔偿

参加医疗事故处理的患者近亲属所需交通费、误工费、住宿费,参照有关规定计算,计算费用的人数不超过 2 人。

医疗事故造成患者死亡的,参加丧葬活动的患者的配偶和直系亲属所需交通费、误工费、住宿费,参照有关规定计算,计算费用的人数不超过 2 人。

四、赔偿费用结算

医疗事故赔偿费用实行一次性结算,由承担医疗事故责任的医疗机构支付。

第六节　法律责任

一、卫生行政部门的法律责任

卫生行政部门违反《医疗事故处理条例》的规定,有下列情形之一的,由上级卫生行政部门给予警告并责令限期改正;情节严重的,对负有责任的主管人员和其他直接责任人员依法给予行政处分:①接到医疗机构关于重大医疗过失行为的报告后,未及时组织调查;②接到医疗事故争议处理申请后,未在规定时间内审查或者移送上一级人民政府卫生行政部门处理的;③未将应当进行医疗事故技术鉴定的重大医疗过失行为或者医疗事故争议移交医学会组织鉴定的;④未按照规定逐级将当地发生的医疗事故以及依法对发生医疗事故的医疗机构和医务人员的行政处理情况上报的;⑤未依照规定审核医疗事故技术鉴定书的。

县级以上人民政府卫生主管部门和其他有关部门及其工作人员在医疗纠纷预防和处理工作中,不履行职责或者滥用职权、玩忽职守、徇私舞弊的,由上级人民政府卫生等有关部门或者监察机关责令改正;依法对直接负责的主管人员和其他直接责任人员给予处分;构成犯罪的,依法追究刑事责任。

二、医疗机构的法律责任

医疗机构篡改、伪造、隐匿、毁灭病历资料的,对直接负责的主管人员和其他直接责任人员,由县

笔记

级以上人民政府卫生主管部门给予或者责令给予降低岗位等级或者撤职的处分,对有关医务人员责令暂停6个月以上1年以下执业活动;造成严重后果的,对直接负责的主管人员和其他直接责任人员给予或者责令给予开除的处分,对有关医务人员由原发证部门吊销执业证书;构成犯罪的,依法追究刑事责任。

医疗机构将未通过技术评估和伦理审查的医疗新技术应用于临床的,由县级以上人民政府卫生主管部门没收违法所得,并处5万元以上10万元以下罚款,对直接负责的主管人员和其他直接责任人员给予或者责令给予降低岗位等级或者撤职的处分,对有关医务人员责令暂停6个月以上1年以下执业活动;情节严重的,对直接负责的主管人员和其他直接责任人员给予或者责令给予开除的处分,对有关医务人员由原发证部门吊销执业证书;构成犯罪的,依法追究刑事责任。

医疗机构及其医务人员有下列情形之一的,由县级以上人民政府卫生主管部门责令改正,给予警告,并处1万元以上5万元以下罚款;情节严重的,对直接负责的主管人员和其他直接责任人员给予或者责令给予降低岗位等级或者撤职的处分,对有关医务人员可以责令暂停1个月以上6个月以下执业活动;构成犯罪的,依法追究刑事责任:①未按规定制定和实施医疗质量安全管理制度;②未按规定告知患者病情、医疗措施、医疗风险、替代医疗方案等;③开展具有较高医疗风险的诊疗活动,未提前预备应对方案防范突发风险;④未按规定填写、保管病历资料,或者未按规定补记抢救病历;⑤拒绝为患者提供查阅、复制病历资料服务;⑥未建立投诉接待制度、设置统一投诉管理部门或者配备专(兼)职人员;⑦未按规定封存、保管、启封病历资料和现场实物;⑧未按规定向卫生主管部门报告重大医疗纠纷;⑨其他未履行规定义务的情形。

三、医学会、司法鉴定机构的法律责任

医学会、司法鉴定机构出具虚假医疗损害鉴定意见的,由县级以上人民政府卫生、司法行政部门依据职责没收违法所得,并处5万元以上10万元以下罚款,对该医学会、司法鉴定机构和有关鉴定人员责令暂停3个月以上1年以下医疗损害鉴定业务,对直接负责的主管人员和其他直接责任人员给予或者责令给予降低岗位等级或者撤职的处分;情节严重的,该医学会、司法鉴定机构和有关鉴定人员5年内不得从事医疗损害鉴定业务或者撤销登记,对直接负责的主管人员和其他直接责任人员给予或者责令给予开除的处分;构成犯罪的,依法追究刑事责任。

四、尸检责任

尸检机构出具虚假尸检报告的,由县级以上人民政府卫生、司法行政部门依据职责没收违法所得,并处5万元以上10万元以下罚款,对该尸检机构和有关尸检专业技术人员责令暂停3个月以上1年以下尸检业务,对直接负责的主管人员和其他直接责任人员给予或者责令给予降低岗位等级或者撤职的处分;情节严重的,撤销该尸检机构和有关尸检专业技术人员的尸检资格,对直接负责的主管人员和其他直接责任人员给予或者责令给予开除的处分;构成犯罪的,依法追究刑事责任。

五、医疗纠纷人民调解员的法律责任

医疗纠纷人民调解员有下列行为之一的,由医疗纠纷人民调解委员会给予批评教育、责令改正;情节严重的,依法予以解聘:①偏袒一方当事人;②侮辱当事人;③索取、收受财物或者牟取其他不正当利益;④泄露医患双方个人隐私等事项。

六、新闻媒体责任

新闻媒体编造、散布虚假医疗纠纷信息的,由有关主管部门依法给予处罚;给公民、法人或者其他组织的合法权益造成损害的,依法承担消除影响、恢复名誉、赔偿损失、赔礼道歉等民事责任。

七、扰乱医疗秩序和医疗事故鉴定工作的法律责任

以医疗事故为由,寻衅滋事、抢夺病历资料、扰乱医疗机构正常医疗秩序和医疗事故技术鉴定工作,依照《中华人民共和国刑法》关于扰乱社会秩序罪的规定,依法追究刑事责任;尚不够刑事处罚的,依法给予治安管理处罚。

医患双方在医疗纠纷处理中,造成人身、财产或者其他损害的,依法承担民事责任;构成违反治安管理行为的,由公安机关依法给予治安管理处罚;构成犯罪的,依法追究刑事责任。

本章小结

医疗纠纷,是指医患双方因诊疗活动引发的争议。预防医疗纠纷的措施有加强医疗质量安全的日常管理;强化医疗服务关键环节和领域的风险防控;加强医疗服务中的医患沟通;病历管理等。发生医疗纠纷,医患双方可以通过下列途径解决:双方自愿协商;申请人民调解;申请行政调解;向人民法院提起诉讼;法律、法规规定的其他途径。

医疗事故是指医疗机构及其医务人员在医疗活动中,违反医疗卫生管理法律、行政法规、部门规章和诊疗护理规范、常规,过失造成患者人身损害的事故。根据对患者人身造成的损害程度,医疗事故分为四级。医疗事故赔偿,应当考虑下列因素,确定具体赔偿数额:医疗事故等级;医疗过失行为在医疗事故损害后果中的责任程度;医疗事故损害后果与患者原有疾病状况之间的关系。

（王 瓅 魏 纳）

目标检测

参考答案

一、选择题

1. 医疗事故是指( )。
   A. 虽有诊疗护理错误,但未造成患者死亡、残疾、功能障碍的
   B. 由于病情或患者体质特殊而发生难以预料的不良后果的
   C. 在诊疗护理中,因医务人员诊疗护理过失,直接造成患者死亡、残疾、功能障碍的
   D. 发生难以避免的并发症
   E. 医务人员在诊疗护理中存在失误,导致患者不满意

2. 护士误给某青霉素过敏的患者注射青霉素,造成患者死亡,此事故属于( )。
   A. 一级医疗事故   B. 二级医疗事故   C. 三级医疗事故
   D. 四级医疗事故   E. 严重护理差错

3. 因抢救急危病人,未能及时书写病历的,有关医务人员应当在抢救结束后( )小时内据实补记,并加以注明。
   A. 6   B. 8   C. 12
   D. 24   E. 48

4. 病历资料封存后医疗纠纷已经解决,或者患者在病历资料封存满( )年未再提出解决医疗纠纷要求的,医疗机构可以自行启封。
   A. 1   B. 2   C. 3
   D. 4   E. 7

5. 患者死亡,医患双方对死因有异议的,应当在患者死亡后( )小时内进行尸检。
   A. 6   B. 8   C. 12
   D. 24   E. 48

6. 患者死亡,医患双方对死因有异议的,具备尸体冻存条件的,可以延长至( )。

A.1 日　　　　　　　　　　B.2 日　　　　　　　　　　C.3 日

D.4 日　　　　　　　　　　E.7 日

7.下列属于医疗事故的情形是（　　　）。

A.在紧急情况下为抢救垂危患者生命而采取紧急医学措施造成不良后果的

B.在医疗活动中由于患者病情异常或者患者体质特殊而发生医疗意外的

C.在现有医学科学技术条件下，发生无法预料或者不能防范的不良后果的

D.无过错输血感染造成不良后果的

E.因医方原因延误诊疗导致不良后果的

8.发生医疗事故的，医疗机构应当按照规定向所在地卫生行政部门报告。如果发生下列重大医疗过失行为的，医疗机构应当在（　　　）小时内向所在地卫生行政部门报告：导致患者死亡或者可能为二级以上的医疗事故；导致3 人以上人身损害后果；国务院卫生行政部门和省、自治区、直辖市人民政府卫生行政部门规定的其他情形。

A.6　　　　　　　　　　　B.8　　　　　　　　　　　C.12

D.24　　　　　　　　　　E.48

9.医患双方申请医疗纠纷行政调解的，应当向医疗纠纷发生地（　　　）人民政府卫生主管部门提出申请。

A.乡镇　　　　　　　　　B.街道　　　　　　　　　C.县级

D.市级　　　　　　　　　E.省级

10.医疗机构将未通过技术评估和伦理审查的医疗新技术应用于临床的，由县级以上人民政府卫生主管部门没收违法所得，并处5 万元以上10 万元以下罚款，对直接负责的主管人员和其他直接责任人员给予或者责令给予降低岗位等级或者撤职的处分，对有关医务人员责令暂停执业活动的时间为（　　　）。

A.1 个月以上6 个月以下　　B.3 个月以上6 个月以下　　C.3 个月以上1 年以下

D.6 个月以上1 年以下　　　E.6 个月以上3 年以下

二、简答题

1.简述医疗纠纷的预防措施。

2.简述医疗纠纷的处理途径。

3.简述医疗事故的构成要件。

4.简述医疗事故的分级标准。

第十二章　传染病防治法律制度

课件　　微课

学习目标

素质目标：理解和认同传染病防治工作的重要性和必要性，树立法律意识和公共卫生观念，尊重科学和遵循社会公德，培养良好的道德素质和法治素养。

知识目标：掌握传染病的概念和分类，疫情的报告、通报和公布，疫情控制措施；熟悉传染病预防的制度和措施；了解相关法律责任。

能力目标：能够运用所学的法律知识分析、解决实际问题，具备预防和控制传染病的基本技能和能力。

案例导学

　　H7N9 型禽流感是一种新型禽流感，于 2013 年 3 月底在上海和安徽两地率先发现。2013 年 3 月 31 日，中国国家卫生和计划生育委员会向世界卫生组织(WHO)通报了 3 例人感染 H7N9 型禽流感病例，到 2013 年 5 月 27 我国内地报告 130 例人感染 H7N9 型禽流感确诊病例，其中死亡 36 人。人感染 H7N9 型禽流感后，一般表现为流感样症状，如发热、咳嗽、少痰，可伴有头痛、肌肉酸痛和全身不适。重症患者病情发展迅速，表现为重症肺炎，体温大多持续在 39℃以上，出现呼吸困难，伴有咳血痰，可快速进展出现急性呼吸窘迫综合征等。H7N9 型禽流感疫情发生 2 个月左右的时间，就使我国家禽养殖业损失超过 400 亿元。

　　请思考：

　　1. 什么是法定传染病？

　　2. 上述传染病属于哪类传染病？

案例导学解析

第一节　概　述

一、传染病的概念及分类

　　传染病是常见病、多发病，可迅速传播、流行。中华人民共和国成立前，霍乱、鼠疫、天花等烈性传染病流行猖獗。一些传染病和寄生虫病，如伤寒、痢疾、疟疾、血吸虫病等广泛流行，严重危害人民的健康。中华人民共和国成立后，由于党和政府十分重视传染病的防治，传染病的发病和流行得到了控制，尤其是《中华人民共和国传染病防治法》(以下简称《传染病防治法》)的颁布和实施，使传染病的防治纳入法制轨道。

(一)传染病的概念

　　1. 传染病的含义　传染病(infectious diseases)是由各种病原体引起的能在人与人、动物与动物或人与动物之间相互传播的一类疾病。

　　2. 传染病的特点　传染病能在人与人、人与动物或动物与动物之间相互传播，具有流行性和反复性,发病率高,对人体健康危害极大。传染病的特点有传染性、流行性、地方性、季节性。

(1)传染性:是传染病与其他类别疾病的主要区别,传染病意味着病原体能够通过各种途径传染给他人。传染病病人有传染性的时期称为传染期。病原体从宿主排出体外,通过一定方式到达新的易感者体内,呈现一定传染性,其传染强度与病原体种类、数量、毒力、易感人群的免疫状态等有关。

(2)流行性:按传染病流行过程的强度和广度分为几类。散发,是指传染病在人群中散在发生;流行,是指某一地区或某一单位在某一时期内,某种传染病的发病率超过了历年同期的发病水平;大流行,指某种传染病在一个短时期内迅速传播、蔓延,超过了一般的流行强度;暴发,指某一局部地区或单位,在短期内突然出现众多的同一种疾病的病人。

(3)地方性:是指某些传染病或寄生虫病,其中间宿主受地理条件、气温条件变化的影响,常局限于一定的地理范围内发生,如虫媒传染病、自然疫源性疾病。

(4)季节性:指传染病的发病率在年度内有季节性升高,与温度、湿度的改变有关。

3. 传染病的传播和流行 传染病的传播是指病原体从已感染者排出,经过一定的传播途径,传入易感者而形成新的传染的全部过程。传染病得以在某一人群中发生和传播,必须具备传染源、传播途径和易感人群三个基本环节。

(1)传染源:在体内有病原体生长繁殖,并可将病原体排出的人和动物,即患传染或携带病原体的人和动物。患传染病的病人是重要的传染源,其体内有大量的病原体。病程的各个时期,病人的传染源作用不同,这主要与病种、排出病原体的数量和病人与周围人群接触的程度及频率有关。如多数传染病病人在有临床症状时能排出大量病原体,威胁周围人群,是重要的传染源;但有些病人如百日咳患者,在卡他期排出病原体较多、具有很强的传染性,而在痉咳期排出病原体的数量明显减少、传染性也逐渐减退。又如,乙型肝炎病人在潜伏期末才具有传染性。

一般说来,病人在恢复期不再是传染源,但某些传染病(伤寒、白喉)的恢复期病人仍可在一定时间内排出病原体,继续起到传染源的作用。

病原携带者指已无任何临床症状,但能排出病原体的人或动物。携带者有病后携带者和所谓健康携带者两种。前者指临床症状消失、机体功能恢复,但继续排出病原体的个体。这种携带状态一般持续时间较短,少数个体携带时间较长,个别的可延续多年,如慢性伤寒带菌者。所谓健康携带者无疾病既往史,但用检验方法可查明其排出物带病原体。这种人携带病原体的时间一般是短暂的。

病动物也是人类传染病的传染源。人被患病(如狂犬病)动物咬伤或接触病动物的排泄物、分泌物而被感染。人和动物可患同一种病,但病理改变、临床表现和作为传染源的意义不相同。如患狂犬病的狗可出现攻击人和其他动物的行为,成为该病的传染源之一;而人患此病后临床表现为恐水症,不再成为该病的传染源。

(2)传播途径:指病原体自传染源排出后,在传染给另一易感者之前在外界环境中所行经的途径。一种传染病的传播途径可以是单一的,也可以是多个。传播途径可分为水平传播和垂直传播两类。

由于生物性的致病源于人体外可存活的时间不一,存在人体内的位置、活动方式不同,都影响传染的过程。为了生存和繁衍,这类病原性的微生物必须具备可传染的性质,每一种传染性的病原体通常都有特定的传播方式,常见的传播途径有空气传播、接触传播、体液传播、粪口传播等。例如,某些细菌或病毒可以引起宿主呼吸道表面黏膜层的型态变化,刺激神经反射而引起咳嗽或喷嚏等症状,借此重回空气等待下一个宿主将其吸入;但也有部分微生物则是引起消化系统异常,如腹泻或呕吐,并随着排出物散布在各处。通过这些方式,复制的病原体随患者的活动范围可大量散播。

(3)易感人群:是指人群对某种传染病病原体的易感程度或免疫水平。新生人口增加、易感者的集中或进入疫区,易引起传染病流行。病后获得免疫、人群隐性感染、人工免疫,均使人群易感性降低,不易引起传染病流行或终止其流行。

若能完全切断传染源、传播途径和易感人群这三个基本环节中的一个环节,即可防止该种传染病的发生和流行。各种传染病的薄弱环节各不相同,在预防中应充分利用。除主导环节外,对其他环节也应采取措施,只有这样才能更好地预防各种传染病。

(二)我国法定传染病的分类

法定传染病是指纳入《传染病防治法》等法律管理的传染病。国家确定对传染病实行分类,采取相应的预防控制措施,分类监测、分类监督管理,达到及时有效控制传染病传播、流行的目的。

根据传染病病种的传播方式、传播速度、流行强度以及对人体健康、对社会危害程度,并参照国际上统一分类的标准,结合我国的实际情况,将全国发病率较高、流行面较大、危害严重的41种急性和慢性传染病,根据2004年8月28日第十届全国人民代表大会常务委员会第十一次会议修订的《传染病防治法》,分为甲、乙、丙三类,实行分类管理。

1. **甲类传染病(2 种)** 也称强制管理传染病,包括:鼠疫、霍乱。对此类传染病发生后报告疫情的时限,对病人和病原携带者的隔离、治疗方式以及对疫点、疫区的处理等,均应强制执行。

2. **乙类传染病(28 种)** 也称严格管理传染病,包括:新型冠状病毒感染的肺炎、传染性非典型肺炎、艾滋病、病毒性肝炎、脊髓灰质炎、人感染高致病性禽流感、麻疹、流行性出血热、狂犬病、流行性乙型脑炎、登革热、炭疽、细菌性和阿米巴性痢疾、肺结核、伤寒和副伤寒、流行性脑脊髓膜炎、百日咳、白喉、新生儿破伤风、猩红热、布鲁氏菌病、淋病、梅毒、钩端螺旋体病、血吸虫病、疟疾、人感染 H7N9 禽流感、猴痘。

《传染病防治法》第四条中规定,对乙类传染病中传染性非典型肺炎、炭疽中的肺炭疽,采取甲类传染病的预防、控制措施。其他乙类传染病和突发原因不明的传染病需要采取《传染病防治法》所规定甲类传染病的预防、控制措施的,由国务院卫生行政部门及时报经国务院批准后予以公布、实施。

3. **丙类传染病(11 种)** 也称监测管理传染病,包括:流行性感冒、流行性腮腺炎、风疹、急性出血性结膜炎、麻风病、流行性和地方性斑疹伤寒、黑热病、包虫病、丝虫病,除霍乱、细菌性和阿米巴性痢疾、伤寒和副伤寒以外的感染性腹泻病、手足口病。

☞ **考点提示**:我国法定传染病的分类。

📖 **知识链接**

法定传染病的调整

为加强手足口病的防治工作,2008年5月2日手足口病被纳入法定丙类传染病,参照乙类传染病管理。

国家卫生计生委2013年11月4日发布《关于调整部分法定传染病病种管理工作的通知》,根据《中华人民共和国传染病防治法》相关规定,将人感染 H7N9 禽流感纳入法定乙类传染病;将甲型 H1N1 流感从乙类调整为丙类,并纳入现有流行性感冒进行管理;解除对人感染高致病性禽流感采取的《传染病防治法》规定的甲类传染病预防、控制措施。

国家卫生健康委员会2020年1月20日发布了2020年第1号公告,将新型冠状病毒感染的肺炎纳入《传染病防治法》规定的乙类传染病,并采取甲类传染病的预防、控制措施。2022年12月26日,国家卫生健康委员会发布《关于对新型冠状病毒感染实施"乙类乙管"的总体方案》。

国家卫生健康委2023年9月15日发布公告,根据《传染病防治法》相关规定,自2023年9月20日起将猴痘纳入乙类传染病进行管理,采取乙类传染病的预防、控制措施。

二、传染病防治的法制建设

传染病防治法是有关控制、预防和消除传染病的发生与流行,保障人体健康,调整防治传染病过程中产生的各种社会关系的法律规范的总称。传染病防治相关法律的立法目的是为了预防、控制和消除传染病的发生与流行,保障公众健康和公共卫生。

(一)相关法律的颁布

中华人民共和国成立后,党和政府对于传染病的防治工作极为重视,制定了"预防为主"的方针,并注意加强这方面的法制建设,制定颁行了一系列法律法规。为强化传染病的防治工作,全国七届人大常委会第六次会议于1989年2月21日通过了《中华人民共和国传染病防治法》,并规定该法于1989年9月1日起正式实施。它的颁行,标志着我国防治传染病的立法进入了新阶段,使我国的传染病防治工作有了全面意义上的法律依据。2004年8月28日第十届全国人民代表大会常务委员会第十一次会议和2013年6月29日第十二届全国人民代表大会常务委员会第三次会议,又分别通过了对《传染病防治法》的修订。

(二)《中华人民共和国传染病防治法》的特色

《传染病防治法》是我国历史上第一部防治传染病的专门法律,对于我国防治传染病的工作具有重要意义,同时也是我国同传染病作斗争的经验的科学总结,具有鲜明的中国特色。

1. 它使我国防治传染病的工作走上了健全的法制轨道 它是在总结我国以往防治传染病的经验和参考国际有关法律条文的基础上形成的,以它为龙头形成了我国防治传染病的法律体系,使我国防治传染病的工作有法可循,走上了健全的法制轨道。

2. 它是同传染病作斗争,保障人体健康的法律武器 预防、控制和消除传染病的发生与流行,保障人体健康,是我国制定、颁行《传染病防治法》的根本目的,它根据我国的实际情况,将发病率较高、流行面较大、危害严重的传染病列为法定管理的范围,并制定了预防、控制和消除传染病的共同行为规范。它的颁行,对保障亿万人民的健康发挥了重要作用。任何人违反了它的法律规定,都必须承担相应的法律责任,包括行政责任、民事责任和刑事责任,这就使它成为人人必须遵守的行为准则,有利于动员全体人民同传染病作斗争。

3. 它使我国传染病防治工作形成了齐抓共管、综合治理的局面 《传染病防治法》明确规定了各级政府和职能机构的职权和职责,规定了预防传染病的措施和管理制度,这就使各级政府和职能机构责权分明,有利于它们依法行使自己的职权,领导、监督和实施预防、控制和消除传染病的工作,从而使我国形成了从中央到地方各级人民政府齐抓共管、从国务院卫生行政部门到地方各级职能机构综合治理传染病工作的崭新局面。

4. 它强调"预防为主",规定防治传染病是每一个公民的义务 坚持防治结合、分类管理、依靠科学、依靠群众的原则。把防治传染病作为义务赋予了全体公民:一是在中华人民共和国领域内的一切单位和个人必须接受医疗保健机构、卫生防疫机构有关传染病的查询、检验、调查取证以及预防、控制措施;二是我国领域内的一切单位和个人都有检举权和控告权,对任何单位和个人违反《传染病防治法》的行为,都有权利也有义务进行检举和控告。明确规定全民防治传染病的义务,是我国《传染病防治法》的主要特色之一,它有利于动员全民参与传染病的防治工作,贯彻"预防为主"的方针。

5. 充分调动和发挥全体公民和各级政府、职能部门的积极性 依靠人民群众开展防治传染病工作,是我国与传染病作斗争的重要经验。《传染病防治法》规定,各级人民政府应当开展预防传染病的卫生健康教育,大力宣传传染病的危害、流行过程及预防、控制和消除传染病的措施,使全体公民自觉参加防治工作,履行法律规定的义务。这是防治传染病的最深厚、最广泛的群众基础,也是我国在预防传染病方面的一个创举。但是,仅有群众的积极性是不够的,还必须有各级政府、职能部门的积极性,两个"积极性"相结合,才能使预防工作落到实处。因此,《传染病防治法》在规定了各级人民政府、职能机构的职权的同时,还规定了他们的义务。为了充分发挥和调动两个积极性,它还规定"对预防、控制传染病做出显著成绩和贡献的单位和个人,给予奖励。"

6. 领导责任由各级政府承担,实行专门机构与有关部门齐抓共管 世界各国在预防传染病工作中多是由政府的专门机构或民间机构负责,这就往往使这一工作因缺乏人力、物力而不能有效地进行。我国在这一工作中,领导责任由各级人民政府承担,强化了各级政府的责任和职能作用,从而组织充足的人力、物力落实防治传染病的工作;同时,我国设立了防疫机构,订立了各项防疫法规和制度,由各级政府卫生行政部门实施统一监督管理等,而且法律规定与防治传染病有关的部门、单位,都有预防传染病的义务和职权。这就使我国防治传染病的工作形成了政府领导、齐抓共管的特色。

第二节 传染病预防

国家对传染病防治实行预防为主的方针,坚持防治结合、分类管理、依靠科学、依靠群众、因地制宜、发展三级保健网和综合防治的策略。国务院卫生行政部门和省、自治区、直辖市人民政府及相关卫生部门对传染病发生、流行及分布进行监测管理,提出预防控制对策;医疗机构必须严格执行国务院卫生行政部门规定的管理制度、操作规范,防止传染病的医源性感染和医院感染;疾病控制中心、医疗机构的实验室和病原微生物实验室,应当符合国家规定的条件和技术标准,建立严格的监督管理制度;对传染病病种、毒种和传染病监测样本的采集、保藏、携带、运输和使用实行分类管理,建立严格的管理制度。

一、国家实行有计划的预防接种制度

国务院卫生行政部门和省、自治区、直辖市人民政府卫生行政部门,根据传染病预防、控制的需要,制定传染病预防接种规划并组织实施。用于预防接种的疫苗必须符合国家质量标准。国家对儿童实行预防接种证制度。国家免疫规划项目的预防接种实行免费。医疗机构、疾病预防控制机构与儿童的监护人应当相互配合,保证儿童及时接受预防接种。

📖 **素质拓展**

糖丸爷爷顾方舟

"中国已经没有本土脊灰病例。"当 2000 年 10 月,世界卫生组织庄严宣布这句话时,近 13 亿中国人发出了欢呼声,一位 75 岁的中国老人更是喜极而泣。这位老人叫顾方舟,他同脊髓灰质炎作了一辈子斗争。

顾方舟(1926 年 6 月 16 日—2019 年 1 月 2 日),男,浙江宁波人,出生于上海市,对脊髓灰质炎的预防及控制的研究长达 42 年,是我国组织培养口服活疫苗开拓者之一,被称为"中国脊髓灰质炎疫苗"之父。

脊髓灰质炎,俗称小儿麻痹症,致死率高达 30%,即便幸运存活,也会面临终身偏瘫。顾方舟和他的团队成员们"白手起家",在临时搭建的帐篷里从事研究,饿肚子也是常有的事。疫苗一般分为"灭活疫苗"和"活疫苗"。灭活疫苗生产工艺成熟,但造价昂贵,效果还差。活疫苗的研发和生产成本都比较低廉,更符合我国当时的经济情况,但安全性却有待考证。经过综合考量和多次论证,顾方舟决定生产活疫苗,但需要对脊灰病毒"减毒"。在一系列研究之后,第一款脊灰病毒减毒活疫苗在动物身上的实验证明有效,只要通过人体的临床实验,就可以证明疫苗是有效且安全的。思来想去,顾方舟决定先拿自己做实验。幸运的是,顾方舟服下疫苗后身上并没有出现任何感染病毒的症状。顾方舟心中却还不放心,他是一个大人,可能本身就对脊灰病毒有一定的免疫力,但对孩子来说会不会不安全呢?顾方舟还是想再做一次实验,而他的实验对象则是自己刚满月的孩子。顾方舟心中也有顾虑,但他还是下定决心趁妻子不在家的时候,偷偷给还躺在婴儿床上的孩子喂下了一小瓶脊灰疫苗。经过一段时间的观察后,顾方舟得出了一个喜人的结论:这款疫苗是安全的,自己的孩子没有任何感染的症状!顾方舟和他的团队努力了这么多年终于成功了!

舍己幼,为人之幼,这不是残酷,是医者大仁。为一大事来,成一大事去。功业凝成糖丸一粒,是治病灵丹,更是拳拳赤子心。你就是一座方舟,载着新中国的孩子,渡过病毒的劫难。("感动中国"2019 年度人物组委会评)

二、国家建立传染病预警制度

国务院卫生行政部门和省、自治区、直辖市人民政府根据传染病发生、流行趋势的预测,及时发出传染病预警,根据情况予以公布。县级以上地方人民政府应当制定传染病预防、控制预案,报上一级人民政府备案。传染病预防、控制预案应当包括的主要内容:传染病预防控制指挥部的组成和相关部门的职责;传染病的监测、信息收集、分析、报告、通报制度;疾病预防控制机构、医疗机构在发生传染病疫情时的任务与职责;传染病暴发、流行情况的分级以及相应的应急工作方案;传染病预防,疫点疫区现场控制,应急设施、设备、救治药品、医疗器械以及其他物资和技术的储备与调用。

三、国家建立传染病监测制度

国务院卫生行政部门制定国家传染病监测规划和方案。省、自治区、直辖市人民政府卫生行政部门根据国家传染病监测规划和方案,制定本行政区域的传染病监测计划和工作方案。各级疾病预防控制机构对传染病的发生、流行以及影响其发生、流行的因素进行监测;对国外发生、国内尚未发生的传染病或者国内新发生的传染病进行监测。

四、政府部门的预防措施

各级人民政府组织开展群众性卫生活动,进行预防传染病的健康教育,倡导文明健康的生活方式,提高公众对传染病的防治意识和应对能力,加强环境卫生建设,消除鼠害和蚊、蝇等病媒生物的危害。地方各级人民政府应当有计划地建设和改造公共卫生设施,改善饮用水卫生条件,对污水、污物、粪便进行无害化处置。各级人民政府农业、水利、林业行政部门按照职责分工负责指导和组织消除农田、湖区、河流、牧场、林区的鼠害与血吸虫危害,以及其他传播传染病的动物和病媒生物的危害。铁路、交通、民用航空行政部门负责组织消除交通工具以及相关场所的鼠害和蚊、蝇等病媒生物的危害。

地方人民政府和疾病预防控制机构接到国务院卫生行政部门或者省、自治区、直辖市人民政府发出的传染病预警后,应当按照传染病预防、控制预案,采取相应的预防、控制措施。

五、疾病预防控制机构的预防措施

各级疾病预防控制机构在传染病预防控制中履行的职责有:实施传染病预防控制规划、计划和方案;收集、分析和报告传染病监测信息,预测传染病的发生、流行趋势;开展对传染病疫情和突发公共卫生事件的流行病学调查、现场处理及其效果评价;开展传染病实验室检测、诊断、病原学鉴定;开展健康教育、咨询,普及传染病防治知识;指导、培训下级疾病预防控制机构及其工作人员开展传染病监测工作;开展传染病防治应用性研究和卫生评价,提供技术咨询。

国家、省级疾病预防控制机构负责对传染病发生、流行以及分布进行监测,对重大传染病流行趋势进行预测,提出预防控制对策,参与并指导对暴发的疫情进行调查处理,开展传染病病原学鉴定,建立检测质量控制体系,开展应用性研究和卫生评价。设区的市和县级疾病预防控制机构负责传染病预防控制规划、方案的落实,组织实施免疫、消毒,控制病媒生物的危害,普及传染病防治知识,负责本地区疫情和突发公共卫生事件监测、报告,开展流行病学调查和常见病原微生物检测。

六、医疗机构的预防措施

医疗机构必须严格执行国务院卫生行政部门规定的管理制度、操作规范,防止传染病的医源性感染和医院感染。医疗机构应当确定专门的部门或者人员,承担传染病疫情报告、本单位的传染病预防与控制以及责任区域内的传染病预防工作;承担医疗活动中与医院感染有关的危险因素监测、安全防护、消毒、隔离和医疗废物处置工作。

疾病预防控制机构应当指定专门人员负责对医疗机构内传染病预防工作进行指导、考核,开展流行病学调查。

疾病预防控制机构、医疗机构的实验室和从事病原微生物实验的单位,应当符合国家规定的条件和技术标准,建立严格的监督管理制度,对传染病病原体样本按照规定的措施实行严格监督管理,严防传染病病原体的实验室感染和病原微生物的扩散。

七、其他单位和机构的预防措施

采供血机构、生物制品生产单位必须严格执行国家有关规定,保证血液、血液制品的质量。禁止非法采集血液或者组织他人出卖血液。疾病预防控制机构、医疗机构使用血液和血液制品,必须遵守国家有关规定,防止因输入血液、使用血液制品引起经血液传播疾病的发生。

县级以上人民政府农业、林业行政部门以及其他有关部门,依据各自的职责负责与人畜共患传染病有关的动物传染病的防治管理工作。与人畜共患传染病有关的野生动物、家畜家禽,经检疫合格后,方可出售、运输。

国家建立传染病菌种库、毒种库。对传染病菌种、毒种和传染病检测样本的采集、保存、携带、运输和使用实行分类管理,建立健全严格的管理制度。对可能导致甲类传染病传播的以及国务院卫生行政部门规定的菌种、毒种和传染病检测样本,确需采集、保存、携带、运输和使用的,须经省级以上人民政府卫生行政部门批准。

对被传染病病原体污染的污水、污物、场所和物品,有关单位和个人必须在疾病预防控制机构的指导下或者按照其提出的卫生要求进行严格消毒处理;拒绝消毒处理的,由当地卫生行政部门或者疾病预防控制机构进行强制消毒处理。

在国家确认的自然疫源地计划兴建水利、交通、旅游、能源等大型建设项目的,应当事先由省级以上疾病预防控制机构对施工环境进行卫生调查。建设单位应当根据疾病预防控制机构的意见,采取必要的传染病预防、控制措施。施工期间,建设单位应当设专人负责工地上的卫生防疫工作。工程竣工后,疾病预防控制机构应当对可能发生的传染病进行监测。

用于传染病防治的消毒产品、饮用水供水单位供应的饮用水和涉及饮用水卫生安全的产品,应当符合国家卫生标准和卫生规范。饮用水供水单位从事生产或者供应活动,应当依法取得卫生许可证。生产用于传染病防治的消毒产品的单位和生产用于传染病防治的消毒产品,应当经省级以上人民政府卫生行政部门审批。

第三节 疫情报告、通报和公布

一、疫情报告

(一)责任报告单位及报告人

任何单位和个人发现传染病患者或者疑似传染病患者时,应当及时向附近的疾病预防控制机构或者医疗机构报告。《传染病信息报告管理规范(2015 年版)》规定,各级各类医疗卫生机构为责任报告单位;其执行职务的人员和乡村医生、个体开业医生均为责任疫情报告人。

(二)报告病种

《传染病信息报告管理规范(2015 年版)》规定,疫情报告中需报告的传染病病种包括以下几种。

1. 法定传染病 甲类传染病;乙类传染病;丙类传染病;国家卫生计生委决定列入乙类、丙类传染病管理的其他传染病和按照甲类管理开展应急监测报告的其他传染病。

2.其他传染病 省级人民政府决定按照乙类、丙类管理的其他地方性传染病和其他暴发、流行或原因不明的传染病。

3.重点监测疾病 不明原因肺炎病例和不明原因死亡病例等重点监测疾病。

(三)报告的程序与方式

责任报告人应按照传染病诊断标准(卫生计生行业标准)及时对传染病病人或疑似病人进行诊断。根据不同诊断分类,传染病分为疑似病例、临床诊断病例、确诊病例和病原携带者四类。其中,需报告病原携带者的病种包括霍乱、脊髓灰质炎以及国家卫生健康委员会规定的其他传染病。

传染病报告实行属地化管理,首诊负责制。传染病报告卡由首诊医生或其他执行职务的人员负责填写。现场调查时发现的传染病病例,由属地医疗机构诊断并报告。采供血机构发现阳性病例也应填写报告卡。

(四)报告时限

责任报告单位和责任疫情报告人发现甲类传染病和乙类传染病中的肺炭疽、传染性非典型肺炎等按照甲类管理的传染病人或疑似病人时,或发现其他传染病和不明原因疾病暴发时,应于2小时内将传染病报告卡通过网络报告。

对其他乙类、丙类传染病病人、疑似病人和规定报告的传染病病原携带者在诊断后,应于24小时内进行网络报告。

不具备网络直报条件的医疗机构及时向属地乡镇卫生院、城市社区卫生服务中心或县级疾病预防控制机构报告,并于24小时内寄送出传染病报告卡至代报单位。

责任报告单位发现本年度内漏报的传染病病例,应及时补报。

各级各类医疗卫生机构的纸质传染病报告卡及传染病报告记录保存3年。

疾病预防控制机构应当主动收集、分析、调查、核实传染病疫情信息。接到甲类、乙类传染病疫情报告或者发现传染病暴发、流行时,应当立即报告当地卫生行政部门,由当地卫生行政部门立即报告当地人民政府,同时报告上级卫生行政部门和国务院卫生行政部门。疾病预防控制机构应当设立或者指定专门的部门、人员负责传染病疫情信息管理工作,及时对疫情报告进行核实、分析。

☞**考点提示:**传染病的报告时限。

二、疫情通报

(一)政府及卫生行政部门疫情通报职责

国务院卫生行政部门应当及时向国务院其他有关部门和各省、自治区、直辖市人民政府卫生行政部门通报全国传染病疫情以及监测、预警的相关信息。

毗邻的以及相关的地方人民政府卫生行政部门,应当及时互相通报本行政区域的传染病疫情以及监测、预警的相关信息。

县级以上人民政府有关部门发现传染病疫情时,应当及时向同级人民政府卫生行政部门通报。

县级以上地方人民政府卫生行政部门应当及时向本行政区域内的疾病预防控制机构和医疗机构通报传染病疫情以及监测、预警的相关信息。接到通报的疾病预防控制机构和医疗机构应当及时告知本单位的有关人员。

(二)其他相关部门疫情通报职责

《传染病防治法》中规定:港口、机场、铁路疾病预防控制机构以及国境卫生检疫机关发现甲类传染病病人、病原携带者、疑似传染病病人时,应当按照国家有关规定立即向国境口岸所在地的疾病预防控制机构或者所在地县级以上地方人民政府卫生行政部门报告并互相通报。

中国人民解放军卫生主管部门发现传染病疫情时,应当向国务院卫生行政部门通报。

动物防疫机构和疾病预防控制机构,应当及时互相通报动物间和人间发生的人畜共患传染病疫情以及相关信息。

依照《传染病防治法》的规定,负有传染病疫情报告职责的人民政府有关部门、疾病预防控制机构、医疗机构、采供血机构及其工作人员,不得隐瞒、谎报、缓报传染病疫情。

三、疫情公布

《传染病防治法》规定,国家建立传染病疫情信息公布制度。国务院卫生行政部门定期公布全国传染病疫情信息。省、自治区、直辖市人民政府卫生行政部门定期公布本行政区域的传染病疫情信息。

传染病暴发、流行时,国务院卫生行政部门负责向社会公布传染病疫情信息,并可以授权省、自治区、直辖市人民政府卫生行政部门向社会公布本行政区域的传染病疫情信息。公布传染病疫情信息应当及时、准确。

第四节　疫情控制和医疗救治

一、发现传染病时的控制措施

(一)疾病预防控制机构措施

疾病预防控制机构发现传染病疫情或者接到传染病疫情报告时,应当及时采取下列措施:

(1)对传染病疫情进行流行病学调查,根据调查情况提出划定疫点、疫区的建议,对被污染的场所进行卫生处理,对密切接触者,在指定场所进行医学观察和采取其他必要的预防措施,并向卫生行政部门提出疫情控制方案。

(2)传染病暴发、流行时,对疫点、疫区进行卫生处理,向卫生行政部门提出疫情控制方案,并按照卫生行政部门的要求采取措施。

(3)指导下级疾病预防控制机构实施传染病预防、控制措施,组织、指导有关单位对传染病疫情的处理。

(二)医疗机构措施

1. 对甲类传染病病人和病原携带者　对甲类传染病病人和病原携带者,隔离期限根据医学检查结果确定;对疑似病人,确诊前在指定场所单独隔离治疗;对医疗机构内的病人、病原携带者、疑似病人的密切接触者,在指定场所进行医学观察和采取其他必要的预防措施。拒绝隔离治疗或者隔离期未满擅自脱离隔离治疗的,可以由公安机关协助医疗机构采取强制隔离治疗措施。

对已经发生甲类传染病病例的场所或者该场所内的特定区域的人员,所在地的县级以上地方人民政府可以实施隔离措施,并同时向上一级人民政府报告;接到报告的上级人民政府应当即时作出是否批准的决定。上级人民政府作出不予批准决定的,实施隔离措施的人民政府应当立即解除隔离措施。

在隔离期间,实施隔离措施的人民政府应当对被隔离人员提供生活保障;被隔离人员有工作单位的,所在单位不得停止支付其隔离期间的工作报酬。

隔离措施的解除,由原决定机关决定并宣布。

👁**考点提示：**医疗机构对甲类传染病病人和病原携带者的控制措施。

2. 对乙类、丙类传染病病人　对乙类、丙类传染病病人,应当根据病情采取必要的治疗和控制传播措施。淋病、梅毒病人应当在医疗保健机构、卫生防疫机构接受治疗,在治愈前不得进入公共浴池、游泳池等。

3. 对场所、物品以及医疗废物　医疗机构对本单位内被传染病病原体污染的场所、物品以及医疗废物,必须依照法律、法规的规定实施消毒和无害化处置。

知识链接

狂犬病的处理和预防措施

人被带有狂犬病病毒的狗、猫咬伤、抓伤后,会引起狂犬病,一旦发病,无法救治,几乎100%死亡。狂犬病的典型症状是发烧、头痛、怕水、怕风、四肢抽搐等。

处理措施:①被宠物咬伤、抓伤后,首先要挤出污血,用肥皂水反复冲洗伤口,然后用清水冲洗干净,冲洗伤口至少要20分钟,之后涂擦浓度为75%酒精或者2% ~5%碘酒。只要未大量出血,切记不要包扎伤口。②尽快到市、县(区)疾病预防控制中心或各镇卫生院防保组的狂犬病免疫预防门诊接种狂犬病疫苗,第1次注射狂犬病疫苗的最佳时间是被咬伤后的24小时内。③如果一处或多处皮肤被咬穿,伤口被宠物的唾液污染,必须立刻注射疫苗和抗狂犬病血清。④将攻击人的宠物暂时单独隔离,尽快带到附近的动物医院诊断,并向动物防疫部门报告。

预防指导:①养宠物的人有义务按照规定为宠物接种疫苗。②发现宠物出现没有精神、喜卧暗处、唾液增多、行走摇晃、攻击人畜、怕水等症状,要立即送往附近的动物医院或乡镇兽医站诊断。

二、传染病暴发流行时的控制措施

传染病暴发、流行时,县级以上地方人民政府及相关单位应当立即组织力量,按照预防、控制预案进行防治,可采取下列措施。

(一)紧急应对措施

传染病暴发、流行时,县级以上地方人民政府及相关单位应当立即组织力量,按照预防、控制预案进行防治,切断传染病的传播途径,必要时,报经上一级人民政府决定,可以采取下列紧急措施并予以公告:限制或者停止集市、影剧院演出或者其他人群聚集的活动;停工、停业、停课;封闭或者封存被传染病病原体污染的公共饮用水源、食品以及相关物品;控制或者捕杀染疫野生动物、家畜家禽;封闭可能造成传染病扩散的场所。

上级人民政府接到下级人民政府关于采取上述所列紧急措施的报告时,应当即时作出决定。紧急措施的解除,由原决定机关决定并宣布。

(二)疫区

1. 疫区宣布　传染病暴发、流行时,县级以上地方人民政府报经上一级人民政府决定,可以宣布本行政区域部分或者全部为疫区;国务院可以决定并宣布跨省、自治区、直辖市的疫区。

2. 疫区措施　县级以上地方人民政府可以在疫区内采取《传染病防治法》第四十二条规定的紧急措施,防止该传染病通过交通工具及其乘运的人员、物资传播,并可以对出入疫区的人员、物资和交通工具实施卫生检疫。

疫区中被传染病病原体污染或者可能被传染病病原体污染的物品,经消毒可以使用的,应当在当地疾病预防控制机构的指导下,进行消毒处理后,方可使用、出售和运输。

发生传染病疫情时,疾病预防控制机构和省级以上人民政府卫生行政部门指派的其他与传染病有关的专业技术机构,可以进入传染病疫点、疫区进行调查、采集样本、技术分析和检验。

3. 疫区封锁　省、自治区、直辖市人民政府可以决定对本行政区域内的甲类传染病疫区实施封锁;但是,封锁大、中城市的疫区或者封锁跨省、自治区、直辖市的疫区,以及封锁疫区导致中断干线交通或者封锁国境的,由国务院决定。

疫区封锁的解除,由原决定机关决定并宣布。

(三)人员和物品的调集

根据传染病疫情控制的需要,国务院有权在全国范围或者跨省、自治区、直辖市范围内,县级以上地方人民政府有权在本行政区域内紧急调集人员或者调用储备物资,临时征用房屋、交通工具以及相关设施、设备。紧急调集人员的,应当按照规定给予合理报酬。临时征用房屋、交通工具以及相关设施、设备的,应当依法给予补偿;能返还的,应当及时返还。

传染病暴发、流行时,药品和医疗器械生产、供应单位应当及时生产、供应防治传染病的药品和医疗器械。铁路、交通、民用航空经营单位必须优先运送处理传染病疫情的人员以及防治传染病的药品和医疗器械。县级以上人民政府有关部门应当做好组织协调工作。

发生甲类传染病时,为了防止该传染病通过交通工具及其乘运的人员、物资传播,可以实施交通卫生检疫。

三、传染病患者尸体的处理

1. 尸体的处理　患甲类传染病或炭疽死亡的,应当将尸体立即进行卫生处理,就近火化。患其他传染病死亡的,必要时,应当将尸体进行卫生处理后火化或者按照规定深埋。

2. 解剖查验　为了查找传染病病因,医疗机构在必要时可以按照国务院卫生行政部门的规定,对传染病病人尸体或者疑似传染病病人尸体进行解剖查验,并应当告知死者家属。

四、医疗救治

县级以上人民政府应当加强和完善传染病医疗救治服务网络的建设,指定具备传染病救治条件和能力的医疗机构承担传染病救治任务,或者根据传染病救治需要设置传染病医院。医疗机构的基本标准、建筑设计和服务流程,应当符合预防传染病医院感染的要求。医疗机构应当按照规定对使用的医疗器械进行消毒;对按照规定一次使用的医疗器具,应当在使用后予以销毁。医疗机构应当按照国务院卫生行政部门规定的传染病诊断标准和治疗要求,采取相应措施,提高传染病医疗救治能力。

医疗机构应当对传染病病人或者疑似传染病病人提供医疗救护、现场救援和接诊治疗,书写病历记录以及其他有关资料,并妥善保管。医疗机构应当实行传染病预检、分诊制度;对传染病病人、疑似传染病病人,应当引导至相对隔离的分诊点进行初诊。医疗机构不具备相应救治能力的,应当将患者及其病历记录复印件一并转至具备相应救治能力的医疗机构。

第五节　监督管理和保障措施

一、监督管理

县级以上人民政府卫生行政部门对传染病防治工作履行监督检查职责有:对下级人民政府卫生行政部门履行《传染病防治法》规定的传染病防治职责进行监督检查;对疾病预防控制机构、医疗机构的传染病防治工作进行监督检查;对采供血机构的采供血活动进行监督检查;对用于传染病防治的消毒产品及其生产单位进行监督检查,并对饮用水供水单位从事生产或者供应活动以及涉及饮用水卫生安全的产品进行监督检查;对传染病菌种、毒种和传染病检测样本的采集、保藏、携带、运输、使用进行监督检查;对公共场所和有关单位的卫生条件和传染病预防、控制措施进行监督检查。

省级以上人民政府卫生行政部门负责组织对传染病防治重大事项的处理。县级以上人民政府卫生行政部门在履行监督检查职责时,有权进入被检查单位和传染病疫情发生现场调查取证,查阅或者复制有关的资料和采集样本。被检查单位应当予以配合,不得拒绝、阻挠。

县级以上地方人民政府卫生行政部门在履行监督检查职责时,发现被传染病病原体污染的公共饮用水源、食品以及相关物品,如不及时采取控制措施可能导致传染病传播、流行的,可以采取封闭公共饮用水源、封存食品以及相关物品或者暂停销售的临时控制措施,并予以检验或者进行消毒。经检验,属于被污染的食品,应当予以销毁;对未被污染的食品或者经消毒后可以使用的物品,应当解除控制措施。

卫生行政部门工作人员依法执行职务时,应当不少于两人,并出示执法证件,填写卫生执法文书。卫生执法文书经核对无误后,应当由卫生执法人员和当事人签名。当事人拒绝签名的,卫生执法人员应当注明情况。

卫生行政部门应当依法建立健全内部监督制度,对其工作人员依据法定职权和程序履行职责的情况进行监督。上级卫生行政部门发现下级卫生行政部门不及时处理职责范围内的事项或者不履行职责的,应当责令纠正或者直接予以处理。

卫生行政部门及其工作人员履行职责,应当自觉接受社会和公民的监督。单位和个人有权向上级人民政府及其卫生行政部门举报违反法律的行为。接到举报的有关人民政府或者其卫生行政部门,应当及时调查处理。

二、保障措施

国家将传染病防治工作纳入国民经济和社会发展计划,县级以上地方人民政府将传染病防治工作纳入本行政区域的国民经济和社会发展计划。县级以上地方人民政府按照本级政府职责负责本行政区域内传染病预防、控制、监督工作的日常经费。

国务院卫生行政部门会同国务院有关部门,根据传染病流行趋势,确定全国传染病预防、控制、救治、监测、预测、预警、监督检查等项目。中央财政对困难地区实施重大传染病防治项目给予补助。省、自治区、直辖市人民政府根据本行政区域内传染病流行趋势,在国务院卫生行政部门确定的项目范围内,确定传染病预防、控制、监督等项目,并保障项目的实施经费。

国家加强基层传染病防治体系建设,扶持贫困地区和少数民族地区的传染病防治工作。地方各级人民政府应当保障城市社区、农村基层传染病预防工作的经费。国家对患有特定传染病的困难人群实行医疗救助,减免医疗费用。

县级以上人民政府负责储备防治传染病的药品、医疗器械和其他物资,以备调用。对从事传染病预防、医疗、科研、教学、现场处理疫情的人员,以及在生产、工作中接触传染病病原体的其他人员,有关单位应当按照国家规定,采取有效的卫生防护措施和医疗保健措施,并给予适当的津贴。

第六节 法律责任

一、各级政府部门相关的法律责任

地方各级人民政府未依照《传染病防治法》规定履行报告职责,或者隐瞒、谎报、缓报传染病疫情,或者在传染病暴发、流行时,未及时组织救治、采取控制措施的,由上级人民政府责令改正,通报批评。造成传染病传播、流行或者其他严重后果的,对负有责任的主管人员,依法给予行政处分;构成犯罪的,依法追究刑事责任。

县级以上人民政府卫生行政部门违反规定,未依法履行传染病疫情通报、报告或者公布职责,或者隐瞒、谎报、缓报传染病疫情的;发生或者可能发生传染病传播时未及时采取预防、控制措施的;未依法履行监督检查职责,或者发现违法行为不及时查处的;未及时调查、处理单位和个人对下级卫生行政部门不履行传染病防治职责的举报的;违反《传染病防治法》的其他失职、渎职行为的,由本级人民政府、上级人民政府卫生行政部门责令改正,通报批评;造成传染病传播、流行或者其他严重后果的,对负有责任的主管人员和其他直接责任人员,依法给予行政处分;构成犯罪的,依法追究刑事责任。

县级以上人民政府有关部门未依照相关法律的规定履行传染病防治和保障职责的,由本级人民政府或者上级人民政府有关部门责令改正,通报批评;造成传染病传播、流行或者其他严重后果的,对负有责任的主管人员和其他直接责任人员,依法给予行政处分;构成犯罪的,依法追究刑事责任。

二、疾病预防控制机构相关的法律责任

疾病预防控制机构违反《传染病防治法》规定,未依法履行传染病监测职责的;未依法履行传染病疫情报告、通报职责,或者隐瞒、谎报、缓报传染病疫情的;未主动收集传染病疫情信息,或者对传染病疫情信息和疫情报告未及时进行分析、调查、核实的;发现传染病疫情时,未依据职责及时采取规定的措施的;故意泄露传染病病人、病原携带者、疑似传染病病人、密切接触者涉及个人隐私的有关信息、资料的,由县级以上人民政府卫生行政部门责令限期改正,通报批评,给予警告;对负有责任的主管人员和其他直接责任人员,依法给予降级、撤职、开除的处分,并可以依法吊销有关责任人员的执业证书;构成犯罪的,依法追究刑事责任。

三、医疗机构相关的法律责任

医疗机构违反《传染病防治法》规定,未按照规定承担本单位的传染病预防控制工作、医院感染控制任务和责任区域内的传染病预防工作的;未按照规定报告传染病疫情,或者隐瞒、谎报、缓报传染病疫情的;发现传染病疫情时,未按照规定对传染病病人、疑似传染病病人提供医疗救护、现场救援、接诊、转诊的,或者拒绝接受转诊的;未按照规定对本单位内被传染病病原体污染的场所、物品以及医疗废物实施消毒或者无害化处置的;未按照规定对医疗器械进行消毒,或者对按照规定一次使用的医疗器具未予销毁而再次使用的;在医疗救治过程中未按照规定保管医学记录资料的;故意泄露传染病病人、病原携带者、疑似传染病病人、密切接触者涉及个人隐私的有关信息、资料的,由县级以上人民政府卫生行政部门责令改正,通报批评,给予警告;造成传染病传播、流行或者其他严重后果的,对负有责任的主管人员和其他直接责任人员,依法给予降级、撤职、开除的处分,并可以依法吊销有关责任人员的执业证书;构成犯罪的,依法追究刑事责任。

四、采供血机构相关的法律责任

采供血机构未按照《传染病防治法》规定报告传染病疫情,或者隐瞒、谎报、缓报传染病疫情,或者未执行国家有关规定,导致因输入血液引起经血液传播疾病发生的,由县级以上人民政府卫生行政部门责令改正,通报批评,给予警告;造成传染病传播、流行或者其他严重后果的,对负有责任的主管人员和其他直接责任人员,依法给予降级、撤职、开除的处分,并可以依法吊销采供血机构的执业许可证;构成犯罪的,依法追究刑事责任。

非法采集血液或者组织他人出卖血液的,由县级以上人民政府卫生行政部门予以取缔,没收违法所得,可以并处十万元以下的罚款;构成犯罪的,依法追究刑事责任。

五、其他单位和个人的相关法律责任

国境卫生检疫机关、动物防疫机构未依法履行传染病疫情通报职责的,由有关部门在各自职责范围内责令改正,通报批评;造成传染病传播、流行或者其他严重后果的,对负有责任的主管人员和其他

直接责任人员,依法给予降级、撤职、开除的处分;构成犯罪的,依法追究刑事责任。

铁路、交通、民用航空经营单位未依照法律的规定优先运送处理传染病疫情的人员以及防治传染病的药品和医疗器械的,由有关部门责令限期改正,给予警告;造成严重后果的,对负有责任的主管人员和其他直接责任人员,依法给予降级、撤职、开除的处分。

违反《传染病防治法》规定,饮用水供水单位供应的饮用水不符合国家卫生标准和卫生规范的;涉及饮用水卫生安全的产品不符合国家卫生标准和卫生规范的;用于传染病防治的消毒产品不符合国家卫生标准和卫生规范的;出售、运输疫区中被传染病病原体污染或者可能被传染病病原体污染的物品,未进行消毒处理的;生物制品生产单位生产的血液制品不符合国家质量标准的,导致或者可能导致传染病传播、流行的,由县级以上人民政府卫生行政部门责令限期改正,没收违法所得,可以并处五万元以下的罚款;已取得许可证的,原发证部门可以依法暂扣或者吊销许可证;构成犯罪的,依法追究刑事责任。

违反《传染病防治法》规定,疾病预防控制机构、医疗机构和从事病原微生物实验的单位,不符合国家规定的条件和技术标准,对传染病病原体样本未按照规定进行严格管理,造成实验室感染和病原微生物扩散的;违反国家有关规定,采集、保藏、携带、运输和使用传染病菌种、毒种和传染病检测样本的;疾病预防控制机构、医疗机构未执行国家有关规定,导致因输入血液、使用血液制品引起经血液传播疾病发生的,由县级以上地方人民政府卫生行政部门责令改正,通报批评,给予警告,已取得许可证的,可以依法暂扣或者吊销许可证;造成传染病传播、流行以及其他严重后果的,对负有责任的主管人员和其他直接责任人员,依法给予降级、撤职、开除的处分,并可以依法吊销有关责任人员的执业证书;构成犯罪的,依法追究刑事责任。

未经检疫出售、运输与人畜共患传染病有关的野生动物、家畜家禽的,由县级以上地方人民政府畜牧兽医行政部门责令停止违法行为,并依法给予行政处罚。

在国家确认的自然疫源地兴建水利、交通、旅游、能源等大型建设项目,未经卫生调查进行施工的,或者未按照疾病预防控制机构的意见采取必要的传染病预防、控制措施的,由县级以上人民政府卫生行政部门责令限期改正,给予警告,处五千元以上三万元以下的罚款;逾期不改正的,处三万元以上十万元以下的罚款,并可以提请有关人民政府依据职责权限,责令停建、关闭。

单位和个人违反《传染病防治法》规定,导致传染病传播、流行,给他人人身、财产造成损害的,应当依法承担民事责任。

第七节 常见传染病防治法律制度

目前,中国对结核病、性病和艾滋病都制定了专门的卫生规章进行防治管理,对它们的预防、控制、治疗、救助、法律责任等进行了详细的规定。

一、结核病防治管理法律法规

结核病是由结核杆菌感染引起的慢性传染病。结核菌可能侵入人体全身各种器官,但主要侵犯肺脏,称为肺结核病。结核病是青年人容易发生的一种慢性和缓发的传染病,一年四季都可以发病。人与人之间呼吸道传播是本病传染的主要方式,传染源是排菌的肺结核患者。

为进一步做好结核病防治工作,有效预防、控制结核病的传播和流行,保障人体健康和公共卫生安全,根据《传染病防治法》及有关法律法规,卫生部于2013年1月9日审议通过了《结核病防治管理办法》,自2013年3月24日起施行。

(一)卫生行政部门法律责任

县级以上地方卫生行政部门有下列情形之一的,由上级卫生行政部门责令改正,通报批评;造成肺结核传播、流行或者其他严重后果的,对负有责任的主管人员和其他直接责任人员,依法给予行政处分;构成犯罪的,依法追究刑事责任:①未履行肺结核疫情报告职责,或者瞒报、谎报、缓报肺结核疫情的;②未及时采取预防、控制措施导致发生或者可能发生肺结核传播的;③未履行监管职责,或者发现违法行为不及时查处的。

(二)疾病预防控制机构法律责任

疾病预防控制机构违反《结核病防治管理办法》规定,有下列情形之一的,由县级以上卫生行政部门责令限期改正,通报批评,给予警告;对负有责任的主管人员和其他直接责任人员,依法给予处分;构成犯罪的,依法追究刑事责任:①未依法履行肺结核疫情监测、报告职责,或者隐瞒、谎报、缓报肺结核疫情的;②发现肺结核疫情时,未依据职责及时采取措施的;③故意泄露涉及肺结核患者、疑似肺结核患者、密切接触者个人隐私的有关信息和资料的;④未履行对辖区实验室质量控制、培训等防治职责的。

(三)医疗机构法律责任

医疗机构违反《结核病防治管理办法》的规定,有下列情形之一的,由县级以上卫生行政部门责令改正,通报批评,给予警告;造成肺结核传播、流行或者其他严重后果的,对负有责任的主管人员和其他直接责任人员,依法给予处分;构成犯罪的,依法追究刑事责任:①未按照规定报告肺结核疫情,或者隐瞒、谎报、缓报肺结核疫情的;②非结核病定点医疗机构发现确诊或者疑似肺结核患者,未按照规定进行转诊的;③结核病定点医疗机构未按照规定对肺结核患者或者疑似肺结核患者诊断治疗的,或者拒绝接诊的;④未按照有关规定严格执行隔离消毒制度,对结核菌污染的痰液、污物和污水未进行卫生处理的;⑤故意泄露涉及肺结核患者、疑似肺结核患者、密切接触者个人隐私的有关信息和资料的。

(四)基层医疗卫生机构法律责任

基层医疗卫生机构违反《结核病防治管理办法》的规定,有下列情形之一的,由县级卫生行政部门责令改正,给予警告:①未履行对辖区内肺结核患者居家治疗期间的督导管理职责的;②未按照规定转诊、追踪肺结核患者或者疑似肺结核患者及有可疑症状的密切接触者。

(五)其他单位和个人法律责任

其他单位和个人违反《结核病防治管理办法》规定,导致肺结核传播或者流行,给他人人身、财产造成损害的,应当依法承担民事责任;构成犯罪的,依法追究刑事责任。

知识链接

世界防治结核病日

1882年3月24日,德国科学家罗伯特·科赫在柏林公开宣布他发现了导致结核病的病原菌——结核杆菌。这一发现为后来的结核病研究和控制工作提供了重要的科学基础。尽管在20世纪50年代,有效的抗结核药物问世,但世界上大部分人仍然无法获得有效的治疗服务。据估计,自科赫发现结核杆菌以来,至少有2亿人死于这种疾病。为了纪念这一重要的科学突破,并提醒公众加深对结核病的认识,世界卫生组织(WHO)及国际防痨和肺病联合会(IUATLD)在1982年共同倡议将3月24日定为"世界防治结核病日"。

1995年底,世界卫生组织正式将3月24日定为世界防治结核病日,以此来纪念科赫的重大发现,并提高公众对结核病的认识和关注度。这个节日不仅是一个提醒,也是一个鼓励全球采取行动来控制和最终消除结核病的契机。

二、性病管理法律法规

性病是以性接触为主要传播途径的疾病。根据2012年6月29日经卫生部部务会审议通过,自2013年1月1日起施行的《性病防治管理办法》,性病包括以下几类:《传染病防治法》规定的乙类传染病中的梅毒和淋病;生殖道沙眼衣原体感染、尖锐湿疣、生殖器疱疹;卫生部根据疾病危害程度、流行情况等因素,确定需要管理的其他性病。

（一）卫生行政部门法律责任

县级以上卫生行政部门违反《性病防治管理办法》的规定，造成性病疫情传播扩散的，按照《传染病防治法》的有关规定进行处理；构成犯罪的，依法追究刑事责任。

（二）医疗机构法律责任

（1）未取得医疗机构执业许可证擅自开展性病诊疗活动的，按照《医疗机构管理条例》的有关规定进行处理。

（2）医疗机构违反《性病防治管理办法》的规定，超出诊疗科目登记范围开展性病诊疗活动的，按照《医疗机构管理条例》及其实施细则的有关规定进行处理。

（3）医疗机构违反《性病防治管理办法》的规定，未按照有关规定报告疫情或者隐瞒、谎报、缓报传染病疫情或者泄露性病患者涉及个人隐私的有关信息和资料，按照《传染病防治法》有关规定进行处理。

（4）医疗机构提供性病诊疗服务时违反诊疗规范的，由县级以上卫生行政部门责令限期改正，给予警告；逾期不改的，可以根据情节轻重处以 3 万元以下罚款。

（5）医疗机构违反有关规定发布涉及性病诊断治疗内容的医疗广告，由县级以上卫生行政部门按照国家有关法律法规的规定进行处理。

（三）医务人员法律责任

医师在性病诊疗活动中违反《性病防治管理办法》的规定，有下列情形之一的，由县级以上卫生行政部门按照《医师法》有关规定进行处理：①违反性病诊疗规范，造成严重后果的；②泄露患者隐私，造成严重后果的；③未按照规定报告性病疫情，造成严重后果的；④违反《性病防治管理办法》其他规定，造成严重后果的。

护士在性病诊疗活动中违反《性病防治管理办法》的规定，泄露患者隐私或者发现医嘱违反法律、法规、规章、诊疗技术规范未按照规定提出或者报告的，按照《护士条例》有关规定进行处理。

（四）患者法律责任

性病患者违反规定，导致性病传播扩散，给他人人身、财产造成损害的，应当依法承担民事赔偿责任；构成犯罪的，依法追究刑事责任。

三、艾滋病管理法律法规

艾滋病，是指人类免疫缺陷病毒引起的获得性免疫缺陷综合征。为了预防、控制艾滋病的发生与流行，保障人体健康和公共卫生，根据《传染病防治法》，国务院于 2006 年 1 月 18 日第 122 次常务会议通过《艾滋病防治条例》，自 2006 年 3 月 1 日起施行。

（一）医疗机构的法律责任

医疗卫生机构未依照《艾滋病防治条例》规定履行职责，有下列情形之一的，由县级以上人民政府卫生主管部门责令限期改正，通报批评，给予警告；造成艾滋病传播、流行或者其他严重后果的，对负有责任的主管人员和其他直接责任人员依法给予降级、撤职、开除的处分，并可以依法吊销有关机构或者责任人员的执业许可证件；构成犯罪的，依法追究刑事责任：①未履行艾滋病监测职责的；②未按照规定免费提供咨询和初筛检测的；③对临时应急采集的血液未进行艾滋病检测，对临床用血艾滋病检测结果未进行核查，或者将艾滋病检测阳性的血液用于临床的；④未遵守标准防护原则，或者未执行操作规程和消毒管理制度，发生艾滋病医院感染或者医源性感染的；⑤未采取有效的卫生防护措施和医疗保健措施的；⑥推诿、拒绝治疗艾滋病病毒感染者或者艾滋病患者的其他疾病，或者对艾滋病病毒感染者、艾滋病患者未提供咨询、诊断和治疗服务的；⑦未对艾滋病病毒感染者或者艾滋病患者进行医学随访的；⑧未按照规定对感染艾滋病病毒的孕产妇及其婴儿提供预防艾滋病母婴传播技术指导的。

医疗卫生机构违反《艾滋病防治条例》第三十九条第二款规定,公开艾滋病病毒感染者、艾滋病患者或者其家属的信息的,依照《传染病防治法》的规定予以处罚。

(二)血站、单采血浆站的法律责任

血站、单采血浆站违反《艾滋病防治条例》规定,有下列情形之一,构成犯罪的,依法追究刑事责任;尚不构成犯罪的,由县级以上人民政府卫生主管部门依照《献血法》和《血液制品管理条例》的规定予以处罚;造成艾滋病传播、流行或者其他严重后果的,对负有责任的主管人员和其他直接责任人员依法给予降级、撤职、开除的处分,并可以依法吊销血站、单采血浆站的执业许可证:①对采集的人体血液、血浆未进行艾滋病检测,或者发现艾滋病检测阳性的人体血液、血浆仍然采集的;②将未经艾滋病检测的人体血液、血浆,或者艾滋病检测阳性的人体血液、血浆供应给医疗机构和血液制品生产单位的。

(三)艾滋病病毒感染者、患者和其他人员的法律责任

艾滋病病毒感染者或者艾滋病患者故意传播艾滋病的,依法承担民事赔偿责任;构成犯罪的,依法追究刑事责任。

违反《艾滋病防治条例》第三十六条规定,采集或者使用人体组织、器官、细胞、骨髓等的,由县级人民政府卫生主管部门责令改正,通报批评,给予警告;情节严重的,责令停业整顿,有执业许可证件的,由原发证部门暂扣或者吊销其执业许可证件。

☞**考点提示**:常见传染病防治法律制度。

本章小结

传染病防治法律法规是维护国家公共卫生安全、保证人民群众生命健康的重要保障。本章节主要从传染病的预防、控制和治疗等方面进行了详细阐述,强调了政府、医疗机构、社会组织和公民在传染病防治中的责任和义务,同时,对违反传染病防治法律法规的行为进行了讲解。学习和掌握这些法律法规,有助于提高人们对传染病防治的认识和重视程度,加强防疫意识和自我保护能力,共同维护社会公共卫生安全。

(夏 季)

目标检测

一、选择题

参考答案

1.甲市暴发一起传染病疫情,根据《传染病防治法》,甲市政府为了控制疫情可以采取的措施为( )。

  A.限制人员流动   B.强制隔离治疗   C.关闭相关场所

  D.实行交通管制   E.隔离过境人员

2.有权封锁大、中城市的疫区或者跨省、自治区、直辖市的疫区,以及封锁疫区导致中断干线交通或者封锁国境的政府部门是( )。

  A.县级人民政府

  B.县级以上人民政府

  C.县级以上地方人民政府报经上一级地方政府

  D.省级人民政府

  E.国务院

3.甲类、乙类传染病暴发、流行时,可以在疫区内采取《传染病防治法》第四十二条规定的紧急措施由( )。

  A.县级人民政府决定

  B.县级以上人民政府决定

  C.县级以上地方人民政府报经上一级地方政府决定

D. 省级人民政府决定

E. 国务院决定

4. 以下行为中必须按照国务院卫生行政部门的规定严格管理的是(　　)。

　　A. 传染病菌种的保藏

　　B. 传染病菌种的保藏、携带

　　C. 传染病菌种的保藏、携带、运输

　　D. 传染病菌种、毒种的采集、保藏、携带、运输、使用

　　E. 传染病毒种的保留、携带

5.《传染病防治法》规定,必须严格执行国务院卫生行政部门规定的管理制度、操作规程,防止传染病的病原体的实验室感染和病原微生物的扩散,该单位为(　　)。

　　A. 医疗机构

　　B. 疾病预防控制机构

　　C. 医疗机构、疾病预防控制机构

　　D. 疾病预防控制机构和从事致病性微生物实验的单位

　　E. 医疗机构、疾病预防控制机构和从事致病性微生物实验的单位

6. 根据《传染病防治法》,下列属于甲类传染病的是(　　)。

　　A. 鼠疫　　　　　　　　B. 伤寒　　　　　　　　C. 艾滋病

　　D. 炭疽　　　　　　　　E. 淋病

7. 医疗机构在发现传染病疫情时,报告方式为(　　)。

　　A. 立即报告当地卫生行政部门　　B. 立即报告上级主管部门　　C. 立即报告当地疾病预防控制机构

　　D. 立即报告患者家属　　E. 立即报告当地政府

8.《传染病防治法》规定,因患某些传染病死亡的,必须将尸体立即消毒并就近火化。下列传染病中属于此类的为(　　)。

　　A. 流行性出血热　　　　　B. 登革热　　　　　　　C. 炭疽

　　D. 艾滋病　　　　　　　　E. 黑热病

9. 关于传染病防治法律法规,以下正确的是(　　)。

　　A. 对甲类传染病任何病原携带者,拒绝隔离治疗或者隔离期未满擅自脱离隔离治疗的,可以由公安部门协助医疗机构采取强制隔离措施

　　B. 乙在公共场所故意传播艾滋病毒,未造成严重后果,乙无须承担法律责任

　　C. 患甲类传染病死亡的,死者的尸体可直接交予其亲属开追悼会

　　D. 丁在传染病暴发期间,故意传播传染病,丁应当承担民事责任

　　E. 流行性感冒、流行性腮腺炎不是《传染病防治法》规定管理的传染病

10. 关于传染病防治法律法规,以下错误的是(　　)。

　　A. 任何单位和个人不得歧视传染病患者及其家属

　　B. 在传染病暴发期间,政府可以采取紧急措施,限制人员流动

　　C. 医疗机构应当按照规定对传染病病原体进行检测和隔离

　　D. 传染病患者应当被强制隔离治疗,不得离开隔离地点

　　E. 紧急措施的解除,由原决定机关决定并宣布

二、简答题

1. 传染病暴发流行时的紧急应对措施是什么?

2. 我国法定传染病的分类是什么?

第十三章　突发公共卫生事件应急处理法律制度

课件　微课

学习目标

素质目标：强化应急的预案概念和责任意识，以快速、有效、合理地对突发事件进行应急处理。

知识目标：掌握突发公共卫生事件的含义；熟悉突发公共卫生事件预防与应急准备、报告与信息发布、应急处理；了解违反《突发公共卫生事件应急条例》的法律责任。

能力目标：能说出预防和应急准备措施，说出报告和信息发布流程，按规定进行突发公共卫生事件应急处理。

案例导学

3月19日下午4时23分，某村佳佳幼儿园学生疑似发生食物中毒。事发当日，该幼儿园总共有76名儿童到校上课。15时20分，该园发现1名儿童晕倒，在处置过程中又有6名儿童出现相同症状。事故发生后，县委、县政府立刻要求全力组织该园所有儿童入院检查，并向上级党委、政府报告。经专家排查，疑似中毒的32名儿童中，中毒的有7名。2人（杨某某，女，4岁；周某某，女，5岁）经抢救无效死亡，3人危重，2人病情缓解后转入一般病房。国家级、省级医疗专家组对3名危重儿童全力抢救。

请思考：

1. 对重大食物中毒事件，应怎样做好预防与应急准备？
2. 对已经发生的重大食物中毒事件，应怎样进行报告与信息发布？
3. 对已经发生的重大食物中毒事件，应采取哪些应急处理措施？

案例导学解析

　　突发公共卫生事件是指突然发生，造成或者可能造成社会公众健康严重损害的重大传染病疫情、群体性不明原因疾病、重大食物和职业中毒以及其他严重影响公众健康的事件。从广义上说，突发公共卫生事件主要包括：重大急性传染病暴发流行，群体不明原因疾病、新发传染病，预防接种群体性反应和群体药物反应，重大食物中毒，重大环境污染，急性职业中毒，放射污染和辐照事故，生物、化学、核辐射、恐怖袭击，重大动物疫情，以及由于自然灾害、事故灾难或社会治安等突发公共卫生事件，引发的严重影响公众健康的卫生事件。

第一节　概　述

一、突发公共卫生事件的特征

　　突发公共卫生事件同一般的事件相比，主要有三个方面的特征：第一，具有突发性，突发公共事件突然发生、突如其来、不易预测甚至不可预测；第二，具有公共卫生属性，突发公共卫生事件针对的不是特定的人，而是不特定的社会群体；第三，具有危害性，突发公共卫生事件对公众健康的损害和影响要达到一定程度，或者从发展趋势看，属于可能对公众健康造成严重影响的事件。

笔记

二、突发公共事件的分级

根据突发公共卫生事件性质、危害程度、涉及范围,突发公共卫生事件划分为特别重大(Ⅰ级)、重大(Ⅱ级)、较大(Ⅲ级)和一般(Ⅳ级)四级。其中,特别重大突发公共卫生事件主要包括:肺鼠疫、肺炭疽在大、中城市发生并有扩散趋势,或肺鼠疫、肺炭疽疫情波及2个以上的省份,并有进一步扩散趋势;发生传染性非典型肺炎、人感染高致病性禽流感病例,并有扩散趋势;涉及多个省份的群体性不明原因疾病,并有扩散趋势;发生新传染病或我国尚未发现的传染病发生或传入,并有扩散趋势,或发现我国已消灭的传染病重新流行;发生烈性病菌株、毒株、致病因子等丢失事件;周边以及与我国通航的国家和地区发生特大传染病疫情,并出现输入性病例,严重危及我国公共卫生安全的事件;国务院卫生行政部门认定的其他特别重大突发公共卫生事件。

三、法制建设及工作原则

党的二十大报告指出,"健全公共卫生体系,提高重大疫情早发现能力,加强重大疫情防控救治体系和应急能力建设,有效遏制重大传染性疾病传播。"加强应对突发公共卫生事件的法制建设,明确工作原则是保障人民健康、促进社会经济发展、保证国家长治久安的重要一环,是构建和谐社会和具有中国特色社会主义现代化建设事业的重要内容。

(一)法制建设

为了有效预防、及时控制和消除突发公共卫生事件的危害,保障公众身体健康与生命安全,维护正常的社会秩序,2003年5月9日国务院颁布实施了《突发公共卫生事件应急条例》,2006年卫生部颁布了《国家突发公共卫生事件应急预案》,2011年1月8日根据《国务院关于废止和修改部分行政法规的决定》修订了《突发公共卫生事件应急条例》,标志着我国的突发公共卫生应急处理工作全面纳入法治化轨道。

素质拓展

制定《突发公共卫生事件应急条例》的目的和指导思想

国务院制定该条例的目的与指导思想是,着重解决突发公共卫生事件应急处理工作中存在的信息不准、反应不快、应急准备不足等问题,建立统一、高效、权威的突发公共卫生事件应急处理机制,保障公众身体健康与生命安全,维护社会稳定。同时,为今后及时有效处置突发事件建立起"信息畅通、反应快捷、指挥有力、责任明确"的应急法律制度。

(二)工作原则

突发公共卫生事件应急工作,应当遵循预防为主、常备不懈的方针,贯彻统一领导、分级负责、反应及时、措施果断、依靠科学、加强合作的原则。

1. **预防为主,常备不懈** 提高全社会对突发公共卫生事件的防范意识,落实各项防范措施,做好人员、技术、物资和设备的应急储备工作,对各类可能引发突发公共卫生事件的情况要及时进行分析、预警,做到早发现、早报告、早处理。

2. **统一领导,分级负责** 根据突发公共卫生事件的范围、性质和危害程度,对突发公共卫生事件实行分级管理。各级人民政府负责突发公共卫生事件应急处理的统一领导和指挥,各有关部门按照预案规定,在各自的职责范围内做好突发公共卫生事件应急处理的有关工作。

突发公共卫生事件发生后,国务院设立全国突发公共卫生事件应急处理指挥部,由国务院有关部门和军队有关部门组成,国务院主管领导人担任总指挥,负责对全国突发公共卫生事件应急处理的统一领导、统一指挥。国务院卫生行政主管部门和其他有关部门,在各自的职责范围内做好突发公共卫生事件应急处理的有关工作。

突发公共卫生事件发生后,省、自治区、直辖市人民政府成立地方突发公共卫生事件应急处理指挥部,省、自治区、直辖市人民政府主要领导人担任总指挥,负责领导、指挥本行政区域内突发公共卫生事件应急处理工作。县级以上地方人民政府卫生行政主管部门,具体负责组织突发公共卫生事件的调查、控制和医疗救治工作。县级以上地方人民政府有关部门,在各自的职责范围内做好突发公共卫生事件应急处理的有关工作。

3.依法规范,措施果断　地方各级人民政府和卫生行政部门要按照相关法律、法规和规章的规定,完善突发公共卫生事件应急体系,建立健全系统、规范的突发公共卫生事件应急处理工作制度,对突发公共卫生事件和可能发生的公共卫生事件做出快速反应,及时、有效开展监测、报告和处理工作。

4.依靠科学,加强合作　突发公共卫生事件应急工作要充分尊重和依靠科学,要重视开展防范和处理突发公共卫生事件的科研和培训,为突发公共卫生事件应急处理提供科技保障。各有关部门和单位要通力合作、资源共享,有效应对突发公共卫生事件。要广泛组织、动员公众参与突发公共卫生事件的应急处理。县级以上各级人民政府应当组织开展防治突发公共卫生事件相关科学研究,建立突发公共卫生事件应急流行病学调查、传染源隔离、医疗救护、现场处置、监督检查、监测检验、卫生防护等有关物资、设备、设施、技术与人才资源储备,所需经费列入本级政府财政预算。国家对边远贫困地区突发公共卫生事件应急工作给予财政支持。国家鼓励、支持开展突发公共卫生事件监测、预警、反应处理有关技术的国际交流与合作。

5.表彰先进　县级以上各级人民政府及其卫生行政主管部门,应当对参加突发公共卫生事件应急处理的医疗卫生人员,给予适当补助和保健津贴;对参加突发公共卫生事件应急处理做出贡献的人员,给予表彰和奖励;对因参与应急处理工作致病、致残、死亡的人员,按照国家有关规定,给予相应的补助和抚恤。

第二节　预防与应急准备

一、制订应急预案

国务院卫生行政主管部门按照分类指导、快速反应的要求,制定全国突发公共卫生事件应急预案,报请国务院批准。省、自治区、直辖市人民政府根据全国突发公共卫生事件应急预案,结合本地实际情况,制定本行政区域的突发公共卫生事件应急预案。

全国突发公共卫生事件应急预案应当包括以下主要内容:突发公共卫生事件应急处理指挥部的组成和相关部门的职责;突发公共卫生事件的监测与预警;突发公共卫生事件信息的收集、分析、报告、通报制度;突发公共卫生事件应急处理技术和监测机构及其任务;突发公共卫生事件的分级和应急处理工作方案;突发公共卫生事件预防、现场控制,应急设施、设备、救治药品和医疗器械以及其他物资和技术的储备与调度;突发公共卫生事件应急处理专业队伍的建设和培训。

突发公共卫生事件应急预案应根据突发公共卫生事件的变化和实施中发现的问题及时修订、补充。

知识链接

突发公共卫生事件应急预案

《国家突发公共卫生事件应急预案》编制依据为《中华人民共和国传染病防治法》《中华人民共和国食品卫生法》《中华人民共和国职业病防治法》《中华人民共和国国境卫生检疫法》《突发公共卫生事件应急条例》《国内交通卫生检疫条例》和《国家突发公共事件总体应急预案》。《国家突发公共卫生事件应急预案》适用于突然发生，造成或者可能造成社会公众身心健康严重损害的重大传染病、群体性不明原因疾病、重大食物和职业中毒以及因自然灾害、事故灾难或社会安全等事件引起的严重影响公众身心健康的公共卫生事件的应急处理工作。

二、应急知识教育与训练

地方各级人民政府应当依照法律、行政法规的规定，做好传染病预防和其他公共卫生工作，防范突发公共卫生事件的发生。县级以上各级人民政府卫生行政主管部门和其他有关部门，应当对公众开展突发公共卫生事件应急知识的专门教育，增强全社会对突发公共卫生事件的防范意识和应对能力。突发公共卫生事件应急知识教育与训练具体包括以下主要内容。

（一）以卫生应急知识普及为重点，提高公众的预防、避险、自救、互救等能力

县级以上各级人民政府卫生行政主管部门和其他有关部门，应当按照灾前、灾中、灾后的不同情况对公众开展突发公共卫生事件应急知识的专门教育。灾前教育以了解突发公共卫生事件的种类、特点和危害为重点，掌握预防、避险的基本技能；灾中教育以自救、互救知识为重点，普及基本防护手段和防护措施；灾后教育以经历过突发公共事件的公众为重点，抚平心理创伤，恢复正常社会生产、生活秩序。

（二）以典型案例为样本，增强公众的卫生安全意识和法制意识

通过介绍应对突发公共卫生事件的正反两方面案例，剖析救援、减少人员伤亡的正确做法，总结分析案例中使用的处置手段、采用的应对措施等，增强公众的忧患意识，进一步提高应对和处置突发公共卫生事件的能力和水平。同时，结合普法、依法行政等宣传活动，宣传普及有关应急管理的法律、法规知识，增强公众的法制意识，提高公众应对突发公共卫生事件的综合素质。

（三）动员社会各界积极参与并做好科普宣教的经费保障

地方各级人民政府及相关单位应组织动员社会团体、企事业单位以及志愿者等社会力量，发挥其在科普、宣传、教育、培训等方面的作用。

各地方应急管理机构负责科普宣教工作方案的指导和协调工作，对各地各单位科普宣教工作进行督查和评优，确保取得实效。

各级政府及有关部门应为开展卫生应急管理科普宣教工作提供专项经费保障，同时，要动员、鼓励、支持媒体和社会团体、企事业单位等社会各界发挥好公益宣传作用。

三、建立防控和应急体系

突发公共卫生事件直接关系到公众的健康、经济的发展以及社会的安定。敏感、高效的突发公共卫生事件防控和应急体系是公共卫生体系可以为经济建设与社会的稳定发展营造安全环境、保障公众生命安全、完善政府社会管理与公共服务职能的现实需要。

（一）防控体系

县级以上地方人民政府应当建立和完善突发公共卫生事件监测与预警系统。县级以上各级人民

政府卫生行政主管部门,应当指定机构负责开展突发公共卫生事件的日常监测,并确保监测与预警系统的正常运行。监测与预警工作应当根据突发公共卫生事件的类别,制订监测计划,科学分析、综合评价监测数据。对早期发现的潜在隐患以及可能发生的突发公共卫生事件,应当依照规定的报告程序和时限及时报告。

(二)应急组织体系

国家卫生行政部门依照职责和《国家突发公共卫生事件应急预案》的规定,在国务院统一领导下,负责组织、协调全国突发公共卫生事件应急处理工作,并根据突发公共卫生事件应急处理工作的实际需要,提出成立全国突发公共卫生事件应急指挥部的建议。

地方各级人民政府卫生行政部门依照职责和《国家突发公共卫生事件应急预案》的规定,在本级人民政府统一领导下,负责组织、协调本行政区域内突发公共卫生事件应急处理工作,并根据突发公共卫生事件应急处理工作的实际需要,向本级人民政府提出成立地方突发公共卫生事件应急指挥部的建议。各级人民政府根据本级人民政府卫生行政部门的建议和实际工作需要,决定是否成立国家和地方应急指挥部。地方各级人民政府及有关部门和单位要按照属地管理的原则,切实做好本行政区域内突发公共卫生事件应急处理工作。

1. 指挥机构　全国突发公共卫生事件应急指挥部负责对特别重大突发公共卫生事件的统一领导、统一指挥,作出处理突发公共卫生事件的重大决策。指挥部成员单位根据突发公共卫生事件的性质和应急处理的需要确定。省级突发公共卫生事件应急指挥部由省级人民政府有关部门组成,实行属地管理的原则,负责对本行政区域内突发公共卫生事件应急处理的协调和指挥,作出处理本行政区域内突发公共卫生事件的决策,决定要采取的措施。

2. 日常管理机构　国务院卫生行政部门设立卫生应急办公室(突发公共卫生事件应急指挥中心),负责全国突发公共卫生事件应急处理的日常管理工作。各省、自治区、直辖市人民政府卫生行政部门及军队、武警系统要参照国务院卫生行政部门突发公共卫生事件日常管理机构的设置及职责,结合各自实际情况,指定突发公共卫生事件的日常管理机构,负责本行政区域或本系统内突发公共卫生事件应急的协调、管理工作。各市(地)级、县级卫生行政部门要指定机构负责本行政区域内突发公共卫生事件应急的日常管理工作。

3. 专家咨询委员会　国务院卫生行政部门和省级卫生行政部门负责组建突发公共卫生事件专家咨询委员会。市(地)级和县级卫生行政部门可根据本行政区域内突发公共卫生事件应急工作需要,组建突发公共卫生事件应急处理专家咨询委员会。

4. 应急处理专业技术机构　医疗机构、疾病预防控制机构、卫生监督机构、出入境检验检疫机构是突发公共卫生事件应急处理的专业技术机构。应急处理专业技术机构要结合本单位职责开展专业技术人员处理突发公共卫生事件能力培训,提高快速应对能力和技术水平,在发生突发公共卫生事件时,要服从卫生行政部门的统一指挥和安排,开展应急处理工作。

四、做好应急物资储备

国务院有关部门和县级以上地方人民政府及其有关部门,应当根据突发公共卫生事件应急预案的要求,保证应急设施、设备、救治药品和医疗器械等物资储备。

应急储备物资包括应急期间需要的处置突发事件的专业应急物资、在突发事件发生后使用的基本物资及与生产息息相关的重要物资三大类。有关部门根据各自职能,完成各自应急物资储备任务。应急物资的日常管理由各相关部门通过建立相应的储备物资管理制度自行管理。

五、建立医疗服务网络

县级以上各级人民政府应当加强急救医疗服务网络的建设,配备相应的医疗救治药物、技术、设备和人员,提高医疗卫生机构应对各类突发公共卫生事件的救治能力。设区的市级以上地方人民政府应当设置与传染病防治工作需要相适应的传染病专科医院,或者指定具备传染病防治条件和能力的医疗机构承担传染病防治任务。

县级以上地方人民政府卫生行政主管部门,应当定期对医疗卫生机构和人员开展突发公共卫生事件应急处理相关知识、技能的培训,定期组织医疗卫生机构进行突发公共卫生事件应急演练,推广最新知识和先进技术。

第三节 报告与信息发布

一、监测制度

突发公共卫生事件具有高度不确定性,包括发生时间、范围、强度等不可完全预测,事件一旦发生,其演变迅速,不仅对人们健康、精神造成极大的危害,还可能给经济、政治方面带来影响,因此,需要对事件处置和演变的全过程加以监测,事件结束后要评价应急处置的效果,还需要加以监测。总之,监测贯穿着突发公共卫生事件应急管理的全过程。

(一)国家的职责

国家建立公共卫生信息监测体系,构建覆盖国家、省、市(地)、县(区)疾病预防控制机构、医疗卫生机构和卫生行政部门的信息网络系统,并向乡(镇)、村和城市社区延伸。国家建立公共卫生信息管理平台、基础卫生资源数据库和管理应用软件,以适应突发公共卫生事件监测的信息采集、汇总、分析、报告等工作的需要。

(二)各地疾病预防控制机构职责

按照属地化管理原则,当地疾病预防控制机构负责,对行政辖区内的突发公共卫生事件和传染病疫情进行监测、信息报告与管理;负责收集、核实辖区内突发公共卫生事件、疫情信息和其他信息资料;设置专门的举报、咨询热线电话,接受突发公共卫生事件和疫情的报告、咨询和监督;设置专门工作人员搜集各种来源的突发公共卫生事件和疫情信息。

当地疾病预防控制机构负责建立流行病学调查队伍和实验室,开展现场流行病学调查与处理,搜索密切接触者、追踪传染源,必要时进行隔离观察;进行疫点消毒及其技术指导;标本的实验室检测检验及报告。

当地疾病预防控制机构负责公共卫生信息网络维护和管理,疫情资料的报告、分析、利用与反馈;建立监测信息数据库,开展技术指导;负责人员培训与指导,对下级疾病预防控制机构工作人员进行业务培训;对辖区内医院和下级疾病预防控制机构疫情报告和信息网络管理工作进行技术指导。

(三)各级各类医疗机构职责

各级各类医疗机构承担责任范围内突发公共卫生事件和传染病疫情监测信息报告任务,建立突发公共卫生事件和传染病疫情信息监测报告制度,建立或指定专门的部门和人员,配备必要的设备,保证突发公共卫生事件监测信息的网络直接报告。各级各类医疗机构应对医生和实习生进行有关突发公共卫生事件和传染病疫情监测信息报告工作的培训,并配合疾病预防控制机构开展流行病学调查和标本采样。

(四)各级政府卫生行政部门职责

各级政府卫生行政部门对辖区内各级医疗卫生机构负责的突发公共卫生事件监测信息报告情况,定期进行监督、检查和指导。

（五）其他医疗卫生机构职责

铁路、交通、民航、厂（场）矿所属的医疗卫生机构发现突发公共卫生事件监测信息,应按属地管理原则向所在地县级疾病预防控制机构报告。

（六）军队卫生主管部门职责

军队内的突发公共卫生事件监测信息,由中国人民解放军卫生主管部门根据有关规定向国务院卫生行政部门直接报告。

二、预警制度

预警是监测的目的之一,只有科学、有效地对"苗头"突发公共卫生事件做出预警,才能及时、有效地应对,把突发公共卫生事件控制在萌芽状态,或不致造成危机,或最大限度地降低危机的危害程度。

预警机制可以通过对突发公共事件发生的可能性较大的领域所发生的各种异常情况进行连续监测,分析其产生的原因,及时发布相关预警信息,为政府及其相关部门的决策提供服务;可以帮助政府对分阶段期间内可能会发生的各种形式的危机事先有一个充分的估计,并做好应急准备,选择最佳应对策略,实现"为之于未有,治之于未乱"。

各地区、各部门要针对各种可能发生的突发公共事件,完善预测预警机制,建立预测预警系统,开展风险分析,做到早发现、早报告、早处置。各级人民政府卫生行政部门根据医疗机构、疾病预防控制机构、卫生监督机构提供的监测信息,按照公共卫生事件的发生、发展规律和特点,及时分析其对公众身心健康的危害程度、可能的发展趋势,及时做出预警。预警级别依据突发公共事件可能造成的危害程度、紧急程度和发展势态,一般划分为四级:Ⅰ级（特别严重）、Ⅱ级（严重）、Ⅲ级（较重）和Ⅳ级（一般）,依次用红色、橙色、黄色和蓝色表示。

预警信息包括突发公共事件的类别、预警级别、起始时间、可能影响范围、警示事项、应采取的措施和发布机关等。预警信息的发布、调整和解除可通过广播、电视、报刊、通信、信息网络、警报器、宣传车或组织人员逐户通知等方式进行,对老、幼、病、残、孕等特殊人群以及学校等特殊场所和警报盲区应当采取有针对性的公告方式。

三、报告制度

国家建立突发公共卫生事件应急报告制度。国务院卫生行政主管部门制定突发公共卫生事件应急报告规范,建立重大、紧急疫情信息报告系统。

（一）报告责任主体

突发公共卫生事件监测机构、医疗卫生机构和有关单位。各级疾病预防控制机构负责管理国家突发公共卫生事件与传染病疫情监测报告信息系统,各级责任报告单位使用统一的信息系统进行报告。

（二）报告情形

有下列情形之一的,省、自治区、直辖市人民政府应当在接到报告1小时内向国务院卫生行政主管部门报告:发生或者可能发生传染病暴发、流行的;发生或者发现不明原因的群体性疾病的;发生传染病菌种、毒种丢失的。发生或者可能发生重大食物和职业中毒事件的。

（三）报告时限

国务院卫生行政主管部门对可能造成重大社会影响的突发公共卫生事件,应当立即向国务院报告。

突发公共卫生事件监测机构、医疗卫生机构和有关单位发现有以上规定情形之一的,应当在2小时内向所在地县级人民政府卫生行政主管部门报告;接到报告的卫生行政主管部门应当在2小时内向本级人民政府报告,并同时向上级人民政府卫生行政主管部门和国务院卫生行政主管部门报告。县级人民政府应当在接到报告后2小时内向设区的市级人民政府或者上一级人民政府报告;设区的市级人民政府应当在接到报告后2小时内向省、自治区、直辖市人民政府报告。

(四)报告要求

任何单位和个人对突发公共卫生事件,不得隐瞒、缓报、谎报或者授意他人隐瞒、缓报、谎报。接到报告的地方人民政府、卫生行政主管部门依照规定报告的同时,应当立即组织力量对报告事项调查核实、确证,采取必要的控制措施,并及时报告调查情况。不同类别的突发公共卫生事件的调查应当按照《国家突发公共卫生事件应急预案》规定要求执行。

1. **现场调查**　突发公共卫生事件与传染病疫情现场调查应包括以下工作内容:流行病学个案调查、密切接触者追踪调查和传染病发病原因、发病情况、疾病流行的可能因素等调查;相关标本或样品的采样、技术分析、检验;突发公共卫生事件的确证;卫生监测,包括生活资源受污染范围和严重程度,必要时应在突发事件发生地及相邻省市同时进行。

2. **流行病学调查**　各级卫生行政部门应当组织疾病预防控制机构等有关领域的专业人员,建立流行病学调查队伍,负责突发公共卫生事件与传染病疫情的流行病学调查工作。

3. **应对措施**　疾病预防控制机构发现传染病疫情或接到传染病疫情报告时,应当及时采取下列措施:对传染病疫情进行流行病学调查,根据调查情况提出划定疫点、疫区的建议,对被污染的场所进行卫生处理,对密切接触者在指定场所进行医学观察和采取其他必要的预防措施,并向卫生行政部门提出疫情控制方案;传染病暴发、流行时,对疫点、疫区进行卫生处理,向卫生行政部门提出疫情控制方案,并按照卫生行政部门的要求采取措施;指导下级疾病预防控制机构实施传染病预防、控制措施,组织、指导有关单位对传染病疫情的处理。

(五)医疗机构的配合

各级各类医疗机构应积极配合疾病预防控制机构专业人员进行突发公共卫生事件和传染病疫情调查、采样与处理。

☞ **考点提示:**突发公共卫生事件应急报告制度。

四、通报制度

国务院卫生行政主管部门应当根据发生突发公共卫生事件的情况,及时向国务院有关部门和各省、自治区、直辖市人民政府卫生行政主管部门以及军队有关部门通报。突发公共卫生事件发生地的省、自治区、直辖市人民政府卫生行政主管部门,应当及时向毗邻省、自治区、直辖市人民政府卫生行政主管部门通报。接到通报的省、自治区、直辖市人民政府卫生行政主管部门,必要时应当及时通知本行政区域内的医疗卫生机构。县级以上地方人民政府有关部门,已经发生或者发现可能引起突发公共卫生事件的情形时,应当及时向同级人民政府卫生行政主管部门通报。

☞ **考点提示:**突发公共卫生事件应急通报制度。

五、举报制度

国家建立突发公共卫生事件举报制度,公布统一的突发公共卫生事件报告、举报电话。任何单位和个人有权向人民政府及其有关部门报告突发公共卫生事件隐患,有权向上级人民政府及其有关部门举报地方人民政府及其有关部门不履行突发公共卫生事件应急处理职责,或者不按照规定履行职责的情况。接到报告、举报的有关人民政府及其有关部门,应当立即组织对突发公共卫生事件隐患、不履行或者不按照规定履行突发公共卫生事件应急处理职责的情况进行调查处理。对举报突发公共卫生事件有功的单位和个人,县级以上各级人民政府及其有关部门应当予以奖励。

六、信息发布制度

国家建立突发公共卫生事件的信息发布制度。国务院卫生行政主管部门负责向社会发布突发公共卫生事件的信息。必要时,可以授权省、自治区、直辖市人民政府卫生行政主管部门向社会发布本行政区域内突发公共卫生事件的信息。信息发布应当及时、准确、全面。

☛**考点提示**:突发公共卫生事件信息发布制度。

第四节　应急处理

一、应急原则

发生突发公共卫生事件时,事发地的县级、市(地)级、省级人民政府及其有关部门按照分级响应的原则,作出相应级别应急反应。同时,要遵循突发公共卫生事件发生发展的客观规律,结合实际情况和预防控制工作的需要,及时调整预警和反应级别,以有效控制事件,减少危害和影响。

要根据不同类别突发公共卫生事件的性质和特点,注重分析事件的发展趋势,对事态和影响不断扩大的事件,应及时升级预警和反应级别;对范围局限、不会进一步扩散的事件,应相应降低反应级别,及时撤销预警。突发公共卫生事件应急处理要采取边调查、边处理、边抢救、边核实的方式,以有效措施控制事态发展。

事发地之外的地方各级人民政府卫生行政部门接到突发公共卫生事件情况通报后,要及时通知相应的医疗卫生机构,组织做好应急处理所需的人员与物资准备,采取必要的预防控制措施,防止突发公共卫生事件在本行政区域内发生,并服从上一级人民政府卫生行政部门的统一指挥和调度,支援突发公共卫生事件发生地区的应急处理工作。

二、应急反应措施

(一)应急预案的启动

突发公共卫生事件发生后,卫生行政主管部门应当组织专家对突发公共卫生事件进行综合评估,初步判断突发公共卫生事件的类型,提出是否启动突发公共卫生事件应急预案的建议。在全国范围内或者跨省、自治区、直辖市范围内启动全国突发公共卫生事件应急预案,由国务院卫生行政主管部门报国务院批准后实施。省、自治区、直辖市启动突发公共卫生事件应急预案,由省、自治区、直辖市人民政府决定,并向国务院报告。

(二)法定传染病与疫区的宣布

国务院卫生行政主管部门对新发现的突发传染病,根据危害程度、流行强度,依照《中华人民共和国传染病防治法》的规定及时宣布为法定传染病,宣布为甲类传染病的,由国务院决定。甲类、乙类传染病暴发、流行时,县级以上地方人民政府报经上一级地方人民政府决定,可以宣布疫区范围。对重大食物中毒和职业中毒事故,根据污染食品扩散和职业危害因素波及的范围,划定控制区域,当地人民政府可以采取紧急措施控制在本行政区域内的疫情。

(三)由突发公共卫生事件应急处理指挥部统一指挥

突发公共卫生事件应急处理指挥部对突发公共卫生事件应急处理工作进行督察和指导,地方各级人民政府及其有关部门应当予以配合。省、自治区、直辖市突发公共卫生事件应急处理指挥部对本行政区域内突发公共卫生事件应急处理工作进行督察和指导。省级以上人民政府卫生行政主管部门或者其他有关部门指定的突发公共卫生事件应急处理专业技术机构,负责突发公共卫生事件的技术调查、确证、处置、控制和评价工作。

应急预案启动前,县级以上各级人民政府有关部门应当根据突发公共卫生事件的实际情况,做好应急处理准备,采取必要的应急措施。

应急预案启动后,突发公共卫生事件发生地的人民政府有关部门,应当根据预案规定的职责要求,服从突发公共卫生事件应急处理指挥部的统一指挥,立即到达规定岗位,采取有关的控制措施。医疗卫生机构、监测机构和科学研究机构,应当服从突发公共卫生事件应急处理指挥部的统一指挥,相互配合、协作,集中力量开展相关的科学研究工作。

(四)应急物资的生产、供应、运送和人员的调集

突发公共卫生事件发生后,国务院有关部门和县级以上地方人民政府及其有关部门,应当保证突发公共卫生事件应急处理所需的医疗救护设备、救治药品、医疗器械等物资的生产、供应;铁路、交通、民用航空行政主管部门应当保证及时运送。根据突发公共卫生事件应急处理的需要,突发公共卫生事件应急处理指挥部有权紧急调集人员、储备的物资、交通工具及相关设施、设备;必要时,对人员进行疏散或者隔离,并可以依法对传染病疫区实行封锁。

(五)食物和水源的控制

突发公共卫生事件应急处理指挥部根据突发公共卫生事件应急处理的需要,可以对食物和水源采取控制措施,可以紧急召回或者封存食物、紧急封闭公共饮用水源。县级以上地方人民政府卫生行政主管部门应当对突发公共卫生事件现场等采取控制措施,宣传突发公共卫生事件防治知识,及时对易受感染的人群和其他易受损害的人群采取应急接种、预防性投药、群体防护等措施。参加突发公共卫生事件应急处理的工作人员,应当按照预案的规定,采取卫生防护措施,并在专业人员的指导下进行工作。国务院卫生行政主管部门或者其他有关部门指定的专业技术机构,有权进入突发公共卫生事件现场进行调查、采样、技术分析和检验,对地方突发公共卫生事件的应急处理工作进行技术指导,有关单位和个人应当予以配合;任何单位和个人不得以任何理由予以拒绝。对新发现的突发传染病、不明原因的群体性疾病、重大食物和职业中毒事件,国务院卫生行政主管部门应当尽快组织力量制定相关的技术标准、规范和控制措施。

(六)交通工具上传染病患者的处置

交通工具上发现根据国务院卫生行政主管部门的规定需要采取应急控制措施的传染病病人、疑似传染病病人,其负责人应当以最快的方式通知前方停靠点,并向交通工具的营运单位报告。交通工具的前方停靠点和营运单位应当立即向交通工具营运单位行政主管部门和县级以上地方人民政府卫生行政主管部门报告。卫生行政主管部门接到报告后,应当立即组织有关人员采取相应的医学处置措施。交通工具上的传染病病人密切接触者,由交通工具停靠点的县级以上各级人民政府卫生行政主管部门或者铁路、交通、民用航空行政主管部门,根据各自的职责,依照传染病防治法律、行政法规的规定,采取控制措施。涉及国境口岸和入出境的人员、交通工具、货物、集装箱、行李、邮包等需要采取传染病应急控制措施的,依照国境卫生检疫法律、行政法规的规定办理。

(七)医疗卫生机构专业救治

突发公共卫生事件后,除了各级人民政府、卫生行政部门组织协调有关部门参与突发公共卫生事件的处理外,医疗机构是参与现场急救的主力。

医疗卫生机构的救治包括:开展病人接诊、收治和转运工作,实行重症和普通病人分开管理,对疑

似病人及时排除或确诊;协助疾控机构人员开展标本的采集、流行病学调查工作;做好医院内现场控制、消毒隔离、个人防护、医疗垃圾和污水处理工作,防止院内交叉感染和污染;做好传染病和中毒病人的报告,对因突发公共卫生事件而引起身体伤害的病人,任何医疗机构不得拒绝接诊;对群体性不明原因疾病和新发传染病做好病例分析与总结,积累诊断治疗的经验,对重大中毒事件按照现场救援、病人转运、后续治疗相结合的原则进行处置;开展科研与国际交流,开展与突发公共卫生事件相关的诊断试剂、药品、防护用品等方面的研究,开展国际合作,加快病源查寻和病因诊断。

(八)人员和疫区的控制

突发公共卫生事件应急处理指挥部根据突发公共卫生事件应急处理的需要,必要时对人员进行疏散或者隔离,并可以依法对传染病疫区进行封锁。传染病暴发、流行时,街道、乡镇以及居民委员会、村民委员会应当组织力量,团结协作,群防群治,协助卫生行政主管部门和其他有关部门、医疗卫生机构做好疫情信息的收集和报告、人员的分散隔离、公共卫生措施的落实工作,向居民、村民宣传传染病防治的相关知识。

对传染病暴发、流行区域内流动人口,突发公共卫生事件发生地的县级以上地方人民政府应当做好预防工作,落实有关卫生控制措施;对传染病病人和疑似传染病病人,应当采取就地隔离、就地观察、就地治疗的措施。对需要治疗和转诊的,应当依照《突发公共卫生事件应急条例》规定执行。有关部门、医疗卫生机构应当对传染病做到早发现、早报告、早隔离、早治疗,切断传播途径,防止扩散。县级以上各级人民政府应当提供必要资金,保障因突发公共卫生事件致病、致残的人员得到及时、有效的救治。在突发公共卫生事件中需要接受隔离治疗、医学观察措施的病人、疑似病人和传染病病人密切接触者在卫生行政主管部门或者有关机构采取医学措施时,应当予以配合;拒绝配合的,由公安机关依法协助强制执行。

(九)非事件发生地区的应急反应措施

未发生突发公共卫生事件的地区应根据其他地区发生事件的性质、特点、发生区域和发展趋势,分析本地区受波及的可能性和程度,重点做好以下工作:密切保持与事件发生地区的联系,及时获取相关信息;组织做好本行政区域应急处理所需的人员与物资准备;加强相关疾病与健康监测和报告工作,必要时,建立专门报告制度;开展重点人群、重点场所和重点环节的监测和预防控制工作,防患于未然;开展防治知识宣传和健康教育,提高公众自我保护意识和能力;根据上级人民政府及其有关部门的决定,开展交通卫生检疫等。

三、应急处置保障

突发公共卫生事件应急处理应坚持预防为主,平战结合,国务院有关部门、地方各级人民政府和卫生行政部门应加强突发公共卫生事件的组织建设,组织开展突发公共卫生事件的监测和预警工作,加强突发公共卫生事件应急处理队伍建设和技术研究,建立健全国家统一的突发公共卫生事件预防控制体系,保证突发公共卫生事件应急处理工作的顺利开展。

(一)技术保障

1.信息系统　国家建立突发公共卫生事件应急决策指挥系统的信息、技术平台,承担突发公共卫生事件及相关信息收集、处理、分析、发布和传递等工作,采取分级负责的方式实施。要在充分利用现有资源的基础上建设医疗救治信息网络,实现卫生行政部门、医疗救治机构与疾病预防控制机构之间的信息共享。

2.疾病预防控制体系　国家建立统一的疾病预防控制体系。各省(区、市)、市(地)、县(市)要加快疾病预防控制机构和基层预防保健组织建设,强化医疗卫生机构疾病预防控制的责任;建立功能完善、反应迅速、运转协调的突发公共卫生事件应急机制;健全覆盖城乡、灵敏高效、快速畅通的疫情信息网络;改善疾病预防控制机构基础设施和实验室设备条件;加强疾病控制专业队伍建设,提高流行病学调查、现场处置和实验室检测检验能力。

3. 应急医疗救治体系 按照"中央指导、地方负责、统筹兼顾、平战结合、因地制宜、合理布局"的原则,逐步在全国范围内建成包括急救机构、传染病救治机构和化学中毒与核辐射救治基地在内的,符合国情、覆盖城乡、功能完善、反应灵敏、运转协调、持续发展的医疗救治体系。

4. 卫生执法监督体系 国家建立统一的卫生执法监督体系。各级卫生行政部门要明确职能,落实责任,规范执法监督行为,加强卫生执法监督队伍建设。对卫生监督人员实行资格准入制度和在岗培训制度,全面提高卫生执法监督的能力和水平。

5. 应急卫生救治队伍 各级人民政府卫生行政部门按照"平战结合、因地制宜,分类管理、分级负责,统一管理、协调运转"的原则建立突发公共卫生事件应急救治队伍,并加强管理和培训。

6. 演练 各级人民政府卫生行政部门要按照"统一规划、分类实施、分级负责、突出重点、适应需求"的原则,采取定期和不定期相结合的形式,组织开展突发公共卫生事件的应急演练。

7. 科研和国际交流 国家有计划地开展应对突发公共卫生事件相关的防治科学研究,包括现场流行病学调查方法、实验室病因检测技术、药物治疗、疫苗和应急反应装备、中医药及中西医结合防治等,尤其是开展新发、罕见传染病快速诊断方法、诊断试剂以及相关的疫苗研究,做到技术上有所储备。同时,开展应对突发公共卫生事件应急处理技术的国际交流与合作,引进国外的先进技术、装备和方法,提高我国应对突发公共卫生事件的整体水平。

(二)物资、经费保障

1. 物资储备 各级人民政府要建立处理突发公共卫生事件的物资和生产能力储备。发生突发公共卫生事件时,应根据应急处理工作需要调用储备物资。卫生应急储备物资使用后要及时补充。

2. 经费保障 应保障突发公共卫生事件应急基础设施项目建设经费,按规定落实对突发公共卫生事件应急处理专业技术机构的财政补助政策和突发公共卫生事件应急处理经费。应根据需要对边远贫困地区突发公共卫生事件应急工作给予经费支持。国务院有关部门和地方各级人民政府应积极通过国际、国内等多渠道筹集资金,用于突发公共卫生事件应急处理工作。

3. 通信与交通保障 各级应急医疗卫生救治队伍要根据实际工作需要配备通信设备和交通工具。

(三)法律保障

国务院有关部门应根据突发公共卫生事件应急处理过程中出现的新问题、新情况,加强调查研究,起草、制订并不断完善应对突发公共卫生事件的法律、法规和规章制度,形成科学、完整的突发公共卫生事件应急法律和规章体系。国务院有关部门和地方各级人民政府及有关部门要严格执行《突发公共卫生事件应急条例》等规定,根据《国家突发公共卫生事件应急预案》要求,严格履行职责,实行责任制。对履行职责不力造成工作损失的,要追究有关当事人的责任。

(四)社会公众的宣传教育

县级以上人民政府要组织有关部门利用广播、影视、报刊、互联网、手册等多种形式对社会公众广泛开展突发公共卫生事件应急知识的普及教育,宣传卫生科普知识,指导群众以科学的行为和方式对待突发公共卫生事件。要充分发挥有关社会团体在普及卫生应急知识和卫生科普知识方面的作用。

四、分级反应

特别重大突发公共卫生事件应急处理工作由国务院或国务院卫生行政部门和有关部门组织实施,开展突发公共卫生事件的医疗卫生应急、信息发布、宣传教育、科研攻关、国际交流与合作、应急物资与设备的调集、后勤保障以及督导检查等工作。国务院可根据突发公共卫生事件性质和应急处理工作,成立全国突发公共卫生事件应急处理指挥部,协调指挥应急处理工作。事发地省级人民政府应按照国务院或国务院有关部门的统一部署,结合本地区实际情况,组织协调市(地)、县(市)人民政府开展突发公共事件的应急处理工作。特别重大级别以下的突发公共卫生事件应急处理工作由地方各级人民政府负责组织实施。超出本级应急处置能力时,地方各级人民政府要及时报请上级人民政府和有关部门提供指导和支持。

五、应急反应终止

突发公共卫生事件应急反应的终止需符合以下条件:突发公共卫生事件隐患或相关危险因素消除,或末例传染病病例发生后经过最长潜伏期无新的病例出现。特别重大突发公共卫生事件由国务院卫生行政部门组织有关专家进行分析论证,提出终止应急反应的建议,报国务院或全国突发公共卫生事件应急指挥部批准后实施。特别重大以下突发公共卫生事件由地方各级人民政府卫生行政部门组织专家进行分析论证,提出终止应急反应的建议,报本级人民政府批准后实施,并向上一级人民政府卫生行政部门报告。上级人民政府卫生行政部门要根据下级人民政府卫生行政部门的请求,及时组织专家对突发公共卫生事件应急反应终止的分析论证提供技术指导和支持。

☞ **考点提示**:突发公共卫生事件应急反应措施。

六、善后处理

(一)后期评估

突发公共卫生事件结束后,各级卫生行政部门应在本级人民政府的领导下,组织有关人员对突发公共卫生事件的处理情况进行评估。评估内容主要包括事件概况、现场调查处理概况、病人救治情况、所采取措施的效果评价、应急处理过程中存在的问题和取得的经验及改进建议。评估报告上报本级人民政府和上一级人民政府卫生行政部门。

(二)奖励

县级以上人民政府人事部门和卫生行政部门对参加突发公共卫生事件应急处理做出贡献的先进集体和个人进行联合表彰;民政部门对在突发公共卫生事件应急处理工作中英勇献身的人员,按有关规定追认为烈士。

(三)责任

对在突发公共卫生事件的预防、报告、调查、控制和处理过程中,有玩忽职守、失职、渎职等行为的,依据《突发公共卫生事件应急条例》及有关法律法规追究当事人的责任。

(四)抚恤和补助

地方各级人民政府要组织有关部门对因参与应急处理工作致病、致残、死亡的人员,按照国家有关规定,给予相应的补助和抚恤;对参加应急处理一线工作的专业技术人员,应根据工作需要制订合理的补助标准,给予补助。

（五）征用物资、劳务的补偿

突发公共卫生事件应急工作结束后，地方各级人民政府应组织有关部门对应急处理期间紧急调集、征用有关单位、企业、个人的物资和劳务进行合理评估，给予补偿。

第五节　法律责任

一、县级以上地方人民政府及有关部门的相关法律责任

县级以上地方人民政府及其卫生行政主管部门未依照规定履行报告职责，对突发公共卫生事件隐瞒、缓报、谎报或者授意他人隐瞒、缓报、谎报的，对政府主要领导人及其卫生行政主管部门主要负责人，依法给予降级或者撤职的行政处分；造成传染病传播、流行或者对社会公众健康造成其他严重危害后果的，依法给予开除的行政处分；构成犯罪的，依法追究刑事责任。

国务院有关部门、县级以上地方人民政府及其有关部门未依照规定完成突发公共卫生事件应急处理所需要的设施、设备、药品和医疗器械等物资的生产、供应、运输和储备的，对政府主要领导人和政府部门主要负责人依法给予降级或者撤职的行政处分；造成传染病传播、流行或者对社会公众健康造成其他严重危害后果的，依法给予开除的行政处分；构成犯罪的，依法追究刑事责任。

突发公共卫生事件发生后，县级以上地方人民政府及其有关部门对上级人民政府有关部门的调查不予配合，或者采取其他方式阻碍、干涉调查的，对政府主要领导人和政府部门主要负责人依法给予降级或者撤职的行政处分；构成犯罪的，依法追究刑事责任。

县级以上各级人民政府卫生行政主管部门和其他有关部门在突发公共卫生事件调查、控制、医疗救治工作中玩忽职守、失职、渎职的，由本级人民政府或者上级人民政府有关部门责令改正、通报批评、给予警告；对主要负责人、负有责任的主管人员和其他责任人员依法给予降级、撤职的行政处分；造成传染病传播、流行或者对社会公众健康造成其他严重危害后果的，依法给予开除的行政处分；构成犯罪的，依法追究刑事责任。

县级以上各级人民政府有关部门拒不履行应急处理职责的，由同级人民政府或者上级人民政府有关部门责令改正、通报批评、给予警告；对主要负责人、负有责任的主管人员和其他责任人员依法给予降级、撤职的行政处分；造成传染病传播、流行或者对社会公众健康造成其他严重危害后果的，依法给予开除的行政处分；构成犯罪的，依法追究刑事责任。

二、医疗卫生机构的法律责任

医疗卫生机构未依照规定履行报告职责，隐瞒、缓报或者谎报的，未依照规定及时采取控制措施的，未依照规定履行突发公共卫生事件监测职责的，拒绝接诊病人的，拒不服从突发公共卫生事件应急处理指挥部调度的，由卫生行政主管部门责令改正、通报批评、给予警告；情节严重的，吊销医疗机构执业许可证；对主要负责人、负有责任的主管人员和其他直接责任人员，依法给予降级或者撤职的纪律处分；造成传染病传播、流行或者对社会公众健康造成其他严重危害后果，构成犯罪的，依法追究刑事责任。

三、其他有关单位和个人的法律责任

在突发公共卫生事件应急处理工作中，有关单位和个人未依照规定履行报告职责，隐瞒、缓报或者谎报，阻碍突发公共卫生事件应急处理工作人员执行职务，拒绝国务院卫生行政主管部门或者其他有关部门指定的专业技术机构进入突发公共卫生事件现场，或者不配合调查、采样、技术分析和检验

的,对有关责任人员依法给予行政处分或者纪律处分;触犯《中华人民共和国治安管理处罚法》,构成违反治安管理行为的,由公安机关依法予以处罚;构成犯罪的,依法追究刑事责任。

在突发公共卫生事件发生期间,散布谣言、哄抬物价、欺骗消费者,扰乱社会秩序、市场秩序的,由公安机关或者工商行政管理部门依法给予行政处罚;构成犯罪的,依法追究刑事责任。

本章小结

　　突发公共卫生事件是指突然发生,造成或者可能造成社会公众健康严重损害的重大传染病疫情、群体性不明原因疾病、重大食物和职业中毒以及其他严重影响公众健康的事件。根据突发公共卫生事件性质、危害程度、涉及范围,突发公共卫生事件划分为特别重大(Ⅰ级)、重大(Ⅱ级)、较大(Ⅲ级)和一般(Ⅳ级)四级。国务院有关部门和县级以上地方人民政府及其有关部门,应当根据突发公共卫生事件应急预案的要求,保证应急设施、设备、救治药品和医疗器械等物资储备。国家建立公共卫生信息监测体系、预测预警系统,国家建立突发公共卫生事件应急报告制度、信息发布制度。国务院卫生行政主管部门应当根据发生突发公共卫生事件的情况,及时向国务院有关部门和各省、自治区、直辖市人民政府卫生行政主管部门以及军队有关部门通报。发生突发公共卫生事件时,事发地的县级、市(地)级、省级人民政府及其有关部门按照分级响应的原则,作出相应级别应急反应。同时,要遵循突发公共卫生事件发生发展的客观规律,结合实际情况和预防控制工作的需要,及时调整预警和反应级别,以有效控制事件,减少危害和影响。

（王 璀 魏 纳）

目标检测

一、选择题

1. 突发公共卫生事件同一般的事件相比的主要特征不包括( )。
   A. 突发性　　　　　　　B. 公共卫生属性　　　　　C. 对公众健康造成严重影响
   D. 可以预测　　　　　　E. 针对不特定的社会群体

2. 按照社会危害程度、影响范围等因素,公共卫生事件分为( )。
   A. 特别重大、重大、较大和一般四级　　B. 特别重大、重大、较大三级　　C. 重大、一般二级
   D. 较大、一般二级　　　　　　　　　　E. 重大、较大二级

3. 医疗机构发现重大食物中毒事件时,向所在地县级人民政府和卫生行政主管部门报告的时间是( )。
   A. 1小时　　　　　　　B. 2小时　　　　　　　C. 6小时
   D. 12小时　　　　　　E. 24小时

4. 接到发生或者可能发生传染病暴发、流行报告的卫生行政主管部门向本级人民政府报告,并同时向上级人民政府卫生行政主管部门和国务院卫生行政主管部门报告的时间应当在( )。
   A. 1小时内　　　　　　B. 2小时内　　　　　　C. 6小时内
   D. 12小时内　　　　　E. 24小时内

5. 县级人民政府在接到不明原因的群体性疾病报告后向设区的市级人民政府或者上一级人民政府报告的时间应当在( )。
   A. 1小时内　　　　　　B. 2小时内　　　　　　C. 6小时内
   D. 12小时内　　　　　E. 24小时内

6. 设区的市级人民政府在接到传染病菌种、毒种丢失报告后向省、自治区、直辖市人民政府报告的时间应当在( )。
   A. 1小时内　　　　　　B. 2小时内　　　　　　C. 6小时内
   D. 12小时内　　　　　E. 24小时内

7. 有下列情形之一的:发生或者可能发生传染病暴发、流行的,发生或者发现不明原因的群体性疾病的,发生传染

病菌种、毒种丢失的,发生或者可能发生重大食物和职业中毒事件的,省、自治区、直辖市人民政府应当在接到报告向国务院卫生行政主管部门报告的时间为(　　)。

A. 1 小时内　　　　　　　　　B. 2 小时内　　　　　　　　C. 6 小时内

D. 12 小时内　　　　　　　　 E. 24 小时内

8. 发生突发公共卫生事件时,事发地的县级、市(地)级、省级人民政府及其有关部门作出相应级别应急反应的原则是(　　)。

A. 分级响应

B. 边调查、边处理、边抢救、边核实

C. 划定控制区域

D. 采取紧急措施控制

E. 及时、准确、全面

9. 交通工具上发现根据国务院卫生行政主管部门的规定需要采取应急控制措施的传染病病人、疑似传染病病人,其负责人应当以最快的方式通知(　　),并向交通工具的营运单位报告。

A. 前方停靠点

B. 医疗机构

C. 交通工具营运单位行政主管部门

D. 县级以上地方人民政府卫生行政主管部门

E. 铁路、交通、民用航空行政主管部门

10. 关于应急反应终止,下列说法不正确的是(　　)。

A. 突发公共卫生事件隐患消除

B. 突发公共卫生事件相关危险因素消除

C. 末例传染病病例发生后经过最长潜伏期无新的病例出现

D. 特别重大突发公共卫生事件由国务院卫生行政部门组织有关专家进行分析论证,提出终止应急反应的建议后实施

E. 特别重大以下突发公共卫生事件由地方各级人民政府卫生行政部门组织专家进行分析论证,提出终止应急反应的建议,报本级人民政府批准后实施,并向上一级人民政府卫生行政部门报告

二、简答题

1. 简述突发公共卫生事件的含义。

2. 简述突发公共卫生事件应急反应措施。

第十四章　献血与血液管理法律制度

课件　　微课

学习目标

素质目标：提高法律素养，强化法律意识。

知识目标：掌握无偿献血的含义、无偿献血的主体、血站的概念；熟悉血站的供血要求、单采血浆站采集原料血浆的规定；了解医疗机构临床用血的含义和规定、违反献血和血液管理法律制度所要承担的法律责任。

技能目标：能自觉遵守血液管理法律法规。

案例导学

　　湖北李先生 29 年间无偿献血 381 次，因为年届六十，他在武汉血液中心成分献血科进行最后一次献血。报道称，29 年间李先生献血超过 15 万毫升，相当于把全身血液换了 30 余次。因为累计献血量惊人，李先生成了"湖北献血第一人"，也因此受到了各种表彰和媒体报道。但当李先生的善举在网络上传开后，却引来了网友们的质疑。网友们认为新闻报道失实，按照大家对无偿献血的了解，成年人献血的间隔期按规定不少于 6 个月，李先生怎么可能在 29 年内献血多达 381 次，明显超出了大家的认知。实际上，李先生无偿献血不仅有全血，而且更多献的是成分血，也就是单采血小板。按照我国《献血法》的规定，献成分血的间隔时间最短只要 2 周。李先生因为把献血当成了习惯，所以每次符合规定就去献血，所以才有了这样惊人的数据。至于献血量的计算，应该是按照成分血折算出来的。

　　请思考：

　　一个坚持无偿献血的慈善行为，为什么会遭到网友的质疑？

案例导学解析

第一节　献血法及其相关法规

一、法制建设

　　追溯我国的血液管理制度，与世界上许多国家一样，是一个以法制化进程推动有偿献血向无偿献血过渡，最终实现全部自愿无偿献血的过程。

　　20 世纪 70 年代末之前，我国一直采用有偿献血制度，1978 年 11 月 24 日，国务院转批卫生部《关于加强输血工作的请示报告》，正式提出实行公民无偿献血制度。1979 年，《全国血站工作条例（试行草案）》提出确立统一制订献血计划、统一管理血源、统一组织采血的血液管理"三统一"的初步设想。1984 年，卫生部和中国红十字总会在全国倡导自愿无偿献血，使我国的献血制度大大向前迈进了一步。1993 年，卫生部下发了《采供血机构和血液管理办法》《血站基本标准》，进一步细化了对血站和单采血浆站的管理。1996 年 12 月 3 日，国务院又发布了《血液制品管理条例》（于 2016 年 2 月 6 日根据《国务院关于修改部分行政法规的决定》进行修改），这是我国第一个有关血液制品管理的行政法规。随后,卫生部相继颁布了《全国血站工作条例》《关于加强输血工作管理的若干规定》《采供血机构和血液管理办法》以及《血站基本标准》等规章和规范性文件。

为保证临床用血需要和安全,保障献血者和用血者身体健康,1997年12月29日,第八届全国人大常委会第二十九次会议通过了《中华人民共和国献血法》(以下简称《献血法》),自1998年10月1日起施行。《献血法》对公民献血、用血,血站采血、储血、供血,以及医疗机构临床用血等活动进行了规范。此后,卫生部先后制定发布了《血站管理办法(暂行)》《医疗机构临床用血管理办法(试行)》《采供血机构设置规划指导原则》《临床输血技术规范》《单采血浆站基本标准》《中国输血技术操作规程》等一系列血液管理规章、技术标准和规范。为鼓励无偿献血,卫生部、中国红十字总会在1999年颁布了《全国无偿献血表彰奖励办法》。同时,各省、自治区、直辖市也相继出台了有关献血工作的地方性法规或规章,有效推动了无偿献血工作的快速发展。

为确保血液安全,规范血站执业行为,促进血站的建设与发展,2005年卫生部发布了新的《血站管理办法》和《采供血机构设置规划指导原则》,《血站管理办法》自2006年3月1日起实施。《血站管理办法》根据2009年3月27日《卫生部关于对血站管理办法第三十一条进行修订的通知》第一次修正,根据2015年12月31日《国家卫生计生委关于修改〈外国医师来华短期行医暂行管理办法〉等8件部门规章的决定》第二次修正,根据2017年12月5日《国家卫生计生委关于修改〈新食品原料安全性审查管理办法〉等7件部门规章的决定》第三次修正,并自12月26日公布之日起施行。《血站管理办法》的完善对进一步规范我国的采血机构规划及管理提供了法律上、制度上、技术上的保证。

为加强医疗机构临床用血管理,推进临床科学合理用血,保护血液资源,保障临床用血安全和医疗质量,根据《献血法》,2012年6月7日,卫生部令第85号公布《医疗机构临床用血管理办法》,分总则、组织与职责、临床用血管理、监督管理、法律责任、附则6章41条,自2012年8月1日起施行。1999年1月5日卫生部公布的《医疗机构临床用血管理办法(试行)》予以废止。

《献血法》及其配套法规的颁布实施,确立了我国无偿献血制度,标志着我国血液管理工作开始进入全面依法管理的新阶段,对于提高血液质量,预防和控制经血液传播的疾病,保障献血者和用血者的身体健康,保证医疗用血需要,促进临床合理、科学用血和血液事业的发展,进一步弘扬人道主义精神,加强和促进社会主义精神文明建设具有重要意义。公民献血、救死扶伤、发扬人道主义精神,是遵守社会公德、履行社会义务的一种良好体现。公民献血制度的完善程度,在一定程度上体现了一个国家公民的道德水准、意识水平、文化程度和社会公德水平。

二、献血法的概念和宗旨

献血法是调整、保证临床用血需要和安全,保障献血者和用血者身体健康活动中产生的各种社会关系的法律规范的总称。

《献血法》第一条明确了其宗旨是"为保证医疗临床用血需要和安全,保障献血者和用血者身体健康,发扬人道主义精神,促进社会主义物质文明和精神文明建设"。

(一)保证医疗临床用血需要和安全

血液是生命之源,也是医疗抢救过程中不可缺少的特殊物质,其功能和作用是药物所不能替代的,而且只能来自健康者的机体。现阶段人造血液不能广泛应用,且价格昂贵,还不能取代血液,因此,医疗临床用血只能靠公民献血来解决。我国人口献血量只有9‰,世界卫生组织提出,只有一个国家人口献血量达到10‰~30‰的水平,才能够基本满足本国临床用血的需求。通过立法确立无偿献血事业的发展,保证医疗临床用血的需要和安全,是我国血液事业发展的当务之急。

(二)保障献血者和用血者的身体健康

输血是现代医疗的重要手段,是人类认识伤病、诊治伤病的伟大发现,它在临床医学领域中有着拯救生命、治疗疾病的重要作用。但是,血液是一种复杂的维持生命的物质,血液在采集、储存、使用过程中,必须确保治疗,避免污染,防止经血液传播疾病,虽然为保障输血安全,我国对血液的采集、检验、监控、储存和运输都有严格的规定,但是,根据现有的检测手段,漏检现象很难避免,一些经血液途径传播的疾病时有发生。因此,保证血液质量是保证输血安全、保障用血者身体健康的前提。只有依法实行公民无偿献血制度,禁止血液买卖,才是杜绝经血液传播疾病的隐患、保证医疗临床用血安全的根本途径。为了确保血液质量,保证献血者和用血者的身体健康,《献血法》及有关法规对输血工作的各个环节规定了严格的管理措施。

(三)促进社会主义精神文明建设

实行无偿献血,不仅能保障医疗临床用血的需要,保证输血安全,达到治病救人的目的,它还是一种"我为人人,人人为我"的社会共济行为,是一种无私的奉献,是人道主义精神的重要体现。献血事业的发展程度,是社会文明程度的标志之一。实行无偿献血,有助于弘扬中华民族团结、友爱、互助的传统美德,是建设社会主义精神文明的具体表现。因此,《献血法》规定国家实行无偿献血制度,提倡公民积极参与也是促进精神文明建设的一项具体措施。

三、无偿献血的法律规定

(一)无偿献血的概念

无偿献血是指达到一定年龄的健康公民自愿提供自身的血液、血浆或其他血液成分用于临床,而不索取任何报酬的制度;也是献血者向血站自愿、无报酬地提供自身血液的行为。

(二)无偿献血的主体

《献血法》提倡 18 周岁至 55 周岁的健康公民自愿献血。2012 年 7 月 1 日开始实施的《献血者健康检查要求》指出,既往无献血反应、符合健康检查要求的多次献血者主动要求再次献血的,年龄可放宽至 60 周岁。

针对青年群体特点,组织开展个性化主题献血活动,增加献血活动趣味性,提升青年群体关注度。鼓励国家工作人员、现役军人和高等学校在校学生率先献血,为树立社会新风尚作表率,同时高等院校、企事业单位、社会团体等可制定激励政策,对积极参与无偿献血的个人予以通报表扬等激励措施,充分调动青年群体参与和支持无偿献血的积极性、主动性。

(三)献血工作的组织和宣传

《献血法》要求各级人民政府要采取措施广泛宣传献血的意义,普及献血的科学知识,并开展预防和控制经血液途径传播的疾病的教育。新闻媒介应当开展献血的社会公益性宣传。

国家机关、军队、社会团体、企事业组织、居民委员会、村民委员会,应当动员和组织本单位或者本居住区的适龄公民参加献血。对献血者,发给国务院卫生行政部门制作的无偿献血证书,有关单位可以给予适当补贴。各级人民政府和红十字会对积极参加献血和献血工作中做出显著成绩的单位和个人给予奖励。

县级以上各级人民政府卫生行政部门监督管理献血工作,对血源、血液、献血工作进行监督管理。

我国的血液管理以省、自治区、直辖市为区域,实行统一规划设置血站、统一管理采供血和统一管理临床用血的原则,简称血液管理"三统一"。国务院卫生行政部门作为国家最高卫生行政机关,其在血液管理工作中的主要职责是制订献血者的身体健康标准,制订血站技术操作规程、血液质量标准,制订血站的设立条件和管理办法等。

红十字会参与我国无偿献血的宣传工作,"参与输血、献血工作,推动无偿献血"为红十字会组织的职责之一。《献血法》规定各级红十字会依法参与、推动献血工作。

（四）无偿献血的临床使用

《献血法》规定，无偿献血的血液必须用于临床，不得买卖。血站、医疗机构不得将无偿献血的血液出售给单采血浆站或者血液制品生产单位。

临床用血的包装、储存、运输，必须符合国家规定的卫生标准和要求。为保证应急用血，医疗机构可以临时采集血液，但应当依照《献血法》的规定，确保采血用血安全。

公民临床用血时只交付用于血液的采集、分离、检验、储存、运输等的费用；无偿献血者临床需要用血时，可以按照省、自治区、直辖市人民政府的规定免交或者减交前述费用。

医疗机构临床用血应当制定用血计划，遵循合理、科学的原则，不得浪费和滥用血液。医疗机构对临床用血必须进行核查，不得将不符合国家规定标准的血液用于临床。

素质拓展

六部门部署无偿献血者激励奖励工作

2024年1月8日，国家卫生健康委、中央宣传部、全国总工会等六个部门联合印发《关于进一步做好无偿献血者激励奖励工作的通知》（以下简称《通知》），要求各地有关单位提高无偿献血者的荣誉感和获得感，激励更多社会公众关心、参与无偿献血。

《通知》要求，认真落实《献血法》，做好无偿献血表彰奖励工作，鼓励积极探索完善无偿献血者激励措施。加快推动"三免"政策落地实施，让荣获无偿献血奉献奖、无偿捐献造血干细胞奖的献血者，可按照当地政策享受免费乘坐公共交通工具、免费游览政府投资主办的公园和免交公立医院普通门诊诊察费。

《通知》鼓励实现献血者"血费减免一次都不跑"。继续推进无偿献血者及亲属出院时直接减免用血费用工作，实现用血医院全覆盖，优化服务流程，让信息多跑路、献血者少跑路。鼓励无偿献血者及其亲属优先用血，在保障急危重症和孕产妇等重点人群用血前提下，非急诊患者同等医疗状况下无偿献血者及其亲属优先用血。

根据《通知》，相关部门未来要持续提升无偿献血服务质量和宣传效果，推进"互联网＋无偿献血"服务模式，为献血者提供个性化、精细化服务。各地要因地制宜制定无偿献血者优待政策，持之以恒做好无偿献血者激励工作。

据介绍，自1998年施行《献血法》以来，我国全面建立自愿无偿献血制度，形成政府领导、全社会广泛参与的无偿献血工作格局。25年来，广大无偿献血者无私奉献、踊跃捐献血液，我国无偿献血量和献血人次持续增长，实现临床用血全部来自公民无偿捐献。

世界卫生组织发布的《2021年全球血液安全和可获得性现状报告》显示，我国无偿献血总量、血液质量安全水平和临床用血合理水平等方面位居全球前列。

第二节　采血、供血管理

一、采血与供血的管理

（一）采血的基本要求

采血是以采血器材与人体发生直接接触的活动，对这一活动各个环节进行严格规范和管理，是保障献血者的身体健康，保证血液质量以及用血者用血安全的重要前提。

1. 健康检查　血站对献血者必须免费进行必要的健康检查，身体状况不符合献血条件的，血站应向其说明情况，不得采集血液。献血者的身体健康条件由国务院卫生行政部门规定。

2. 血量控制　血站对献血者每次采集血液量为200毫升，最高不得超过400毫升，两次采集间隔期不少于6个月。严格禁止血站违反规定对献血者超量、频繁采集血液。无偿献血是《献血法》所确立的基本制度,也是每一个公民应尽的光荣义务,必须保证献血者的身体健康以及受血者的用血安全。

3. 规范采血 血站采集血液必须严格遵守有关制度和操作规程,采血必须由具有采血资格的医务人员进行。一次性采血器材使用后必须销毁,以确保献血者身体健康。血站应当根据国务院卫生行政部门制定的标准,保证血液质量。血站对采集的血液必须进行检测,未经检测或者检测不合格的血液,不得向医疗机构提供。

(二)供血的基本要求

1. 质量合格 血站应当保证发出的血液质量符合国家有关标准。其品种、规格、数量、活性、血型无差错;未经检测或者检测不合格的血液,不得向医疗机构提供。

2. 供血规范 血站向医疗机构提供的血液,在包装、储存和运输上要符合《血站质量管理规范》的要求。包装袋上应当标明:血站的名称及其许可证号、献血编号或者条形码、血型、血液品种、采血日期及时间或者制备日期及时间、有效日期及时间、储存条件。血站还应当加强对其所设储血点的质量监督,确保储存条件,保证血液储存质量;按照临床需要进行血液储存和调换。

3. 禁止买卖 无偿献血的血液必须用于临床,不得买卖。血站不得将无偿献血的血液出售给单采血站或者血液制品生产单位。

二、血站的设置及职责

血站是指不以营利为目的,采集、提供临床用血的公益性卫生机构。

血站分为一般血站和特殊血站。一般血站包括血液中心、中心血站和中心血库。特殊血站包括脐带血造血干细胞库和国家卫健委根据医学发展需要批准、设置的其他类型血库。

(一)一般血站

1. 血液中心 在省、自治区人民政府所在地的城市和直辖市,应规划设置一所相应规模的血液中心。其主要职责是:①按照省级人民政府卫生行政部门的要求,在规定范围内开展无偿献血者的招募、血液的采集与制备、临床用血供应以及医疗用血的业务指导等工作;②承担所在省、自治区、直辖市血站的质量控制与评价;③承担所在省、自治区、直辖市血站的业务培训与技术指导;④承担所在省、自治区、直辖市血液的集中化检测任务;⑤开展血液相关的科研工作;⑥承担卫生行政部门交办的任务。

血液中心应当具有较高综合质量评价的技术能力。

2. 中心血站 在设区的市级人民政府所在地的城市,可规划设置一所相应规模的中心血站。中心血站供血半径应大于100千米。距血液中心150千米范围内(或在3个小时车程内)的设区的市,原则上不单独设立中心血站;与已经设立中心血站距离不足100千米的相近(邻)设区的市原则上不单独设立中心血站。其主要职责是:①按照省级人民政府卫生行政部门的要求,在规定范围内开展无偿献血者的招募、血液的采集与制备、临床用血供应以及医疗用血的业务指导等工作;②承担供血区域范围内血液储存的质量控制;③对所在行政区域内的中心血库进行质量控制;④承担卫生行政部门交办的任务。

直辖市、省会市、自治区首府市已经设置血液中心的,不再设置中心血站;尚未设置血液中心的,可以在已经设置的中心血站基础上加强能力建设,履行血液中心的职责。

3. 中心血库 中心血库应当设置在中心血站服务覆盖不到的县级综合医院内。其主要职责是,按照省级人民政府卫生行政部门的要求,在规定范围内开展无偿献血者的招募、血液的采集与制备、临床用血供应以及医疗用血业务指导等工作。

同一行政区域内不得重复设置血液中心、中心血站。血站与单采血浆站不得在同一县级行政区域内设置。

（二）特殊血站

国家卫健委根据全国人口分布、卫生资源、临床造血干细胞移植需要等实际情况，统一制定我国脐带血造血干细胞库等特殊血站的设置规划和原则。国家不批准设置以营利为目的的脐带血造血干细胞库等特殊血站。

三、血站的执业规定

（一）一般规定

1. 血站执业许可证　血站开展采供血活动，应当向所在省、自治区、直辖市人民政府卫生行政部门申请办理执业登记，取得血站执业许可证。没有取得血站执业许可证的，不得开展采供血活动。血站执业许可证有效期为三年。

2. 依法执业　血站执业，应当遵守有关法律、行政法规、规章和技术规范。

3. 确保临床　血站应当根据医疗机构临床用血需求，制定血液采集、制备、供应计划，保障临床用血安全、及时、有效。无偿献血的血液必须用于临床，不得买卖。血站剩余成分血浆由省、自治区、直辖市人民政府卫生行政部门协调血液制品生产单位解决。血站剩余成分血浆以及因科研或者特殊需要用血而进行的调配所得的收入，全部用于无偿献血者用血返还费用，血站不得挪作他用。

4. 献血宣传血站应当开展无偿献血宣传　血站开展献血者招募，应当为献血者提供安全、卫生、便利的条件和良好的服务。

5. 血液采集　应当按照国家有关规定对献血者进行健康检查和血液采集；血站采血前应当对献血者身份进行核对并进行登记；严禁采集冒名顶替者的血液；严禁超量、频繁采集血液；血站不得采集血液制品生产用原料血浆；献血者应当按照要求出示真实的身份证明；任何单位和个人不得组织冒名顶替者献血。

6. 告知和保密义务　血站采集血液应当遵循自愿和知情同意的原则，并对献血者履行规定的告知义务；血站应当建立献血者信息保密制度，为献血者保密。

7. 工作人员　血站工作人员应当符合岗位执业资格的规定，并接受血液安全和业务岗位培训与考核，领取岗位培训合格证书后方可上岗。血站工作人员每人每年应当接受不少于75学时的岗位继续教育。

8. 工作记录　血站各业务岗位工作记录应当内容真实、项目完整、格式规范、字迹清楚、记录及时，有操作者签名。记录内容需要更改时，应当保持原记录内容清晰可辨，注明更改内容、原因和日期，并在更改处签名。献血、检测和供血的原始记录应当至少保存十年，法律、行政法规和卫生部另有规定的，依照有关规定执行。

9. 血液检测　血站应当保证所采集的血液由具有血液检测实验室资格的实验室进行检测。对检测不合格或者报废的血液，血站应当严格按照有关规定处理。血站应当保证发出的血液质量符合国家有关标准，其品种、规格、数量、活性、血型无差错；未经检测或者检测不合格的血液，不得向医疗机构提供。血站必须严格执行国家有关报废血处理和有易感染经血液传播疾病危险行为的献血者献血后保密性弃血处理的规定。

10. 法定传染病疫情报告　血站及其执行职务的人员发现法定传染病疫情时，应当按照《传染病防治法》卫健委的规定向有关部门报告。

11. 血液标本保存　血液标本的保存期为全血或成分血使用后两年。

12. 调配血液　因临床、科研或者特殊需要，需要从外省、自治区、直辖市调配血液的，由省级人民政府卫生行政部门组织实施。禁止临床医疗用途的人体血液、血浆进出口。

👁 **考点提示**：血站的执业规则。

《血站管理办法》的修改

2009年3月27日,根据《卫生部关于对血站管理办法第三十一条进行修订的通知》(卫医政发〔2009〕28号)将"血液检测的全血标本的保存期应当与全血有效期相同;血清(浆)标本的保存期应当在全血有效期满后半年。"修改为:"血液标本的保存期为全血或成分血使用后二年。"

2016年1月19日,《国家卫生计生委关于修改〈外国医师来华短期行医暂行管理办法〉等8件部门规章的决定》(2015年12月31日经国家卫生计生委委主任会议讨论通过)对《血站管理办法》进行修改:

(一)将该办法中的"卫生部"统一修改为:"国家卫生计生委",将"卫生行政部门"统一修改为:"卫生计生行政部门"。

(二)将第二十七条修改为:"血站应当对血站工作人员进行岗位培训与考核。血站工作人员应当符合岗位执业资格的规定,并经岗位培训与考核合格后方可上岗。

"血站工作人员每人每年应当接受不少于75学时的岗位继续教育。

"省级人民政府卫生计生行政部门应当制定血站工作人员培训标准或指南,并对血站开展的岗位培训、考核工作进行指导和监督。"

(三)将第四十一条修改为:"因临床、科研或者特殊需要,需要从外省、自治区、直辖市调配血液的,由省级人民政府卫生计生行政部门组织实施。

"出于人道主义、救死扶伤的目的,需要向中国境外医疗机构提供血液及特殊血液成分的,应当严格按照有关规定办理手续。"

(四)将第六十一条第一款第十三项修改为:"擅自与外省、自治区、直辖市调配血液的。"

2017年12月26日,根据《国家卫生计生委关于修改〈新食品原料安全性审查管理办法〉等7件部门规章的决定》(于2017年12月5日经国家卫生计生委委主任会议讨论通过)对《血站管理办法》进行修改:

(一)将第四十一条第二款修改为:"禁止临床医疗用途的人体血液、血浆进出口。"

(二)删除第四十九条第四项(出于人道主义、救死扶伤的目的,必须向境外医疗机构提供脐带血造血干细胞等特殊血液成分的,应当严格按照国家有关人类遗传资源管理规定办理手续);删除第六十一条第一款第十四项(未经批准向境外医疗机构提供血液或者特殊血液成分的)。

(二)特殊血站

1. 执业登记 脐带血造血干细胞库等特殊血站执业,应当向所在地省级人民政府卫生行政部门申请办理执业登记。血站执业许可证有效期为三年。

未取得血站执业许可证的,不得开展采供脐带血造血干细胞等业务。

脐带血造血干细胞库等特殊血站在血站执业许可证有效期满后继续执业的,应当在血站执业许可证有效期满前三个月向原执业登记的省级人民政府卫生行政部门申请办理再次执业登记手续。

2. 执业规定 脐带血造血干细胞库等特殊血站执业除应当遵守一般血站的执业要求外,还应当遵守以下规定。

(1)按照卫生部规定的脐带血造血干细胞库等特殊血站的基本标准、技术规范等执业。

(2)脐带血等特殊血液成分的采集必须符合医学伦理的有关要求,并遵循自愿和知情同意的原则。脐带血造血干细胞库必须与捐献者签署经执业登记机关审核的知情同意书。

(3)脐带血造血干细胞库等特殊血站只能向有造血干细胞移植经验和基础,并装备有造血干细胞移植所需的无菌病房和其他必需设施的医疗机构提供脐带血造血干细胞。

(4)脐带血等特殊血液成分必须用于临床。

第三节 血液制品的管理

血液制品是利用原料血浆生产的各种血浆蛋白制品,其质量的优劣对使用者的安全和健康产生极大的影响。因此,从单采血浆站的设置到原料血浆的采集,从血液制品生产经营机构的设置到生产经营活动的实施,都必须符合国家规定的条件和标准,必须加强管理,才能预防和控制经血液传播疾病的事件发生。为了加强血液制品管理,预防和控制经血液途径传播的疾病,保证血液制品的质量,1996年12月6日,国务院第52次常务会议通过了《血液制品管理条例》,并于2016年2月6日根据《国务院关于修改部分行政法规的决定》进行修改。

一、血液制品的概念

血液,是指用于临床的全血或成分血。血液制品,特指各种人血浆蛋白制品。原料血浆,是指由单采血浆站采集的专门用于血液制品生产原料的血浆。

二、原料血浆的管理

(一)单采血浆站的设置

国家实行单采血浆站统一规划、设置的制度。国务院卫生行政部门根据核准的全国生产用原料血浆的需求,对单采血浆站的布局、数量和规模制定总体规划。省、自治区、直辖市人民政府卫生行政部门根据总体规划制定本行政区域内单采血浆站设置规划和采集血浆的区域规划,并报国务院卫生行政部门备案。

单采血浆站由血液制品生产单位设置或者由县级人民政府卫生行政部门设置,专门从事单采血浆活动,具有独立法人资格。其他任何单位和个人不得从事单采血浆活动。

设置单采血浆站,必须具备下列条件:符合单采血浆站布局、数量、规模的规划;具有与所采集原料血浆相适应的卫生专业技术人员;具有与所采集原料血浆相适应的场所及卫生环境;具有识别供血浆者的身份识别系统,具有与所采集原料血浆相适应的单采血浆机械及其他设施,具有对所采集原料血浆进行质量检验的技术人员及必要的仪器设备。

申请设置单采血浆站的,由县级人民政府卫生行政部门初审,经设区的市、自治州人民政府卫生行政部门或者省、自治区人民政府设立的派出机关的卫生行政机构审查同意;报省、自治区、直辖市人民政府卫生行政部门审批;经审查符合条件的,由省、自治区、直辖市人民政府卫生行政部门核发单采血浆许可证,并报国务院卫生行政部门备案。

在一个单采血浆区域内,只能设置一个单采血浆站。严禁单采血浆站采集非划定区域内的供血浆者和其他人员的血浆。

(二)采集血浆的规定

单采血浆站必须对供血者进行健康检查,合格后由县级人民政府卫生行政部门核发供血浆证。

单采血浆站在采集血浆前,必须对供血浆者进行身份识别并核实其供血浆证,确认无误的,方可按照规定程序进行健康检查和血液化验;对检查、化验合格的,按照有关技术操作标准及程序采集血浆,并建立供血浆者健康检查及供血浆记录档案;对检查、化验不合格的,由单采血浆站收缴供血浆证,并由所在地县级人民政府卫生行政部门监督销毁。严禁采集无供血浆证者的血浆。

单采血浆站必须使用单采血浆机械采集血浆,严禁手工操作采集血浆。采集的血浆必须按单人份冰冻保存,不得混浆。严禁单采血浆站采集血液或者将所采集的原料血浆用于临床。

单采血浆站必须使用有产品批准文号并经国家药品生物制品检定机构逐批检定合格的体外诊断

试剂以及合格的一次性采血浆器材。采血浆器材等一次性消耗品使用后,必须按照国家有关规定予以销毁,并做记录。

(三)血浆管理的规定

单采血浆站必须依照《传染病防治法》及其实施办法等有关规定,严格执行消毒管理及疫情上报制度。

单采血浆站应当每半年向所在地的县级人民政府卫生行政部门报告有关原料血浆采集情况,同时抄报设区的市、自治州人民政府卫生行政部门或者省、自治区人民政府设立的派出机关的卫生行政机构及省、自治区、直辖市人民政府卫生行政部门。省、自治区、直辖市人民政府卫生行政部门应当每年向国务院卫生行政部门汇总报告本行政区域内原料血浆的采集情况。国家禁止出口原料血浆。

三、血液制品生产经营的管理

(一)血液制品生产经营机构设置管理

新建、改建或者扩建血液制品生产单位,经国务院卫生行政部门根据总体规划立项审查同意后,由省、自治区、直辖市人民政府卫生行政部门依照《药品管理法》的规定审核批准。

血液制品生产单位必须达到国务院卫生行政部门制定的《药品生产质量管理规范》规定的标准,经国务院卫生行政部门审查合格,并依法向工商行政管理部门申领营业执照后,方可从事血液制品的生产活动。

血液制品生产单位生产国内已经生产的品种,必须依法向国务院卫生行政部门申请产品批准文号;国内尚未生产的品种,必须按照国家有关新药审批的程序和要求申报。

开办血液制品经营单位,由省、自治区、直辖市人民政府卫生行政部门审核批准。严禁血液制品生产单位出让、出租、出借以及与他人共用药品生产企业许可证和产品批准文号。

(二)血液制品生产经营管理

1. 全面复查　血液制品生产单位不得向无单采血浆许可证的单采血浆站或者未与其签订质量责任书的单采血浆站及其他任何单位收集原料血浆;血液制品生产单位不得向其他任何单位供应原料血浆;血液制品生产单位在原料血浆投料生产前,必须使用有产品批准文号并经国家药品生物制品检定机构逐批检定合格的体外诊断试剂,对每一人份血浆进行全面复检,并做检测记录。

2. 准确记录、上报　原料血浆经复检不合格的,不得投料生产,并必须在省级药品监督员监督下按照规定程序和方法予以销毁,并做记录。原料血浆经复检发现有经血液途径传播的疾病的,必须通知供应血浆的单采血浆站,并及时上报所在地省、自治区、直辖市人民政府卫生行政部门。

3. 严格质检　血液制品出厂前,必须经过质量检验;经检验不符合国家标准的,严禁出厂;血液制品经营单位应当具备与所经营的产品相适应的冷藏条件和熟悉所经营品种的业务人员;血液制品生产经营单位生产、包装、储存、运输、经营血液制品,应当符合国家规定的卫生标准和要求。

第四节　法律责任

一、行政责任

(一)非法采集、出售、出卖血液的行政责任

《献血法》规定,有下列行为之一的,由县级以上地方人民政府予以取缔,没收违法所得,并可处10万元以下的罚款:非法采集血液的;血站、医疗机构出售无偿献血者血液的;非法组织他人出卖

血液的。

违反《血液制品管理条例》规定，未取得省、自治区、直辖市人民政府卫生行政部门核发的单采血浆许可证，非法从事组织、采集、供应、倒卖原料血浆的，由县级以上地方人民政府卫生行政部门予以取缔，没收违法所得和从事违法活动的器材、设备，并处违法所得 5 倍以上 10 倍以下的罚款；没有违法所得的，并处 5 万元以上 10 万元以下的罚款。

非法采集血液必须与医疗机构临床应急临时采集血液相区别。非法采集血液是指没有获得血站执业许可证、中心血库采供血许可证，以营利为目的，非法从事组织、采集、供应、倒卖血液的活动。而根据《献血法》第十五条第二款的规定，医疗机构应急临时采集血液作为临床抢救需要是允许的，但应当依照《献血法》的有关规定，确保采血、用血安全。

(二)违反血液及血液制品生产操作规程的行政责任

血站违反有关操作规程和制度采集血液，由县级以上地方人民政府卫生行政部门责令限期改正；给献血者健康造成损害的，对直接负责的主管人员和其他直接责任人员，依法给予行政处分。

临床用血的包装、储存、运输不符合国家规定的卫生标准和要求的，责令改正，给予警告，可以并处 1 万元以下的罚款。

血站违反《献血法》规定，向医疗机构提供不符合国家规定标准的血液的，责令改正；情节严重，造成经血液途径传播的疾病传播或者有传播严重危险的，限期整顿，对直接负责的主管人员和其他直接责任人员，依法给予行政处分。

根据《血液制品管理条例》的规定，单采血浆站有下列行为之一的，由县级以上地方人民政府卫生行政部门责令限期改正，处 5 万元以上 10 万元以下的罚款；有第八项所列行为的，或者有下列其他行为并且情节严重的，由省、自治区、直辖市人民政府卫生行政部门吊销单采血浆许可证；构成犯罪的，对负有直接责任的主管人员和其他直接责任人员依法追究刑事责任：采集血浆前，未按照国务院卫生行政部门颁布的健康检查标准对供血浆者进行健康检查和血液化验的；采集非划定区域内的供血浆者或者其他人员的血浆的，或者不对供血浆者进行身份识别，采集冒名顶替者、健康检查不合格者或者无供血浆证者的血浆的；违反国务院卫生行政部门制定的血浆采集技术操作标准和程序，过频过量采集血浆的；向医疗机构直接供应原料血浆或者擅自采集血液的；未使用单采血浆机械进行血浆采集的；未使用有产品批准文号并经国家药品生物制品检定机构逐批检定合格的体外诊断剂以及合格的一次性采血浆器材的；未按照国家规定的卫生标准和要求包装、储存、运输原料血浆的；对国家规定检测项目检测结果呈阳性的血浆不清除，不及时上报的；对污染的注射器、采血浆器材及不合格血浆等不经消毒处理，擅自倾倒，污染环境，造成社会危害的；重复使用一次性采血浆器材的；向与其签订质量责任书的血液制品生产单位以外的其他单位供应原料血浆的。

(三)违反规定非法使用血液及血液制品的行政责任

医疗机构的医务人员违反《献血法》规定，将不符合国家规定标准的血液用于患者的，责令改正；给患者健康造成损害的，对直接负责的主管人员和其他直接责任人员，依法给予行政处分。

(四)卫生行政部门监管不力的行政责任

卫生行政部门及其工作人员在献血、用血的监督管理工作中，在血液制品生产加工的监管中，滥用职权、玩忽职守、徇私舞弊、索贿受贿，造成严重后果，尚不构成犯罪的，依法给予行政处分。

二、民事责任

(一)损害献血者健康的民事责任

献血者的身体健康因输血而受到损害，血液采集单位的责任比较容易确定，因为献血者在献血之前基本上都进行了系统、详细的身体检查,在确诊没有健康问题的前提下,血液采集单位才对献血者实施血液采集。

《献血法》规定,供血单位违反有关操作规程和制度采集血液,提供血液制品,给献血者健康造成损害的,应当依法赔偿。损害献血者的身体健康,血液采集机构必须承担相应的民事责任,造成其身体损害的,根据《中华人民共和国民法通则》第一百一十九条的规定,应该承担献血者的医疗费、营养费、误工费、就医交通费等。

(二)损害受血者健康的民事责任

医疗机构的医务人员违反《献血法》规定,将不符合国家规定标准的血液用于患者,给患者的健康造成损害的,应当依法赔偿。

受血者身体健康受到损害,患者可以向人民法院起诉,要求医疗机构和血液采集单位承担民事责任,根据《中华人民共和国民法通则》第一百一十九条的规定,应该承担患者的医疗费、营养费、误工费、就医交通费以及将来的治疗费等。

三、刑事责任

《献血法》规定,有下列行为之一,且情节严重造成严重后果,构成犯罪的,都要依法追究刑事责任:非法采集血液的;血站、医疗机构出售无偿献血者血液的;非法组织他人出卖血液的;血站违反有关操作规程和制度采集血液,给献血者健康造成经血液途径传播或者有传播严重危险的;医疗机构的医务人员违反法律规定,将不符合国家规定标准的血液用于患者,给患者健康造成损害的。在《中华人民共和国刑法》(以下简称《刑法》)中规定了两条共四种犯罪,它们属于危害公共卫生罪类。

(一)非法组织卖血罪

《刑法》第三百三十三条规定,非法组织他人出卖血液的,处五年以下有期徒刑,并处罚金。第三百三十三条第二款规定:有前款行为,对他人造成伤害的,依照《刑法》第二百三十四条规定,处三年以下有期徒刑、拘役或者管制;致人重伤的,处三年以上十年以下有期徒刑;致人死亡或者以特别残忍手段致人重伤造成严重残疾的,处十年以上有期徒刑、无期徒刑或者死刑。

(二)强迫卖血罪

《刑法》第三百三十三条规定,以暴力、危险方法强迫他人出卖血液的,处五年以上十年以下有期徒刑,并处罚金。与前罪类似,因强迫他人卖血而造成他人身体损害构成轻伤或者重伤结果的,以故意伤害罪论处。

(三)非法采集、供应血液或制作、供应血液制品罪

根据《刑法》第三百三十四条第一款的规定,非法采集、供应血液或者制作、供应血液制品,不符合国家规定的标准,足以危害人体健康的,处五年以下有期徒刑或者拘役,并处罚金;对人体健康造成严重危害的,处五年以上十年以下有期徒刑,并处罚金;造成特别严重后果的,处十年以上有期徒刑或者无期徒刑,并处罚金或者没收财产。

(四)采集、供应血液或制作、供应血液制品罪

根据《刑法》第三百三十四条第二款的规定,经国家主管部门批准采集、供应血液或者制作、供应血液制品的部门,不依照规定进行检测或者违背其他操作规定,造成危害他人身体健康后果的,对单位判处罚金,并对其直接负责的主管人员和其他直接负责人员,处5年以下有期徒刑或拘役。

笔记

本章小结

　　自 1998 年《献血法》公布施行，我国全面建立无偿献血制度。无偿献血是指达到一定年龄的健康公民自愿提供自身的血液、血浆或其他血液成分用于临床，而不索取任何报酬的制度。采血是以采血器材与人体发生直接接触的活动，对这一活动各个环节进行严格规范和管理，是保障献血者的身体健康、保证血液质量以及用血者用血安全的重要前提。血站应当保证发出的血液质量符合国家有关标准。

　　血站是指不以营利为目的的，采集、提供临床用血的公益性卫生机构。血站分为一般血站和特殊血站。一般血站包括血液中心、中心血站和中心血库。特殊血站包括脐带血造血干细胞库和国家卫健委根据医学发展需要批准、设置的其他类型血库。血站执业，应当遵守有关法律、行政法规、规章和技术规范。

　　血液制品是利用原料血浆生产的各种血浆蛋白制品，必须符合国家规定的条件和标准。

（王键胜）

目标检测

参考答案

一、选择题

1. 根据《中华人民共和国献血法》规定，血站是（　　）。

　A. 采集、提供临床用血的机构

　B. 负责本辖区内无偿献血的组织、发动

　C. 采集、提供临床用血的机构，是不以营利为目的的公益性组织

　D. 不以营利为目的的公益性组织

　E. 采集、提供临床用血的机构，营利性机构

2.《中华人民共和国献血法》的制度是（　　）。

　A. 自愿献血　　　　　　　　B. 无偿献血　　　　　　　　C. 有偿献血

　D. 无偿献血　　　　　　　　E. 互助献血

3. 血液管理工作的"三统一"是指（　　）。

　A. 统一规划设置血站，统一组织无偿献血，统一管理临床用血

　B. 统一血源，统一采血，统一供血

　C. 统一组织无偿献血，统一采血，统一供血

　D. 统一规划设置血站，统一管理采供血，统一管理临床用血

　E. 统一组织无偿献血，统一管理临床用血

4. 献血者每次采集血液量和两次采集间隔期为（　　）。

　A. 献血者每次采集血液量一般为 100 毫升，最多不超过四百毫升，两次采集间隔期不得少于 3 个月

　B. 献血者每次采集血液量一般为 400 毫升，两次采集间隔期不少于 6 个月

　C. 献血者每次采集血液量一般为 200 毫升，两次采集间隔期不少于 3 个月

　D. 献血者每次采集血液量一般为 200 毫升，最多不超过 400 毫升，两次采集间隔期不少于 6 个月

　E. 献血者每次采集血液量一般为 300 毫升，两次采集间隔期不少于 3 个月

5. 血站的科室设置应具备（　　）。

　A. 血源管理、体检、采血、检验、成分制备、发血、消毒供应、质量控制等功能

　B. 血源管理、体检、采血、成分制备、储血、发血、质量控制等功能

　C. 血源管理、体检、采血、检验、成分制备、贮血、发血、消毒供应等功能

　D. 血源管理、体检、采血、贮血、成分制备、检验、发血、消毒供应、质量控制等功能

　E. 血源管理、体检、采血、检验、消毒供应等功能

6. 我国健康公民自愿献血的年龄是(　　)。

  A. 18 ~ 50 周岁   B. 20 ~ 60 周岁   C. 18 ~ 55 周岁

  D. 18 ~ 60 周岁   E. 20 ~ 55 周岁

7. 审批中心血站设置的部门为(　　)。

  A. 省、自治区人民政府   B. 国家卫生行政部门   C. 省级人民政府卫生行政部门

  E. 地方卫生部门   D. 根据本辖区用血情况由医院设置

8.《中华人民共和国献血法》已由第(　　)届全国人民代表大会通过,施行时间为(　　)。

  A. 八,1997 年 12 月 29 日   B. 七,1998 年 10 月 1 日   C. 八,1998 年 10 月 1 日

  D. 七,1998 年 1 月 1 日   E. 八,1998 年 1 月 1 日

9. 国家鼓励率先献血、为树立社会新风尚做表率的人员是(　　)。

  A. 工人、农民、外来务工人员

  B. 外资企业、合资企业、独资企业工作人员

  C. 国家工作人员、现役军人和高等学校在校学生

  D. 医务工作者

  E. 国企工作人员

10. 下列说法不正确的是(　　)。

  A. 临床用血的包装、储存、运输必须符合国家规定的卫生标准和要求

  B. 血站、医疗机构可以将无偿献血的血液按比例出售给单采血浆站或血制品生产单位

  C. 公民临床用血时只交付血液的采集、储存、分离、检验等费用

  D. 国家提倡并指导择期手术的患者可自身储血

  E.《血站基本标准》由国务院卫生行政部门制定

二、简答题

1.《中华人民共和国献血法》要求各级人民政府对公民进行的宣传和教育包括哪些方面?

2. 血站应当为献血者提供怎样的献血条件?

第十五章　母婴保健法律制度

课件　微课

💡 学习目标

素质目标:增强妇女、儿童保护的法制意识,不断提高妇女、儿童健康水平。

知识目标:掌握婚前保健和孕产期保健的内容,医学指导和医学意见适用情形;熟悉医学技术鉴定的相关规定;了解违反《中华人民共和国母婴保健法》的法律责任与救济途径。

能力目标:能进行《中华人民共和国母婴保健法》及相关法律法规、孕产期保健、婴幼儿保健方面知识的普及,提升群众健康知晓率。

🔍 案例导学

张女士是一位准妈妈,怀孕期间她积极参与孕产教育课程,并按照医生的建议采取孕期保健措施。根据《中华人民共和国母婴保健法》的规定,她在公司享受到了包括产假和哺乳假在内的一系列合法权益。这使得张女士在孕期得到充分的休息,有足够的时间关注自己和胎儿的健康,保证了孕期的顺利度过。

请思考:

如何理解《中华人民共和国母婴保健法》实施的重要性?

案例导学解析

第一节　概　述

一、母婴保健法的概念

(一)定义

母婴保健法是指在调整保障母亲和婴儿健康、提高出生人口素质活动中产生的各种社会关系的法律规范的总和。

(二)立法意义

当今世界,妇女、儿童的问题在国际社会受到了普遍的关注,儿童优先、母亲安全已经成为国际社会的共识,妇女和儿童的健康状况、人口素质的提高不仅反映出社会人群的整体健康水平,也反映了一个国家的整体的政治、经济、文化的水平。

控制人口数量,提高人口素质,是我国的一项基本国策。人口素质直接关系到民族的盛衰和国家的兴亡,中华人民共和国成立以来,在党和政府的关怀下,我国妇幼保健事业得到了较快的发展,在全国城乡形成了比较健全的妇幼卫生保健网,建立了一整套法律规章,开展了大量的妇女、儿童保健服务,人口素质不断提高,但由于我国地域辽阔、人口基数大、地区间发展不平衡等因素的影响,人口出生素质方面还存在许多问题,特别是在农村和边远地区尤为突出。出生缺陷是导致婴儿死亡和先天残疾的主要原因,不但严重危害儿童生存和生活质量,影响家庭幸福和谐,也会给社会带来沉重的负担。因此,以法律手段来保证优生、防治出生缺陷、提高出生人口质量是极为重要的。

二、法制建设

在我国,母婴保健工作一直受到党和政府的高度重视,为保护妇女、儿童的健康,提高出生人口素质,我国在《宪法》《婚姻法》《妇女权益保障法》《未成年人保护法》中均规定了保护妇女与儿童的条款。国务院、卫健委(原卫生部)也陆续出台了一系列相关的法规及规章。

1991 年 3 月,我国政府签署了《儿童生存、保护和发展世界宣言》和《执行九十年代儿童生存、保护和发展世界宣言行动计划》,并向国际社会做出对儿童的权利、对他们的生存及对他们的保护和发展给予高度优先的承诺。作为政府承诺的后续行动,1992 年 5 月,国务院制定和颁发了《九十年代中国儿童发展规划纲要》,对儿童保健工作提出了 10 项具体指标。

1994 年 10 月 27 日,第八届全国人民代表大会常务委员会第十次会议通过了《中华人民共和国母婴保健法》(以下简称《母婴保健法》),自 1995 年 6 月 1 日起施行,并于 2009 年 8 月 27 日和 2017 年11 月 4 日进行两次修订。这是中华人民共和国成立以来对母亲和婴儿保护的最重要立法,是《宪法》对人民的健康和对妇女、儿童保护原则规定的具体化,作为我国第一部保护妇女与儿童健康、提高人口出生素质的法律,它的颁布与实施为广大妇女、儿童的身体健康提供了法律保障。为了更好地贯彻实施《母婴保健法》,2001 年 6 月,国务院颁布了《母婴保健法实施办法》,卫生部也先后制定了《婚前保健工作规范(修订)》《孕前保健服务工作规范(试行)》《产前诊断技术管理办法》《母婴保健医学技术鉴定管理办法》《关于禁止非医学需要的胎儿性别鉴定和选择性别的人工终止妊娠的规定》等规章。

《母婴保健法》及其配套的法规和规章对提高我国人口素质,发展我国妇幼卫生事业,改善农村及偏远地区的妇女儿童健康状况,促进家庭幸福、民族兴旺和社会进步,实现我国政府对国际社会的承诺,都具有十分重要的意义。

第二节 婚前保健

一、婚前保健服务内容

婚前保健服务是妇幼保健工作的主要内容之一,是指对准备结婚的男女双方在结婚登记前所进行的婚前卫生指导、婚前卫生咨询服务和婚前医学检查,这是保障家庭幸福、提高出生人口素质的基础保健工作,也是生殖保健的重要组成部分。

根据《母婴保健法》及其实施办法的规定,医疗保健机构应当为公民提供婚前保健服务,对准备结婚的男女双方提供与结婚和生育有关的生殖健康知识,并根据需要提供医学指导意见。婚前保健服务包括下列三项内容。

1. 婚前卫生指导 医疗、保健机构应当为育龄妇女提供有关避孕、节育、生育、不育和生殖健康的咨询和医疗保健服务。医师发现或者怀疑育龄夫妻患有严重遗传性疾病的,应当提出医学意见;限于现有医疗技术水平难以确诊的,应当向当事人说明情况。育龄夫妻可以选择避孕、节育、不孕等相应的医学措施。

2. 婚前卫生咨询 包括对有关婚配、生育保健等问题提供医学意见。婚检医师应针对医学检查结果发现的异常情况以及服务对象提出的具体问题进行解答、交换意见、提供信息,帮助受检对象在知情的基础上作出适宜的决定。医师在提出"不宜结婚""不宜生育""暂缓结婚"等医学意见时,应充分尊重服务对象的意愿,耐心、细致地讲明科学道理,对可能产生的后果给予重点解释,并由受检双方在体检表上签署知情意见。

3. 婚前医学检查 婚前医学检查是对准备结婚的男女双方可能患影响结婚和生育的疾病进行医学检查。婚前医学检查包括对下列疾病的检查。

(1)严重遗传性疾病:是指由于遗传因素先天形成,患者全部或者部分丧失自主生活能力,后代再现风险高,医学上认为不宜生育的遗传性疾病。

(2)指定传染病:是指《中华人民共和国传染病防治法》中规定的艾滋病、淋病、梅毒、麻风病以及医学上认为影响结婚和生育的其他传染病。

(3)有关精神病:是指精神分裂症、躁狂抑郁型精神病以及其他重型精神病。

二、婚前医学检查意见

男女双方在结婚登记时,应当持有婚前医学检查证明或者医学鉴定证明。

对患指定传染病在传染期内或者有关精神病在发病期内的,医师应当提出医学意见,准备结婚的男女双方应当暂缓结婚。

对诊断患医学上认为不宜生育的严重遗传性疾病的,医师应当向男女双方说明情况,提出医学意见,经男女双方同意,采取长效避孕措施或者施行结扎手术后不生育的,可以结婚,但《中华人民共和国婚姻法》规定禁止结婚的除外。

接受婚前医学检查的人员对检查结果持有异议的,可以申请医学技术鉴定,取得医学鉴定证明。

第三节 孕产期保健

一、孕产期保健服务内容

孕产期保健服务是指从怀孕开始至产后42天为孕产妇及胎儿提供的医疗保健服务,《母婴保健法》规定,医疗保健机构应当为育龄妇女和孕产妇提供孕产期保健服务,包括下列内容。

1. 母婴保健指导 对孕育健康后代以及严重遗传性疾病和碘缺乏病等地方病的发病原因、治疗和预防方法提供医学意见。

2. 孕妇、产妇保健 为孕妇、产妇提供卫生、营养、心理等方面的咨询和指导以及产前定期检查等医疗保健服务,主要包括:为孕产妇建立保健手册(卡),定期进行产前检查;为孕产妇提供卫生、营养、心理等方面的医学指导与咨询;对高危孕妇进行重点监护、随访和医疗保健服务;为孕产妇提供安全分娩技术服务;定期进行产后访视,指导产妇科学喂养婴儿;提供避孕咨询指导和技术服务;对产妇及其家属进行生殖健康教育和科学育儿知识教育;其他孕产期保健服务。

3. 胎儿保健 为胎儿生长发育进行监护,提供咨询和医学指导。

4. 新生儿保健 为新生儿生长发育、哺育和护理提供的医疗保健服务。主要包括:按照国家有关规定开展新生儿先天性、遗传性代谢病筛查、诊断、治疗和监测;对新生儿进行访视,建立儿童保健手册(卡),定期对其进行健康检查,提供有关预防疾病、合理膳食、促进智力发育等科学知识,做好婴儿多发病、常见病防治等医疗保健服务;按照规定的程序和项目对婴儿进行预防接种;推行母乳喂养。医疗、保健机构应当为实施母乳喂养提供技术指导,为住院分娩的产妇提供必要的母乳喂养条件。

二、医学指导和医学意见

1. 医学指导 医疗保健机构发现孕妇患有下列严重疾病或者接触物理、化学、生物等有毒、有害因素,可能危及孕妇生命安全或者可能严重影响孕妇健康和胎儿正常发育的,应当对孕妇进行医学指导和必要的医学检查:①严重的妊娠合并症或者并发症;②严重的精神性疾病;③国务院卫生行政部门规定的严重影响生育的其他疾病。

医师发现或者怀疑育龄夫妻患有严重遗传性疾病的,应当提出医学意见。

2. 医学意见　经产前检查,医师发现或者怀疑胎儿异常的,应当对孕妇进行产前诊断。

经产前诊断,有下列情形之一的,医师应当向夫妻双方说明情况,并提出终止妊娠的医学意见:①胎儿患严重遗传性疾病的;②胎儿有严重缺陷的;③因患严重疾病,继续妊娠可能危及孕妇生命安全或者严重危害孕妇健康的。

生育过严重遗传性疾病或者严重缺陷患儿的,再次妊娠前,夫妻双方应当按照国家有关规定到医疗、保健机构进行医学检查。

三、终止妊娠

依照《母婴保健法》规定施行终止妊娠或者结扎手术,应当经本人同意,并签署意见。本人无行为能力的,应当经其监护人同意,并签署意见。依照规定施行终止妊娠或者结扎手术的,接受免费服务。

上述规定切实保护了母婴健康,又没有回避关于终止妊娠这一立法难点,对提高人口出生素质起到了积极作用。

☞**考点提示**:医学指导和医学意见的适用情况。

📖 **知识链接**

出生缺陷

《中国出生缺陷防治报告》定义出生缺陷为婴儿出生前发生的身体结构、功能或代谢等方面异常的一种统称,通常包括先天畸形、染色体异常、遗传代谢性疾病以及功能异常,如盲、聋和智力障碍等。

出生缺陷的三级预防措施:一级预防,是指在婚前、孕前和孕早期进行健康教育、优生检查和咨询指导,预防出生缺陷的发生,把好出生缺陷"种子土壤关"。二级预防,是指在孕期开展产前筛查和产前诊断,减少致死、严重致残缺陷儿的出生,把好出生缺陷"胚胎苗芽关"。三级预防,是指对新生儿进行先天性疾病筛查和诊断,对出生缺陷儿进行治疗康复,减少儿童残疾,提高患儿生存质量,把好出生缺陷"幼苗成长关"。

2005年9月11—14日,"第二届发展中国家出生缺陷和残疾国际大会"在北京召开。中国政府决定将本次会议正式召开日即9月12日定为"中国预防出生缺陷日"。自2014年起,每年国家卫健委以"预防出生缺陷日"为契机,在全国组织开展预防出生缺陷日的主题宣传活动,普及优生知识,宣传惠民政策,推动出生缺陷三级防治服务和政策有效落实。

2018年8月20日,国家卫健委以国卫办妇幼发〔2018〕19号下发了《关于印发全国出生缺陷综合防治方案的通知》,进一步将《国民经济和社会发展"十三五"规划纲要》和《"健康中国2030"规划纲要》明确要求,将重点出生缺陷疾病纳入综合防控方案,建立完善出生缺陷防治体系。

四、住院分娩

国家提倡住院分娩。医疗、保健机构应当按照国务院卫生行政部门制定的技术操作规范,实施消毒接生和新生儿复苏,预防产伤及产后出血等产科并发症,降低孕产妇及围产儿发病率、死亡率。没有条件住院分娩的,应当由经过培训、具备相应接生能力的家庭接生人员接生。高危孕妇应当在医疗、保健机构住院分娩。县级人民政府卫生行政部门应当加强对家庭接生人员的培训、技术指导和监督管理。

知识链接

《中华人民共和国母婴保健法实施办法》修改

2017年11月4日,第十二届全国人民代表大会常务委员会第三十次会议通过《关于修改〈中华人民共和国会计法〉等十一部法律的决定》,其中将《中华人民共和国母婴保健法实施办法》第二十四条修改为:"国家提倡住院分娩。医疗、保健机构应当按照国务院卫生行政部门制定的技术操作规范,实施消毒接生和新生儿复苏,预防产伤及产后出血等产科并发症,降低孕产妇及围产儿发病率、死亡率。

"没有条件住院分娩的,应当由经过培训、具备相应接生能力的家庭接生人员接生。

"高危孕妇应当在医疗、保健机构住院分娩。

"县级人民政府卫生行政部门应当加强对家庭接生人员的培训、技术指导和监督管理。"

删去第三十五条第三款中的"以及从事家庭接生的人员"。

五、新生儿出生医学证明

医疗保健机构和从事家庭接生的人员按照国务院卫生行政部门的规定,出具统一制发的新生儿出生医学证明;有产妇和婴儿死亡以及新生儿出生缺陷情况的,应当向卫生行政部门报告。

六、严禁非医学需要的性别鉴定

采用技术手段进行非医学需要的胎儿性别鉴定是导致出生人口性别比偏高的重要原因,是违反《母婴保健法》《中华人民共和国人口与计划生育法》的行为,我国政府对胎儿性别鉴定的问题一直采取坚决制止的态度。《母婴保健法》明确规定:严禁采用技术手段对胎儿进行性别鉴定,但医学上确有需要的除外,"对怀疑胎儿可能为伴性遗传病,需要进行性别鉴定的,由省、自治区、直辖市人民政府卫生行政部门指定的医疗、保健机构按照国务院卫生行政部门的规定进行鉴定"。从事母婴保健工作的人员违反本法规定,出具有关虚假医学证明或者进行胎儿性别鉴定的,由医疗保健机构或者卫生行政部门根据情节给予行政处分;情节严重的,依法取消执业资格。2006年7月卫生部发布了《关于严禁利用超声等技术手段进行非医学需要的胎儿性别鉴定和选择性别人工终止妊娠的通知》,再次强调禁用超声等手段违规进行胎儿性别鉴定,对违法行为必须严厉打击,依法惩处。

第四节 医学技术鉴定

母婴保健医学技术鉴定,是指接受母婴保健服务的公民或提供母婴保健服务的医疗保健机构,对婚前医学检查、遗传病诊断和产前诊断结果或医学技术鉴定结论持有异议所进行的医学技术鉴定。母婴保健医学技术鉴定工作必须坚持实事求是、尊重科学、公平鉴定、保守秘密的原则。

一、鉴定组织

(一)组织机构

根据《母婴保健医学技术鉴定管理办法》的规定,省、市、县级人民政府应当分别设立母婴保健医学技术鉴定组织,负责对本行政区域内有异议的婚前医学检查、遗传病诊断、产前诊断结果和有异议的下一级医学技术鉴定结论进行医学技术鉴定。医学技术鉴定委员会应由妇产科、儿科、妇女保健、儿童保健、生殖保健、医学遗传、神经病学、精神病学、传染病学等医学专家组成。

(二)鉴定委员会成员任职条件

医学技术鉴定委员会成员应符合下列任职条件:①县级应具有主治医师以上的专业技术职务;市

级应具有副主任以上的专业技术职务;省级应具有主任或教授技术职务;②具有认真负责的工作精神和良好的医德医风。

医学技术鉴定委员会成员任期四年,可以连任。

二、鉴定程序

公民对许可的医疗保健机构出具的婚前医学检查、遗传病诊断、产前诊断结果持有异议的,可在接到诊断结果证明之日起 15 日内,向当地医学技术鉴定委员会办事机构提出书面申请,同时填写《母婴保健医学技术鉴定申请表》,提供与鉴定有关的材料。医学技术鉴定委员会应当在接到鉴定申请表之日起 30 日内作出医学技术鉴定结论,如有特殊情况,最长不得超过 90 日。如鉴定有困难,可向上一级医学技术鉴定委员会提出鉴定申请,上一级鉴定委员会在接到鉴定申请后 30 日内作出鉴定结论,省级为终级鉴定。如省级技术鉴定有困难,可转至有条件的医疗保健机构进行检查确诊,出具检测报告,由省级医学技术鉴定委员会作出鉴定结论。

医学技术鉴定委员会进行医学技术鉴定时必须有五名以上相关专业医学技术鉴定委员会成员参加。医学技术鉴定委员会成员在发表鉴定意见前,可以要求当事人及有关人员到会陈述理由和事实经过。参加鉴定的医学技术鉴定委员会成员应当在鉴定书上签名,对鉴定结论有不同意见时,应当如实记录。医学技术鉴定委员会作出鉴定结论后,应当向当事人送达鉴定意见书。

当事人对鉴定结论有异议,可在接到《母婴保健医学技术鉴定证明》之日起 15 日内向上一级医学技术鉴定委员会申请重新鉴定。省级医学技术鉴定委员会的医学技术鉴定结论为最终鉴定结论。

三、行政管理

从事遗传病诊断、产前诊断的医疗、保健机构和人员,须经省、自治区、直辖市人民政府卫生行政部门许可。

从事婚前医学检查的医疗、保健机构和人员,须经设区的市级人民政府卫生行政部门许可。

从事助产技术服务、结扎手术和终止妊娠手术的医疗、保健机构和人员,须经县级人民政府卫生行政部门许可,并取得相应的合格证书。

第五节 监督管理与法律责任

一、监督管理

(一)国务院卫生行政部门及其职责

母婴保健工作是一项技术性很强的工作,《母婴保健法》规定了国务院卫生行政部门主管全国母婴保健工作,其主要职责是:

(1)执行《母婴保健法》及其实施办法。

(2)制定《母婴保健法》配套规章及技术规范。

(3)按照分级分类指导原则制定全国母婴保健工作发展规划和实施步骤。

(4)组织鉴定并推广母婴保健适宜技术。

(5)对母婴保健工作进行监督管理。

(二)县级以上卫生行政部门及其职责

县级以上地方人民政府卫生行政部门管理本行政区域内的母婴保健工作并实施监督管理,其主要职责是:

(1)按照规定的条件和技术标准,对申请从事婚前医学检查、遗传病诊断、产前诊断以及结扎手术和终止妊娠手术的医疗保健机构进行审批。

（2）按照规定的条件和技术标准，对从事婚前医学检查、遗传病诊断、产前诊断、结扎手术和终止妊娠手术的人员以及从事家庭接生的人员进行考核，并颁发相应的证书。

（3）对《母婴保健法》及其实施办法的执行情况进行监督检查。

（4）依照《母婴保健法》及其实施办法决定行政处罚。

（三）母婴保健监督员

为加强对母婴保健工作的监督监管，依据《母婴保健法》在县级以上卫生行政部门设立母婴保健监督员。母婴保健监督员主要从卫生行政部门聘任，根据需要也可以从妇幼保健院中选聘有一定管理经验和技术水平的人员担任，由同级卫生行政部门审核发证，报上一级卫生行政部门备案。

母婴保健监督员的主要职责是：

（1）监督检查《母婴保健法》及其实施办法的执行情况。

（2）对违反《母婴保健法》及其办法的单位和个人提出处罚意见；对母婴保健工作提出改进建议。

（3）完成卫生行政部门交给的其他监督管理任务。

二、法律责任

《母婴保健法》对从事母婴保健的单位和个人违反《母婴保健法》规定所应承担的法律责任做了具体规定。

（一）行政责任

医疗保健机构或者人员未取得母婴保健技术许可，擅自从事婚前医学检查、遗传病诊断、产前诊断、终止妊娠手术和医学技术鉴定或者出具有关医学证明的，由卫生行政部门给予警告，责令停止违法行为，没收违法所得；违法所得5000元以上的，并处违法所得3倍以上5倍以下的罚款；没有违法所得或者违法所得不足5000元的，并处5000元以上2万元以下的罚款。

从事母婴保健技术服务的人员出具虚假医学证明文件的，依法给予行政处分；有下列情形之一的，由原发证部门撤销相应的母婴保健技术执业资格或者医师执业证书：因延误诊治，造成严重后果的；给当事人身心健康造成严重后果的；造成其他严重后果的。

违反规定进行胎儿性别鉴定的，由卫生行政部门给予警告，责令停止违法行为；对医疗保健机构直接负责的主管人员和其他直接责任人员，依法给予行政处分。进行胎儿性别鉴定两次以上的或者以营利为目的进行胎儿性别鉴定的，由原发证机关撤销相应的母婴保健技术执业资格或者医师执业证书。

（二）民事责任

母婴保健工作人员在诊疗护理过程中，因诊疗护理过失，造成病员死亡、残疾、组织器官损伤导致功能障碍的，应根据《医疗事故处理条例》及《民法典》的有关规定，承担相应的民事责任。

（三）刑事责任

《母婴保健法》第36条规定，未取得国家颁发的有关合格证书，施行终止妊娠手术或者采取其他方法终止妊娠，致人死亡、残疾、丧失或者基本丧失劳动能力的，依照《刑法》有关规定追究刑事责任。

《刑法》第336条规定，未取得医生执业资格的人擅自为他人进行节育复通手术、假节育手术、终止妊娠手术或者摘取宫内节育器，情节严重的，处三年以下有期徒刑、拘役或者管制，并处或者单处罚金；严重损害就诊人身体健康的，处三年以上十年以下有期徒刑，并处罚金；造成就诊人死亡的，处十年以上有期徒刑，并处罚金。

取得相应合格证书的从事母婴保健的工作人员由于严重不负责任，造成就诊人死亡或者严重损害就诊人身体健康的，依照《刑法》第335条医疗事故罪追究刑事责任。

本章小结

　　母婴保健法是指在调整保障母亲和婴儿健康、提高出生人口素质活动中产生的各种社会关系的法律规范的总和。婚前保健服务是妇幼保健工作的主要内容之一，是指对准备结婚的男女双方在结婚登记前所进行的婚前卫生指导、婚前卫生咨询服务和婚前医学检查。孕产期保健服务是指从怀孕开始至产后42天为孕产妇及胎儿提供的医疗保健服务，包括母婴保健指导、孕妇产妇保健、胎儿保健和新生儿保健。母婴保健医学技术鉴定，是指接受母婴保健服务的公民或提供母婴保健服务的医疗保健机构，对婚前医学检查、遗传病诊断和产前诊断结果或医学技术鉴定结论持有异议所进行的医学技术鉴定。

（王键胜）

参考答案

目标检测

一、选择题

1. 婚前卫生咨询的内容是(　　)。
   A. 关于性卫生知识　　　　B. 有关婚配、生育保健等　　　　C. 对双方可能患有疾病的检查
   D. 病史检查　　　　E. 遗传病检查

2. 下列哪一项不是《母婴保健法》规定的医学技术鉴定人员的条件(　　)。
   A. 行医10年以上　　　　B. 具有医学遗传学知识　　　　C. 具有临床经验
   D. 具有主治医师以上的专业技术职务　　　　E. 具有认真负责的工作精神和良好的医德医风

3. 孕产期保健服务不包括(　　)。
   A. 医学技术鉴定　　　　B. 母婴保健指导　　　　C. 孕产妇保健
   D. 胎儿保健　　　　E. 新生儿保健

4. 《母婴保健法》起始施行时间为(　　)。
   A. 1994年10月27日　　　　B. 1995年6月1日　　　　C. 1992年10月27日
   D. 1993年6月1日　　　　E. 1992年6月1日

5. 接受婚前医学检查的人员对检查结果持有异议的，可以申请(　　)。
   A. 行政复议　　　　B. 仲裁　　　　C. 医学鉴定
   D. 行政裁决　　　　E. 复议

6. 经产前检查医师发现或者怀疑胎儿异常的，应当对孕妇进行(　　)。
   A. 终止妊娠　　　　B. 产前诊断　　　　C. 结扎
   D. 输血　　　　E. 验血

7. 负责管理本行政区域内的母婴保健工作的是(　　)。
   A. 地方人民政府　　　　B. 县级以上人民政府　　　　C. 县级以上地方人民政府
   D. 地方卫生部门　　　　E. 县级以上地方人民政府卫生行政部门

8. 婚前医学检查不包括对下列哪项疾病的检查(　　)。
   A. 严重遗传性疾病　　　　B. 艾滋病　　　　C. 严重心理问题
   D. 梅毒　　　　E. 精神分裂症

9. 妊娠期发现哪种情形者，不应提出终止妊娠的医学意见(　　)。
   A. 胎儿患有严重遗传病
   B. 胎儿有严重缺陷
   C. 因患有严重疫病，继续妊娠可能危及生命安全

D. 胎位不正

E. 以上都是

10. 严禁采用技术手段对胎儿进行的鉴定项目是(　　)。

A. 月份　　　　　　　　B. 性别　　　　　　　　C. 发育

D. 胎位　　　　　　　　E. 五官

二、简答题

1. 医学指导和医学意见的适用情况是什么?

2. 新生儿保健中,医疗保健机构应提供的服务有哪些?

参考文献

［1］钟会亮,吕慕.护理伦理与法律法规［M］.北京:人民卫生出版社,2023.

［2］孙宏玉.护理伦理学［M］.北京:北京大学医学出版社,2023.

［3］吴敏泉.卫生法律法规［M］.北京:中国医药科技出版社,2023.

［4］罗羽,谭静.护理伦理学［M］.重庆:重庆大学出版社,2022.

［5］周宏菊.护理伦理与卫生法律法规［M］.北京:人民卫生出版社,2021.

［6］马香,陈小红.护理伦理与法律法规［M］.武汉:华中科技大学出版社,2021.

［7］温茂兴.护理伦理与卫生法规［M］.北京:高等教育出版社,2020.